बेंजामिन फ्रैंकलिन की आत्मकथा

बेंजामिन फ्रैंकलिन

www.diamondbook.in

प्रकाशक : डायमंड पॉकेट बुक्स (प्रा.) लि.
X-30, ओखला इंडस्ट्रियल एरिया, फेज-II
नई दिल्ली-110020
फोन : 011-40712200
ई-मेल : sales@dpb.in
वेबसाइट : www.diamondbook.in

Benjamin Franklin Ki Aatmkatha
Translated & Edited by : Renu Saran

एक परिचय

बेंजामिन फ्रैंकलिन का जन्म 6 जनवरी, 1706 को मिल्क स्ट्रीट, बोस्टन में हुआ था। उनके पिता जोशिया फ्रैंकलिन पशुओं की चर्बी से मोमबत्ती बनाते थे, जिन्होंने दो विवाह किए थे और उनके 17 बच्चों में बेंजामिन सबसे छोटे थे। बेंजामिन ने 10 वर्ष की अल्पाआयु में ही पढ़ाई छोड़ दी और 12 वर्ष की आयु में अपने भाई जेम्स के पास काम सीखने लगे, जो छापाखाना चलाता था और उसने 'न्यू इंग्लैंड कुरेण्ट' प्रकाशित की थी। इस जर्नल(पत्रिका) से जुड़कर बेंजामिन भी छापेखाने में प्रशिक्षु के रूप में योगदान देने लगे और बाद में कुछ समय के लिए थोड़ा-बहुत संपादन भी करने लगे। किंतु दोनों भाइयों में झगड़ा हो गया और बेंजामिन वहां से भागकर न्यूयॉर्क पहुंचे और उसके पश्चात् अक्तूबर 1723 में फिलाडेल्फिया चले गए। उन्हें छापेखाने का अनुभव तो था ही, इसलिए उन्हें बहुत जल्द ही छापेखाने में काम मिल गया। कुछ ही महीनों बाद उन्हें लंदन से गवर्नर कीथ ने अपने यहां काम दिलवाने का प्रलोभन दिया, किंतु लंदन पहुंचकर कीथ का वादा खोखला साबित हुआ। अतः बेंजामिन दोबारा कम्पोजिटर का काम करने लगे और तब तक करते रहे, जब तक डेनमैन नामक एक व्यापारी ने उन्हें वापिस फिलाडेल्फिया अपने व्यवसाय में बड़ा पद नहीं सौंपा। डेनमैन की मृत्युपरांत वह अपना पुराना कारोबार करने लगे और बहुत जल्द ही अपना खुद का छापाखाना लगा लिया। इसी छापेखाने से उन्होंने 'द पेंसिलवेनिया गैजेट' प्रकाशित किया, जिसमें उन्होंने कई निबंध लिखे थे और उन्होंने इसे कई स्थानीय सुधारों के आंदोलन का माध्यम बनाया। 1732 में उन्होंने अपना सुप्रसिद्ध 'पुअर रिचर्ड्स एल्मनाक' (दीनबन्धु का पंचांग) निकालना आरंभ किया, जिसे समृद्ध बनाने के लिए उन्होंने उसमें दुनिया की छोटी-छोटी बोध जनक कहावतों और अभिव्यक्तियों को स्थान दिया, जो उनकी लोकप्रिय ख्याति का एक बड़ा आधार बना। 1758 में, जब उन्होंने इस पंचांग के लिए लिखना बंद किया, उसी वर्ष उन्होंने इसे 'फादर अब्राहम्स सरमन' में छापा, जिसे

अब औपनिवेशिक अमेरिका में प्रकाशित सुविख्यात साहित्य माना जाता है।

इस दौरान, फ्रैंकलिन सार्वजनिक विषयों में अधिक रुचि लेने लगे थे। उन्होंने एक एकेडमी की योजना सामने रखी, जिसे बाद में मूर्तरूप दिया और अंततः 'पेंसिलवेनिया विश्वविद्यालय' की स्थापना हुई। साथ ही वैज्ञानिक दृष्टिकोण वाले विज्ञजनों की वैज्ञानिक खोजों को परस्पर एक-दूसरे तक पहुंचाने के उद्देश्य से उन्होंने 'अमेरिकन फिलॉसाफिकल सोसायटी' की स्थापना की। वह अन्य वैज्ञानिक जिज्ञासाओं सहित विद्युत संबंधी शोधों पर पहले ही काम शुरू कर चुके थे, जो पैसा कमाने और राजनीति के बीच से लेकर अपने जीवन के अंत समय तक करते रहे थे। अध्ययन हेतु समय निकालने के लिए उन्होंने 1748 में अपना व्यवसाय बेच दिया और इससे प्राप्त पैसों से कुछ ही वर्षों में उन्होंने वे खोजें कर डालीं, जिन्होंने उन्हें पूरे यूरोप के शिक्षित समाज में मान-सम्मान दिलाया। राजनीति के क्षेत्र में वह एक प्रखर प्रशासक और विवादी (नैयायिक) साबित हुए, किंतु अपने सगे-संबंधियों को पद सौंपने के कारण, एक कार्यचालक के रूप में, उनकी भूमिका दागदार रही। घरेलू राजनीति में उनकी सर्वाधिक उल्लेखनीय सेवा डाक व्यवस्था में किए गए सुधार थे। किंतु एक राजनेता के रूप में, पहले ग्रेट ब्रिटेन के उपनिवेशों और बाद में फ्रांस के संबंध में प्रदान की गई सेवाओं के बदले उन्हें मुख्य रूप से प्रसिद्धि मिली। 1757 में औपनिवेशिक बस्तियों की सरकार में पेन्स के प्रभाव के विरोधस्वरूप उन्हें इंग्लैंड भेजा गया और वह अगले पांच वर्षों तक वहीं रहे, जहां वह लोगों को ज्ञान देने और औपनिवेशिक स्थितियों में इंग्लैंड की ओर से संघर्ष करते रहे। अमेरिका लौटने पर उन्होंने पैक्सटन मामले में सम्माननीय भूमिका निभाई, जिससे उन्हें विधानसभा में अपनी सीट गंवानी पड़ी, किंतु फिर भी उन्हें बस्ती के एजेंट के तौर पर 1764 में दोबारा इंग्लैंड भेज दिया गया। इस बार उन्होंने सम्राट के, मालिक वर्ग के हाथों से सरकार को, अपने हाथों में लेने की याचिका दी। लंदन में उन्होंने सक्रिय रूप से स्टाम्प एक्ट का विरोध किया और सुधारात्मक सुझाव दिए, किंतु इसके लिए उन्हें कोई श्रेय नहीं मिला। अमेरिका में स्टाम्प एजेंट के कार्यालय में उनके स्टाम्प एक्ट को रोकने के लिए किए गए प्रभावी कार्यों को भी संदेह की दृष्टि से देखा गया, फिर भी उन्होंने बस्तियों के लिए अपना मत रखने के प्रयास जारी रखे, क्योंकि यह समस्या धीरे-धीरे क्रांति के संकट की ओर बढ़ती नज़र आ रही थी। 1767 में बेंजामिन फ्रांस चले गए, जहां उन्हें सम्मान सहित सत्कार दिया गया, किंतु 1775 में घर वापसी से पहले उन्हें अपना पोस्टमास्टर का पद गंवाना पड़ा। हालांकि हचिंसन और ओलिवर के प्रसिद्ध

पत्र से मैसाचुसेटस में उनके हिस्सा होने की बात सामने आ चुकी थी और यही उनके पद गंवाने का कारण भी बना। परंतु फिर भी फिलाडेल्फिया पहुंचने पर उन्हें कॉन्टिनेन्टल कांग्रेस का सदस्य चुना गया और 1777 में संयुक्त राज्य के आयुक्त के रूप में फ्रांस भेज दिया गया, जहां वह 1785 तक रहे। वह फ्रांसीसी लोगों में खासे लोकप्रिय थे और इसी सफलता के साथ उन्होंने देश के मामलों को संभाला। इसी कारण से, जब वह वापिस लौटे तो उन्हें 'चैंपियन ऑफ अमेरिकन इंडिपेंडेंस' के रूप में वाशिंगटन का दूसरे नंबर का सम्मान मिला। दुर्भाग्यवश 17 अप्रैल, 1790 को वह बहुविधा संपन्न व्यक्तित्व संसार से विदा हो गया।

इनकी आत्मकथा के पहले पांच अध्याय 1771 में इंग्लैंड में कम्पोज हुए, 1784-85 में भी यह काम जारी रहा तथा दोबारा 1788 में इसने मूर्तरूप लिया, जिस तारीख को 1757 में उन्होंने यह लिखना आरंभ किया था। एक अति रोमांचकारी एवं अद्‌भुत सफर तय करके, बेंजामिन की आत्मकथा की पांडुलिपि को आखिरकार जॉन बिगेलोव महोदय ने छापा और उपनिवेश काल के सर्वाधिक महान् व्यक्तियों में स्थान देकर उनके कार्यों को पहचान दिलाई। उनकी आत्मकथा को विश्व की महान साहित्यिक कृतियों में अग्रणीय माना जाता है।

-चार्ल्स डब्ल्यू. इलियट

बेंजामिन फ्रैंकलिन की आत्मकथा
1706-1757

प्यारे बेटे,

मुझे हमेशा से ही अपने पूर्वजों के हर छोटे-से छोटे किस्से-कहानी को जानने में खुशी मिलती थी। तुम उस समय को याद कर सकते हो, जब तुम मेरे साथ इंग्लैंड में थे और मैंने अपने बिखरे संबंधों के बीच कुछ जानकारियां हासिल की थी। वास्तव में मैंने इसी उद्देश्य के लिए वह यात्रा भी की थी। उन सब को याद करके मेरी जीवन की परिस्थितियों के बारे में तुम भी उतने ही सहमत[1] होंगे, जिनमें से अधिकतर के बारे में तुम अभी तक जानते भी नहीं हो और फिलहाल, देशसेवा से मेरे अवकाश लेने पर पूरे सप्ताह भर मौज-मस्ती की सोच रहे होंगे। इन्हीं सब बातों का तुम्हें भी पता चले, इसलिए आज मैं उन्हें कागज पर उतारने बैठा हूं। हालांकि इसके पीछे मेरा कुछ अलग स्वार्थ भी है। उस गरीबी और अंधकार से निकलकर, जिसमें मैं पला-बढ़ा; विश्व में समृद्धि और कुछ हद तक मान-सम्मान तक पहुंच पाना तथा साथ ही बहुत ही उल्लास के साथ जीवन में इतने आगे तक जाना; उन प्रेरणादायी साधनों का जिनका मैंने उपयोग किया और जो ईश्वर की कृपा से अत्यंत सफल रहे, इन सबके बारे में मेरी संतान को भी जानना चाहिए। हो सकता है कि उनकी किन्हीं परिस्थितियों में ये उनके काम आएं और उन्हें इनका अनुकरण करना पड़े।

वह उल्लास, जब मैंने उसका चिंतन किया, तो उसने मुझे कभी-कभी यह कहने के लिए प्रेरित किया कि जो मुझे मिला वह मेरी पसंद के अनुकूल था; उसी जीवन को दोहराने पर मुझे कोई आपत्ति नहीं थी। केवल लेखकों को, दूसरे संस्करण मे उन गलतियों को ठीक करने वाले मौकों के बारे में जानना था, जो उन्होंने पहले संस्करण में की होती है। जिससे कि गलतियों को ठीक करने के अलावा, मैं अन्य ज्यादा संतोषजनक स्थिति के लिए

---

1 'सहमत होने' शब्द के बाद 'कुछ एक' शब्द लिखे गए थे, बाद में मिटा दिए गए थे।

इसके अहितकारी दुर्घटनाओं एवं घटनाओं को बदल सकूं। हालांकि ऐसा नहीं हुआ, लेकिन मैं अब भी उस अवसर को स्वीकार करूंगा। चूंकि इस प्रकार के दोहराव की अपेक्षा नहीं होती है, इसलिए अगली बार किसी की दोबारा जीवन जीने की तरह ही, उस जीवन को क्षणों को समेटना और इस संग्रह को लेखबद्ध करके यथासंभव चिरस्थायी बनाना होता है।

इसके द्वारा भी, मैं स्वाभाविक तौर पर वृद्धजनों की ओर अनुग्रह को देखूंगा, उनसे उनके और उनके अतीत के बारे में जानूंगा और मैं इस समस्त प्रक्रिया में उन दूसरे लोगों को बिना कष्ट दिए, जो बड़ी आयु का होने पर भी मेरी बात सुनने के लिए स्वयं को बाध्य करेंगे कि यह पढ़ी जाए अथवा न कि किसी को रिझाए। और अंत में, (मैं यह पूरी तरह स्वीकार कर सकता हूं कि मेरी इसके प्रति अस्वीकृति पर कोई विश्वास नहीं करेगा) संभवत: मेरा यह एक अच्छा प्रयास मेरे अभिमान को संतुष्टि देगा। नि:संदेह, मैं यह परिचायक शब्द सुनकर या देखकर हमेशा मुश्किल में पड़ जाता हूं, 'मेरा मतलब बिना मिथ्याभिमान के और देखकर, किंतु इसके बाद कुछ निरर्थक बातें हुई। अधिकतर लोग दूसरे में गर्व को पसंद नहीं करते हैं, उनके पास जो होता है उसे अपने तक ही सीमित रखते हैं, किंतु मेरे पास वह होने पर मैं उसके बराबर भाग करता हूं, इस बात पर सहमत होकर कि यह प्राय: मालिकों के वस्तु की उत्पादकता है और दूसरों के लिए जो उसके कार्यक्षेत्र के भीतर है और इसलिए कई मामलों में, यदि कोई व्यक्ति जीवन की अन्य सुख-सुविधाओं के बीच अपने गर्व के लिए ईश्वर को धन्यवाद कहता होता तो यह पूर्णत: असंगत नहीं होगा।

मैं ईश्वर को धन्यवाद देता हूं और पूरी विनम्रता से यह मानता हूं कि मुझे अपने बीते जीवन में उल्लेखनीय खुशी उसकी दयादृष्टि से मिली है, जिसने मुझे उन साधनों के उपयोग हेतु प्रेरित किया और मुझे सफल बनाया। मेरी इस आस्था ने मुझमें उम्मीदों को जगाया, हालांकि मुझे स्वत: यह कल्पना नहीं कर लेनी चाहिए कि मुझ पर वही उदारता अब भी मेहरबान होगी, जो उस खुशी को बनाए रखने या मुझे भाग्य के विपरीत स्थिति को सहने की शक्ति देगी, जो मैं अन्य लोगों की तरह ही अनुभव कर सकता हूं; (मेरे एक अंकल को भी मेरी तरह ही परिवारजनों के किस्सों को इकट्ठा करने की जिज्ञासा थी) एक बार उन्होंने मुझे कुछ नोट्स दिए, जिनसे मुझे अपने पूर्वजों के बारे में कई जानकारियों का पता चला। इन नोट्स से मुझे पता चला कि हमारा परिवार, नार्थेम्पटन के उसी गांव एक्टोन में पिछले 300 वर्षों से रह रहा था और कब तक रहा यह नहीं जानता (शायद उस समय से, जब पूरे साम्राज्य में अन्य वर्ग समूह ने सरनेम धारण किया था, तब लोगों के एक

वर्ग ने सरनेम के रूप में फ्रैंकलिन नाम अपनाया), वह 30 एकड़ की फ्री होल्ड भूमि पर, धातु का काम करके मदद करते थे। यही परिवार में उसके समय तक जारी रहा, जिसे हमेशा परिवार का सबसे बड़ा बेटा आगे बढ़ाता रहा था, इसी परंपरा को उसने और मेरे पिता ने उनके बड़े बेटे होने के नाते आगे बढ़ाया। जब मैंने एक्टन के रजिस्टर में खोजबीन की, तो केवल 1755 से उनके जन्म, विवाह और मृत्यु उपरांत उन्हें दफनाने का विवरण पाया, क्योंकि समय का हिसाब-किताब रखने के लिए उस गांव में कोई रजिस्टर नहीं रखा गया था। उस रजिस्टर से मैंने जाना कि मैं पिछली पांच पीढ़ियों में सबसे छोटे बेटे का छोटा बेटा था। मेरे दादा थॉमस का जन्म 1658 में हुआ था, जो व्यवसाय चलाने के लिए वृद्ध होने तक एक्टन में ही रहे, फिर ऑक्सफोर्डशायर में रहने वाले अपने रंगरेज बेटे जॉन के पास रहने चले गए, जिसके पास मेरे पिता ने प्रशिक्षु के रूप में काम किया था। वहीं मेरे दादा की मृत्यु हुई और उन्हें वहीं दफनाया गया। हमने 1758 में उनकी समाधि के ऊपर लगा पत्थर देखा। उनका बड़ा बेटा थॉमस एक्टन के एक घर में रहता था और उसे अपनी एकमात्र संतान अपनी बेटी के लिए जमीन सहित छोड़ गया था, जिसने वेलिंगबोरो में रहने वाले अपने मछुआरे पति के साथ मिलकर उसे आइस्टेड महोदय को बेच दिया था, जो आज वहां मेनोर के लॉर्ड हैं। मेरे दादा के चार बेटे थे–थॉमस, जॉन, बेंजामिन और जोशिया। मैं, इतनी दूर रहते हुए अपने कागजातों के जरिए तुम्हें बताऊंगा कि मेरे पास उनके बारे में क्या-क्या जानकारी है और यदि मेरी अनुपस्थिति में ये खो न गए तो तुम इनमें से काफी जानकारियां हासिल कर सकोगे।

थॉमस अपने पिता की देखरेख में एक धातुकर्मी के रूप में बड़ा हुआ, किंतु निपुण और गांव के मुख्य सज्जन पुरुष एस्कवायर पामर द्वारा पढ़ने को प्रेरित करने के कारण, उसने कानूनी दस्तावेज (मस्विदे का लेखक) लिखने में महारत हासिल की और देश का एक जाना-माना व्यक्ति बन गया। वह काउंटी या नार्थेम्पटन शहर और अपने खुद के गांव के लिए भी समस्त सार्वजनिक संपत्ति का संचालनकर्ता था, जिनकी कई घटनाओं का उससे संबंध था और सबसे ज्यादा प्रभावी होने के कारण ही वह तत्कालीन लॉर्ड हैलिफैक्स की नजरों में आया तथा उन्होंने उसे संरक्षण प्रदान किया। मेरे जन्म से ठीक चार साल पूरे होने से एक दिन पहले 6 जनवरी, 1702 को उसकी मृत्यु हुई थी। मुझे याद है कि एक्टन गांव के लोगों से, उसके जीवन और चरित्र के बारे में हमें जो जानकारियां मिली, वे निःसंदेह तुम्हें कुछ हटकर दिखाई देंगी, क्योंकि ये घटनाएं मेरे जीवन की घटनाओं से मिलती-जुलती हैं।

तुमने उत्सुकतावश कहा था, 'क्या उसी दिन उनकी मृत्यु हुई थी? हो

सकता है कि कोई इसे पुनर्जन्म मान लें।'

जॉन रंगरेज था, शायद ऊन रंगता था। बेंजामिन लंदन में प्रशिक्षु के रूप में रेशम की रंगाई करता था। वह बहुत निपुण था। मुझे उसके बारे में अच्छे से पता है, जब मैं चार वर्ष का था, तब वह बोस्टन में मेरे पिता के पास आया था और कुछ वर्षों तक हमारे ही घर में रहा। जाते समय वह अपने पीछे, अपनी कविताओं की दो पांडुलिपियां क्वार्टो (कागजों को चार तहकर लिखी गई) छोड़ गया था, जिनमें अपने दोस्तों एवं संबंधियों को विभिन्न अवसरों पर लिखी गई कविताएं थी, जिनमें से निम्न नमूना[2] मुझे प्रति के तौर पर भेजी गई है। उसने स्वयं की शॉर्ट-हैंड विकसित की, जो उन्होंने मुझे सिखाई, किंतु मैंने कभी उसका अभ्यास नहीं किया और अब तक भूल चुका हूं। मेरा नाम इसी अंकल (ताऊ) के नाम पर रखा गया, क्योंकि मेरे पिता और इनके बीच विशेष स्नेह रहा है। वह बहुत ही धार्मिक प्रवृत्ति के थे और महान् उपदेशकों के प्रवचनों को सुनने जाया करते थे। इन्हीं सब को अपनी शॉर्ट-हैंड में लिखा और कई खंड बना डाले। वह एक प्रखर, बहुत निपुण राजनीतिज्ञ भी थे, विशेषकर अपने स्थान के। यह बात मुझे बहुत बाद में लंदन में पता चली, जब उनके द्वारा निर्मित सभी मुख्य पुस्तिकाओं का संग्रह मेरे हाथ लगा, जो 1641 से 1717 तक की लोक विषयों से संबंधित थी। इनके कई वाल्यूम्स (खंड) को क्रम संख्या देना बाकी है, किंतु अब भी फोलियो में 8 खंड हैं तो 24 क्वार्टों एवं ऑक्टेवो (कागज को आठ तह में मोड़कर बनाई पुस्तिका) रूप में। पुरानी किताबों के एक डीलर को वह संग्रह मिला, जिससे मैं अकसर किताबें खरीदता था, इसलिए वह मुझसे परिचित था, उन्हें मेरे लिए लेकर आया था। लगता है कि मेरे अंकल ने ही अब से 50 वर्ष पहले अमेरिका प्रवास करते समय उन्हें वहां छोड़ा था। इनके किनारे की ओर उनके लिखे कई नोट्स हैं।

हमारा यह अप्रसिद्ध और संदेहयुक्त परिवार धार्मिक विप्लव के आरम्भिक दौर से गुजर रहा था, जब वे पोप धर्म के विरुद्ध अपनी व्यग्रता व उत्साह के चलते कभी-कभी मुश्किलों और खतरों में भी पड़े, तो भी महारानी मेरी के

---

2 यहां पर पृष्ठ के किनारे पर कोष्ठक में 'यहां लगाएं' शब्द थे, किंतु कविता नहीं दी गई हैं। स्पार्कस महोदय ने (फ्रैंकलिन का जीवन पृष्ठ 6) हमें बताया कि इन खंडों को संरक्षित रखा गया है और ये लेखक की बोस्टन निवासी पड़पोती श्रीमती इम्मोन्स के अधिकार में हैं।

* प्रोटस्टेंट-यह ईसाई धर्म के एक सम्प्रदाय का नाम है, जिसे जर्मनी के प्रसिद्ध पादरी मार्टिन लूथर ने सन 1529 ई. में स्थापित किया था।

शासनकाल में प्रोटेस्टेंट्स* का पालन करते रहे। उन्हें अंग्रेजी भाषा में बाइबिल की एक प्रति मिली और उसे छिपाने एवं सुरक्षित रखने के लिए तुरंत जुड़े हुए स्टूल के कवर के अंदर और नीचे टेप लगाकर छिपा दिया गया। जब मेरे पितामह (दादा के दादा) उसे परिवार को पढ़कर सुनाते तो स्टूल को उल्टा करके अपने घुटनों पर रख लेते थे और टेप के भीतर छिपाई गई बाइबिल के पन्नों को पलटकर सुनाते थे। इस दौरान घर का एक बच्चा यह देखने के लिए दरवाजे पर खड़ा रहता था कि यदि आध्यात्मिक कोर्ट (धर्म न्यायालय) का कोई अधिकारी (जिसे वे प्रेत या पिशाच कहते थे) आता दिखाई दे तो तुरंत सूचित कर दे। ऐसी स्थिति में स्टूल को तुरंत पलटकर, उस पर पैर रखकर बैठ जाते थे और स्टूल के नीचे बाइबिल पहले की तरह ही खुली रहती थी। यह किस्सा मैंने मेरे अंकल बेंजामिन से सुना था। पूरा परिवार चार्ल्स द्वितीय का शासन समाप्त होने तक इंग्लैंड के चर्च का पालन करता रहा, जब नार्थेम्पटन में कुछ अधिकारियों को प्रचलित राजधर्म के विरुद्ध गुप्त धार्मिक बैठक करने पर निष्कासित कर दिया गया। किंतु बेंजामिन व जोशिया तब भी उससे जुड़े रहे और इसलिए जीवित रहे, जबकि शेष परिवार बिशप तक से जुड़ा रहा।

मेरे पिता जोशिया का विवाह कम आयु में हो गया था और 1682 के लगभग वह अपनी पत्नी व तीन बच्चों के साथ न्यू इंग्लैंड में थे। गुप्त धार्मिक सभा करने वाले कनवेन्टिकल्स मतावलंबियों को कानून द्वारा निषेध कर दिया गया और उसके कुछ परिचित धर्माचार्यों व गणमान्य लोगों को उस देश से जाने के लिए लगातार बहलाया-फुसलाया और परेशान किया गया तथा उस पर भी उनके साथ वहां जाने का दबाव बनाया गया, जहां वे आजादी से अपने धर्म का पालन कर सकते थे। वहां उनके कुल 17 बच्चों में से उनकी उसी पत्नी ने 4 अन्य बच्चों को जन्म दिया था और दूसरी पत्नी (अबीया) से 10 अन्य बच्चों का जन्म हुआ था। मुझे याद है, सभी 13 बच्चे एक ही समय पर एक ही टेबल पर एक साथ बैठकर भोजन करते थे। वे सभी जवान हुए और उनका विवाह कर दिया गया। मैं सबसे छोटा बेटा था और दो अन्य छोटे बच्चों का जन्म भी न्यू इंग्लैंड के बोस्टन में हुआ। मेरी मां, मेरे पिता की दूसरी पत्नी अबीया फोल्जर, पीटर फोल्जर की बेटी थी, जो न्यू इंग्लैंड में सबसे पहले आकर बसने वालों में से एक था। यदि मैं सही शब्द भूला नहीं हूं तो काटर मैथर ने उस देश के अपने चर्च इतिहास 'मैग्नेलिया क्रिस्टी अमेरिकाना' में, उनके लिए 'एक धर्मनिष्ठ, विद्वान अंग्रेज' कहकर उनका सम्मानपूर्वक उल्लेख किया है। मैंने सुना है कि वे विभिन्न अवसरों पर कुछ-न-कुछ लिखते रहे, किंतु उनमें से केवल एक ही छप सका, जिसे कई वर्षों बाद मैंने अब देखा था। यह 1675 में उस समय के लोगों के

लिए स्वदेशी अंदाज में लिखा गया पद्य था, जिसमें सरकार में शामिल लोगों को संबोधित किया गया था। यह अन्तःकरण की स्वतन्त्रता (लिबर्टी ऑफ कन्साइंस) का पक्षधर था और उन बैपटिस्ट्स, क्वेकर्स व अन्य सम्प्रदायों की ओर से था, जो दुःख से जूझ रहे थे, जिन पर इंडियन युद्ध और इन अन्य संकटों को लाने का आरोप था, जो देश पर आ पड़े थे। उसी दुःख से, ईश्वर द्वारा इस जघन्य अपराध की सजा के लिए कई निर्णय दिए और उन कठोर कानूनों को खंडन करने का आह्वान किया।

यह सब कुछ मेरे सामने बड़ी ही शालीनता भरी स्पष्टता एवं मानवीय आजादी के साथ सामने आया। हालांकि मुझे इसके पहले दो छंद याद नहीं, लेकिन अंतिम छह पंक्तियां आज भी नहीं भूली; किंतु उनका तात्पर्य था कि उनका दोषारोपण मंगलभाव से परिपूर्ण था और इसलिए वह एक लेखक रूप में जाने जाएंगे। (वह कहता है), ''निंदक हूं एक इसलिए करता हूं हृदय से घृणा इससे; रहता हूं जहां, उस शेबर्न शहर से लिखता हूं नाम यहां मैं अपना; बिना क्षति पहुंचाए, तुम्हारे सच्चे मित्र का नाम है पीटर फोल्जियर।''

मेरे सभी बड़े भाईयों को अलग-अलग धंधे सीखने में लगा दिया गया। मुझे 8 वर्ष की आयु में एक ग्रामर स्कूल में पढ़ने बैठा दिया गया। मेरे पिता का विचार मुझे पादरी बनाने और चर्च की सेवा में लगाने का था। लिखने-पढ़ने सीखने की मेरी तत्परता एवं ललक (जो बहुत ही अल्पायु में पैदा हो गई थी, क्योंकि मुझे याद नहीं कि मैं कब पढ़ना नहीं जानता था) और मेरे सभी मित्रों की मेरे बारे में राय कि मैं अवश्य ही एक महान विद्वान बनूंगा, इस राय ने उनके इस उद्‌देश्य के लिए उन्हें अत्यधिक प्रेरित किया। मेरे अंकल बेंजामिन भी इस बात पर सहमत थे और उन्होंने, उनके द्वारा शॉर्ट हैंड में संकलित धर्मोपदेशों के सभी खंड मुझे देने की बात कही, जिससे मैं उन्हें पढ़कर उनके बारे में जान सकूं। ग्रामर स्कूल में प्रवेश लिए अभी एक वर्ष भी पूरा नहीं हुआ था कि मैं अपनी कक्षा में सबसे अव्वल हो गया। मुझे पढ़ाई के सत्र के बीच ही कक्षा से निकालकर अगली कक्षा में बैठा दिया गया और कुछ समय बाद ही उससे अगली कक्षा में बैठा दिया गया और इसी क्रम में उस वर्ष के अंत में मैं तीसरी में पहुंच गया। इस बीच मेरे पिता ने कॉलेज शिक्षा खर्च का अनुमान लगाया, जिसे बड़े परिवार के खर्च के कारण वहन करना कठिन था। उन्हें इस पढ़ाई से कोई विशेष प्रयोजन नहीं दिख रहा था, इसलिए उन्होंने अपनी पहली पसंद को बदला और व्यवहार उपयोगी शिक्षा को लाभकारी जाना। उन्होंने मुझे उस ग्रामर स्कूल से निकाला और जार्ज ब्राउनेल नामक एक सुविख्यात गुरु की पाठशाला में लिखना और अंकगणित (हिसाब-किताब) सीखने के लिए बैठा दिया। वह इस कला में

अत्यंत निपुण थे। उनके नेतृत्व में मैंने बहुत जल्द ही सुंदर-साफ लिखना सीख लिया, किंतु उनके पास 1 वर्ष तक रहकर भी मुझे गणित नहीं आया। यह देख मेरे पिता ने 10 वर्ष की आयु में मुझे वहां से भी निकाल लिया और अपने घरेलू काम-धंधे में लगा लिया। आरंभ में मुझे मोमबत्ती व साबुन बनाने, फार्म बनाने, दुकान पर बैठने और फिर घूम-घूमकर माल बेचने का काम सौंपा। हालांकि वह इसे सीखकर नहीं आए थे, बल्कि न्यू इंग्लैंड आने पर ही उन्होंने यह काम सीखा था, क्योंकि अपने घटते व्यापार से वह परिवार का भरण-पोषण नहीं कर सकते थे।

मुझे यह काम पसंद नहीं था, इस कारण मैं इन कामों में ध्यान नहीं देता था, बल्कि मुझे समुद्र के प्रति गहरा झुकाव था, परंतु मेरे पिता इसके विरुद्ध थे। फिर भी पानी के पास रहने के कारण मैं काफी कुछ जानता था। तैरने की कला मैं बचपन से ही बहुत अच्छी तरह सीख गया था और नाव भी बखूबी चलाना जानता था। जब मैं दूसरे लड़कों के साथ नाव या कैनाई में होता तो सामान्यत: मुझे ही नेतृत्व करने का मौका मिलता, खासतौर पर कोई समस्या होने पर और अन्य अवसरों पर अन्य लड़कों में मैं ही प्राय: नेतृत्व करता, उन्हें निखारता। मैं ऐसी ही एक घटना का जिक्र करूंगा, जिससे हालांकि न्यायपूर्ण आचरण नहीं दिखता, किंतु यह शुरुआती जनभावना को दर्शाती है।

बोस्टन शहर के पास दलदली भूमि से घिरा एक तालाब था। जिसके किनारे खड़े होकर हम मिनो मछली पकड़ा करते थे। बहुत चलने के बाद भी हम केवल दलदली उथली जमीन तक ही पहुंच पाते थे, पानी कम रह जाने के कारण किनारों पर दलदल और कीचड़ हो गया था। मैंने उन्हें वहां एक घाट बनाने का सुझाव दिया, जिसके ऊपर हम आसानी से खड़े हो सकें। वहां पास ही एक मकान बन रहा था। मकान बनाने के लिए बहुत से पत्थर पड़े थे। मैंने अपने कामरेड्स यानी साथियों को पत्थरों का वह ढेर दिखाया। वह हमारे मकसद के लिए पूरी तरह सही था। शाम को काम बंद हो जाने के बाद कारीगर चले गए। अपने मकसद के मुताबिक, मैं अपनी मित्र मंडली को लेकर वहां गया और बड़ी मेहनत से धीरे-धीरे सब पत्थर उठाकर तालाब पर बिछा दिए। कभी-कभी तो एक पत्थर के ऊपर दो तीन पत्थर भी उठाकर ले आए। अगली सुबह कारीगर वहां आने पर पत्थरों को ना पाकर बड़े हैरान हुए। लेकिन उन्होंने पत्थरों को घाट पर ढूंढ निकाला। पत्थरों को उठाने वालों की तलाश हुई, हम पकड़े गए और हमारी शिकायत की गई, हममें से कइयों को अपने पिता की डांट सुननी पड़ी। पिता ने मुझे पूछा तो मैंने बता दिया कि मैंने तो वे पत्थर सबकी भलाई के लिए तालाब के घाट पर लगाए थे। इस पर पिताजी ने कहा-'काम कैसा भी अच्छा क्यों

न हो, परंतु जब ईमानदारी से न किया जाए तो कुछ भी फायदे का नहीं माना जाता।' मैंने भी यह नसीहत याद रखी और फिर कोई ऐसा काम नहीं किया जिससे किसी की हानि हो। मैंने खुद को विश्वास दिलाया कि जो ईमानदारी से न हो, वह उपयोगी नहीं होता है।

मैं सोचता हूं कि तुम उनके व्यक्तित्व और चरित्र के बारे में कुछ जानना चाहोगे। वह मानसिक व शारीरिक रूप से श्रेष्ठ, मध्यम दर्जे की शारीरिक बनावट, संतुलित व्यवहार, सुदृढ़ निपुण अच्छे चित्रकार थे। वह गीत-संगीत के भी ज्ञाता थे। वायलिन बजाना जानते थे और मधुर आवाज में गाना भी। संध्या के समय जब वे अपने काम पर से लौटते और वायलिन पर धर्मगीत (भजन आदि) की मधुर तान छेड़ते व उसके साथ-साथ कर्णप्रिय स्वर में गाते तो आस-पास के लोग आनन्दित हो जाते थे। उन्हें भांति-भांति की रागिनी सुनाने का बड़ा शौक था। वह यंत्रकला में भी प्रवीण थे और कई बार अन्य प्रकार के यांत्रिक उपस्करों का भी आसानी से उपयोग कर लेते थे। किंतु उनकी अत्यधिक श्रेष्ठता विवेकसम्मत मामलों में गहरी समझबूझ एवं ठोस निर्णय क्षमता में निहित थी, चाहे वह सार्वजनिक मामलों में हो या फिर निजी, वे हर क्षेत्र में नीतिज्ञ थे। वस्तुतः, उन्होंने बाद में कभी नौकरी नहीं की, लेकिन एक बड़े परिवार को शिक्षित करने और उनकी परिस्थितियों की कठिनाइयों ने उन्हें उनके काम के नजदीक रखा; किंतु मुझे याद है कि कई गणमान्य व्यक्ति उनसे निरंतर मिलने आते रहते थे, जो अपने नगर या चर्च संबंधित विभिन्न मसलों पर उनकी सलाह लेते थे और उनकी सलाह एवं निर्णय को आदर की दृष्टि से देखते थे; निजी लोग भी समस्या आने पर अपने व्यक्तिगत मामलों में उनसे सलाह-मशविरा किया करते थे और विरोधी पक्ष उन्हें मध्यस्थ बनाकर निर्णय कराते थे। उन्हें अपनी टेबल के आस-पास वार्तालाप करने के लिए बुद्धिमान मित्रों एवं पड़ोसियों का होना अच्छा लगता था और वह हमेशा किसी उपयोगी एवं विवेकसम्मत विषय पर चर्चा करने के प्रति सजग रहते थे। इस प्रकार से वह हमारा ध्यान इस ओर केंद्रित करते कि जीवन निर्वाह एवं आचरण में क्या सही, न्यायसम्मत और नीति-युक्त था। इस बात की ओर कभी ध्यान नहीं होता था कि टेबल पर भोजन की क्या-क्या सामग्री रखी गई है, वह अच्छे से बनी हैं या नहीं, मौसमी है या बेमौसम की है, स्वादिष्ट है या बेस्वाद, उस प्रकार की अन्य चीजों से उत्तम है या कमतर, इस तरह से मैं इन विषयों के प्रति पूरी तरह अनभिज्ञ रहते हुए बड़ा हुआ था कि मेरे आगे भोजन की क्या-क्या सामग्री रखी गई है, इस संबंध में मैं इतना बेखबर रहता था कि मैं भोजन के थोड़ी देर बाद भी यह नहीं बतला सकता था कि मैंने आज क्या खाया है। इससे मुझे एक बड़ा लाभ यह हुआ कि मुसाफिरी (यात्रा) में मुझे इसके कारण कोई कठिनाई नहीं

होती थी। जबकि मेरे साथी लोगों की बढ़िया-से-बढ़िया चीजों को खाने की आदत होने से उन्हें जब कभी अच्छी खुराक न मिलती तो वे बड़े दुखी होते, किंतु मैं इसकी जरा भी परवाह नहीं करता था।

इसी तरह से मेरी मां भी स्वस्थ एवं अच्छी काया की धनी थी। उसने अपने सभी 10 बच्चों को स्तनपान कराया था। मैं कभी नहीं जान पाया कि मेरे माता-पिता को कोई बीमारी थी और किसी भी बीमारी के कारण मेरे पिता की 89 और मेरी मां ने मई सन् 1752 को 85 वर्ष की आयु में स्वर्गप्रवास किया। उनकी मृत देह को उनके पति के पास बोस्टन में दफनाया गया, जहां उनकी समाधि पर मैंने अभिलेख गुदा पत्थर लगवाया:

जोशिया फ्रैंकलिन
और
उनकी जीवन संगिनी आबिया
इस स्थान पर चिरनिद्रा में दफन हैं।
दाम्पत्य जीवन में 55 वर्षों तक वे बड़े
प्रेमपूर्वक रहे और
उन्होंने संपत्ति या किसी लाभप्रद धंधे के बिना
हमेशा परिश्रम एवं प्रामाणिक उद्यम द्वारा
ईश्वर के आशीर्वाद से
बड़ी सरलता से अपने बड़े कुटुब का
सुखपूर्वक निर्वाह किया
और बड़े ही स्नेह व सम्मान से
13 पुत्रों और 7 पौत्र-पौत्रियों का
लालन-पालन किया।
इसे पढ़ने वाले, इस प्रसंग से
अपने उद्योग एवं जीवन में अभिप्रेरणा लें
और अनागत विधाता पर भरोसा रखें।
यह एक पुण्यात्मा एवं नीति निपुण पुरुष थे;
साथ ही यह महिला रत्न भी विचारशील एवं सदाचारिणी थी।
उनका छोटा पुत्र उनकी याद में
अपना कर्त्तव्य निभाते हुए श्रद्धापूर्वक
यह शिलालेख लगाता है।

जोशिया फ्रैंकलिन	**आबिया फ्रैंकलिन**
जन्म 1655, मृत्यु 1744	**जन्म 1667, मृत्यु 1752**
आयु 89 वर्ष	**आयु 85 वर्ष**

अब तक इधर-उधर मटरगश्ती करते हुए मुझे लगने लगा था कि मैं बड़ा

हो गया हूं। मैं अब ज्यादा सलीके से लिखने लगा था, किंतु साधारण कपड़े पहनने की मेरी आदत अब भी बनी हुई थी, शायद यह केवल अनदेखी थी।

इस बीच, 2 वर्ष तक अर्थात् जब तक मैं 12 वर्ष का हुआ, तब तक अपने पिता के काम-धंधे में उनकी सहायता करता रहा। मेरा बड़ा भाई जॉन भी मेरी तरह पिताजी के धंधे में छोटी उम्र से ही मदद देता रहा था। किंतु अब वह पिताजी को छोड़कर चला गया और विवाह करके ह्रोड टापू पर जा बसा था। उसने वहां मोमबत्ती और साबुन बनाने का अपना खुद का एक स्वतंत्र कारखाना खोल लिया था। इस कारण अब यह स्पष्ट दिखाई देने लगा था कि अब मुझे उसकी जगह काम करना था और मोमबत्ती व साबुन बनाने का काम संभालना था। लेकिन मुझे अब भी वह काम पसंद नहीं था और पिताजी को आशंका व डर था कि जिस धंधे में मेरी रुचि नहीं है, उसमें इसे लगाया गया तो यह बेदिल से काम करेगा और शायद घर छोड़कर भी चला जाएगा, जैसा कि उनके बेटे जोशिया ने नाराज होकर किया था, मैं भी ठीक वैसे ही समुद्री काम तलाश लूंगा। पिताजी ने मुझे अपनी इच्छानुसार, रुचिकर धंधे में लगाना ठीक समझा। इसलिए वह प्राय: मुझे अपने साथ घुमाने ले जाते और और बढ़ई, सुनारों, ईट बनाने वाले, खरादियों, ठठेरों (पीतल के बर्तन बनाने वाले) आदि के कारखानों में ले जाकर उन्हें काम करते दिखाते, जिससे वह जान सकें कि मेरी किस काम के प्रति रुचि है। पिताजी बड़ी युक्ति से यह देखा करते थे, जिससे वहीं पर मेरे लिए कोई-न-कोई काम-धंधा लगाने का प्रयास कर सकें। वास्तव में उन कारीगरों को उनके औजारों के साथ काम करते देखना मेरे लिए सुखद और उपयोगी रहा, क्योंकि इससे मैंने घर के उन छोटे-मोटे कामों को स्वयं करना सीखा, जिन्हें कोई कारीगर करने के लिए मना कर देता था। साथ ही मुझे अपने प्रयोगों के लिए छोटी मशीनें बनाने में भी मदद मिली। यद्यपि प्रयोग हेतु मशीनें बनाने का विचार अभी केवल विचार ही था। अंत में पिताजी ने मुझे हथियार बनाने के धंधे में लगाने का फैसला लिया। मेरे अंकल बेंजामिन के बेटे सैमुअल ने लंदन में यह काम सीखा था और उसने बोस्टन में एक कारखाना भी खोल लिया था। यह धंधा रुचिकर होता है या नहीं, यह देखने और सीखने के लिए मेरे पिताजी ने मुझे उसके कारखाने में भेजना शुरू किया, किंतु सैमुअल चाहता था कि काम सिखाने की उसे कुछ फीस मिले। यह बात मेरे पिता को ठीक नहीं लगी। वह बहुत ही अप्रसन्न हुए और उन्होंने मुझे वापिस घर बुला लिया।

बचपन से ही मुझे पढ़ने का बहुत शौक था और मुझे जो भी थोड़े - बहुत पैसे मिलते थे, उनसे मैं किताबें खरीदा करता था। इसी तरह मेरे पास छोटे-छोटे खंडों में जॉन बनयान की रचनाओं का संग्रह हो गया। यह मेरा पहला संग्रह

था। किंतु बाद में आर. बर्टन का ऐतिहासिक संग्रह खरीदने के लिए मैंने उसे बेच दिया। इन छोटी और सस्ती चैपमेन्स पुस्तकों की संख्या कुल मिलाकर 40-50 थी। मेरे पिताजी की छोटी-सी पुस्तकालय में मुख्य तौर पर वादविवाद दिव्यता में पुस्तकें थी, जिनमें से मैंने अधिकतर पढ़ ली थी और तब से प्राय: पश्चाताप होता था कि जब मुझे ज्ञान की इतनी लालसा थी, तो मुझे उपयुक्त पुस्तकें नहीं मिली। चूंकि अब तक यह सामने आ चुका था कि मुझे धर्मशासक या पादरी नहीं बनना है। पुस्तकालय में प्लूटार्क की जीवनी को मैंने बहुत बार पढ़ा और आज भी सोचता हूं कि उसे पढ़ना समय की बर्बादी नहीं थी। संग्रह में डी. फोए की पुस्तक 'ऐन एस्से ऑन प्रोजेक्ट्स' नामक पुस्तक भी थी और डॉ. माथेर की लिखी 'एस्सेज टू डू गुड', जिन्होंने मेरे विचारों को एक नई दिशा दी, जिसने मेरे जीवन की कुछ प्रमुख भावी घटनाओं को प्रभावित किया।

किताबों के प्रति मेरे लगाव को देखते हुए मेरे पिता ने मुझे मुद्रक बनाने का फैसला किया, हालांकि उनका एक बेटा (जेम्स) पहले से ही इस व्यवसाय में था। मेरा बड़ा भाई जेम्स फ्रैंकलिन घर से भाग कर इंग्लैंड चला गया था। वहां से छापेखाने का काम सीखकर, वह सन् 1717 में छापने का प्रेस तथा टाइप लेकर वापिस लौटा और बोस्टन में एक प्रेस खोल दिया। मेरे पिता की अपेक्षा मुझे यह ज्यादा पसंद आया, लेकिन अब भी समुद्र के प्रति मेरा झुकाव कम नहीं हुआ था। मेरे इस बढ़ते आकर्षण को रोकने के लिए मेरे पिता मुझे अपने भाई के साथ काम में लगाने को आतुर थे। भाई को प्रेस के काम की अच्छी जानकारी थी, इस कारण से मेरे लिए यह एक उत्तम सुयोग था। यद्यपि मैं कुछ दिनों तक आनाकानी करता रहा, किंतु अंतत: मैं समझ गया और मैंने वही काम सीखने का करार कर लिया। तब मेरी आयु केवल 12 वर्ष थी। शर्त यह थी कि 21 वर्ष का होने तक मुझे अपने भाई के पास प्रशिक्षु की भांति काम करना पड़ेगा। केवल अंतिम वर्ष में प्रतिदिन काम पर आने की दशा में मुझे दूसरे मजदूर के बराबर वेतन दिया जाएगा। बहुत ही कम समय में मैंने प्रेस संबंधी काम में महारत हासिल कर ली और अपने भाई के लिए बड़ा सहायक हो गया। मुझे पढ़ने का खूब शौक था। किंतु पुस्तकें खरीदने के लिए पैसे नहीं थे। मैंने पुस्तक विक्रेताओं के प्रशिक्षुओं (नौकरों) से परिचय कर लिया, इस कारण उनके द्वारा मुझे अपनी इच्छानुसार सब प्रकार की पुस्तकें देखने को मिल जाती थी। वे अपने मालिक से छिपाकर मुझे एक-एक कर पुस्तकें दे जाते और मैं पढ़कर साफ-सुथरी स्थिति में उसे सावधानीपूर्वक वापिस कर देता तो वे उसको ले जाकर यथास्थान रख देते। मालिक को इस बात की खबर न हो, अथवा उसे यह न पता चले कि पुस्तक कहीं बाहर गई है, इस कारण शाम को ली हुई पुस्तक रात में पढ़कर

उन्हें सुबह ही लौटा देनी पड़ती थी।

इस प्रकार ली गई पुस्तक को पढ़ डालने के लिए मैं कई बार पूरी रात अपने बिस्तर पर बैठे-बैठे ही बीता देता था।

कुछ समय बाद, संयोग से, मैथ्यू एडम्स नामक एक व्यापारी प्रेस संबंधी काम के लिए हमारे छापेखाने में निरंतर आने लगा। उसके पास पुस्तकों का अच्छा संग्रह था। उसे मेरी रुचि का पता चला। मुझसे परिचय होने पर वह मुझे अपना पुस्तकालय दिखाने के लिए अपने घर ले गया और कहा कि मुझे जो पुस्तक पढ़ने को चाहिए, उसके यहां से ले लिया करूं। शुरू में मैंने काव्य ग्रंथों को देखा, जिसकी रुचि मुझे पहले ही हो चुकी थी, जब मेरे काका अपने पत्रों में मुझे विनोदपूर्ण काव्य लिख-लिखकर भेजा करते थे। काव्य का अच्छा अध्ययन कर मैंने कुछ कविता लिखना आरंभ किया। इधर मेरे भाई ने भी यह सोचकर कि मुझे कविता लिखने पर कुछ मिल जाया करेगा, मुझे अपनी ओर से बढ़ावा दिया। उन दिनों लोग सर्वसाधारण में गाई जाने वाली लावनियों को पसंद करते थे और नगर में घूम-फिर कर बेचते थे। मैंने भी ऐसे ही कुछ विषय चुनकर उन पर कविताएं लिखने को कलम उठाई। मैंने दो गीतों की रचना की। उनमें एक का नाम 'दी लाइट हाउस ट्रेजेडी' था, जिसमें कैप्टन वर्थीलेक की दो बेटियों के साथ डूब मरने का करुणामयी वर्णन था। एक नाविक का गीत था तो दूसरा गीत 'ब्लैकबियर्ड' नाम के एक कुख्यात जलदस्यु को पकड़ने के संबंध में था। मेरी ये दोनों रचनाएं बिलकुल टूटी-फूटी और अलंकार रहित होने के कारण रद्दी की टोकरी में फेंक देने योग्य थी; क्योंकि ये रचनाएं नहीं थी केवल तुकबंदी थी, जो गलियों में घूम-घूमकर गाने के लिए (ग्रब स्ट्रीट वैले स्टाइल) लावनी रूप में लिखी गई थी। किंतु इनके छपने के पश्चात् मेरे भाई ने इन्हें नगर में बेचने के लिए मुझे भेजा। पहली कविता का विषय ताजा था और यह पहले ही लोगों में चर्चित हो चुकी थी। इस कारण बड़ी ही आसानी से बिक गई। इसने मुझे गौरवान्वित किया, किंतु मेरे पिता ने मेरी सारी रचना को हंसी में टालकर मुझे हतोत्साहित किया और कहा कि तुकबन्दी करने वाले हमेशा भिखारी ही रहते हैं। इससे मैं कवि होते-होते बच गया और यदि मैं कदाचित कवि हो भी जाता तो मैं वास्तविक कवि कभी हो नहीं सकता था या फिर बहुत बुरा कवि होता। माता-पिता के कहने पर मैंने कविता लिखना छोड़ दिया। किंतु गद्यात्मक लेख लिखने लगा, क्योंकि यह मेरे जीवन के उद्देश्य में अत्यंत उपयोगी रहा था और मेरे आगे बढ़ने का प्रमुख माध्यम था। मैं तुम्हें बताऊंगा कि ऐसी स्थिति में मैंने इस दिशा में कैसे दक्षता हासिल की।

बोस्टन कस्बे में ही एक और ऐसा लड़का था, जिसको मेरी ही तरह

पढ़ने-लिखने का बहुत शौक था। जॉन कोलिन्स मेरा गहरा मित्र था। कभी-कभी हम दोनों में वाद-विवाद हो जाया करता था चूंकि हम में तर्क-वितर्क करने में गहरी रुचि थी और हमें एक-दूसरे को गलत साबित करने की इच्छा बलवती रहती थी, जो बात काटने से होकर विवाद में बदल जाती। यह एक बुरी आदत बन चुकी थी, जो परस्पर विरोधाभास के चलते, उपस्थित लोगों को प्राय: ज्यादा ही असहमत बना देती थी जो व्यवहार में होना अनिवार्य होता है और इस तरह से बहस को बिगाड़ने से, मित्रता की जगह शत्रुता और वैमनस्य पैदा होते हैं। पिता के पुस्तक भंडार में से धार्मिक वाद-विवाद संबंधी पुस्तकें पढ़कर मैं भी बड़ा तर्क-विर्तक करने वाला हो गया था। प्राय: सद्व्यवहार वाले लोगों को भी मैंने इसमें उलझते देखा। किंतु वकील, विश्वविद्यालय के पुरुष एवं महिलाएं तथा एडिनबर्ग में पले-बढ़े लोग कभी इसमें नहीं पड़ते थे।

न जाने कैसे एक बार मेरे और कोलिन्स के बीच एक प्रश्न पर बहस छिड़ गई, जिसका विषय था 'स्त्रियों को शास्त्रीय ज्ञान संपादन करने से लाभ है या नहीं?' कोलिन्स का अभिप्राय यह था कि स्त्रियों की बुद्धि ऐसी नहीं होती कि वे ऐसा ज्ञान प्राप्त कर सके, किंतु मैं इसके विपरीत विचार रखता था। शायद तर्क-वितर्क के कारण भी नैसर्गिक तौर पर कोलिन्स ज्यादा अच्छा व्याख्यान देता था, उसका शब्द भंडार समृद्ध था और मैं समझता हूं कि कभी-कभी वह अपनी दलीलों से नहीं अपितु अपनी बोलने की खूबी से मुझे चुप करा देता था। उस दिन हम बिना किसी निर्णय पर पहुंचे अपने-अपने घर चले गए और काफी समय नहीं मिले। मैंने अपनी सभी दलीलें एक कागज पर लिख डालीं और उनकी नकल बनाकर कोलिन्स के पास भेज दी। उसने उत्तर दिया, फिर मैंने प्रत्युत्तर दिया। इसी तरह, दोनों में, इस विषय पर तीन - चार बार पत्र व्यवहार हो जाने के पश्चात् एक दिन सारा पत्र व्यवहार मेरे पिताजी ने देख लिया। हालांकि विवादास्पद विषय पर उन्होंने अपना कोई मत नहीं दिया, किंतु मेरे लिखने के तरीके पर मुझसे बात की और कहा-

'तुम्हारी अपेक्षा तुम्हारा मित्र अच्छी स्पष्ट और शुद्ध भाव से लिखता है और यही कारण है कि उसमें एक खास सुंदरता आ जाती है। शब्द विन्यास और विराम आदि चिन्ह लगाने में तुम्हारे साथी की अपेक्षा तुम कहीं अच्छे हो। किंतु लेखनशैली की परिपक्वता और स्पष्टता में तुम उससे कहीं ज्यादा पिछड़े हो।' चूंकि मैं छापेखाने में काम करता था, इसलिए प्रतिपक्षी के मुकाबले मुझे लेखन विधि, शब्द विन्यास और विराम चिन्हों का ज्यादा ज्ञान होता था। अपने पिता का कहना मुझे सही लगा और उसी दिन से मैं अपनी लेखन शैली को सुधारने पर पूरा ध्यान देने लगा।

उसी समय, 'स्पेक्टेटर' नामक पुस्तक का एक भाग मेरे हाथ लगा। यह

तीसरा था। मैंने इससे पहले इसका कोई भाग नहीं देखा था। मैं उसे ले आया और पढ़ता गया। मुझे उसे पढ़ने में बड़ा आनंद आया। मैंने उसकी लेखनशैली का अनुकरण करना आरंभ किया। मैं कोई भी निबंध पढ़कर उसके प्रत्येक वाक्य का सारांश कागज पर लिख लेता और कुछ दिन के बाद उसी निबंध को फिर से अपनी समझ से विस्तारपूर्वक उसी भावार्थ से लिखता, जैसे पहले लिखा गया था। फिर मैं अपने स्पेक्टेटर को मूल स्पेक्टेटर से मिलाता और अपनी त्रुटियां निकालता तथा सुधारता। लेकिन मैंने पाया कि मेरा शब्द भंडार पर्याप्त नहीं है और मुझे उसे समृद्ध कर उपयोग करने की जरूरत है। जिसके बारे में मैंने सोचा कि मुझे पद्य रचना से पहले इसे समृद्ध कर लेना चाहिए। किंतु कभी-कभी मुझे असली निबंध की अपेक्षा अपने लिखे हुए गद्य और पद्य में कुछ विशेषता मालूम होती, तो यह भरोसा होता कि मैं भी किसी समय अंग्रेजी का अच्छा लेखक बन सकूंगा, जो मैं चाहता था। लेकिन उचित भाव, माप और पद्य में भिन्न-भिन्न ध्वनियों के शब्दों की जरूरत के कारण मैं लगातार विभिन्न शब्द खोजता रहता और उन्हें अपने मानस-पटल पर स्थायी कर लेता। इसलिए मैंने कुछ कहानियां ली और उन्हें पद्य में लिखा तथा कुछ समय उपरांत जब गद्य भूल गया तो उसी पद्य को वापिस गद्य में लिखा। कभी-कभी मैंने अपने सारांश संग्रह को भ्रमित करने वाले तरीके से लिखा और कुछ सप्ताह बाद पूरे वाक्य विन्यास से पहले उन्हें बेहतर क्रम में लिखने का प्रयास किया। इससे मैंने विचारों को क्रम देने का तरीका सीखा। अपने काम को मूल प्रति से मिलाने पर मुझे कई त्रुटियां दिखाई दी और मैंने उन्हें सुधारा। किंतु लिखने-पढ़ने का यह अभ्यास रात्रि में, काम के बाद या सोमवार की सुबह या रविवार को तभी हो पाता था, जब मैं छापेखाने का काम अकेला देखता था। पिताजी के संरक्षण में रहने पर उनके आदेश पर चर्च में प्रार्थना के लिए जाना पड़ता था। किंतु मैं उससे ज्यादा-से-ज्यादा बचने का प्रयास करता था, जिससे मुझे अभ्यास का अधिक-से-अधिक समय मिल सकता था। हालांकि आज मैं एक कर्त्तव्य समझता हूं।

जब मैं 16 वर्ष का था, तब मुझे ट्रायोन की लिखी एक पुस्तक मिली, जिसमें शाकाहारी भोजन लेने पर जोर दिया गया था। उसे पढ़कर मैंने मांस खाना छोड़ दिया। किंतु मेरे अविवाहित भाई को उसकी इच्छानुसार भोजन बनवाने में कुछ असुविधा होती थी, इस कारण वह आपत्ति किया करता था और मेरी इस अनोखी आदत के लिए मुझे लगातार फटकारता था। किंतु मैंने ट्रायोन की पुस्तक में लिखे तरीके से स्वयं खाना बनाना सीख लिया था, जैसे कि आलू या चावल उबालना, पुडिंग बनाना आदि। इसके पश्चात् मैंने अपने भाई से कहा कि मेरे खाने में जो कुछ खर्च होता है, उससे आधा आप मुझे सप्ताह में दे दिया करें तो मैं अपने खाने का प्रबंध स्वयं कर लूंगा। भाई ने

यह बात मान ली। मैं अपने लिए स्वयं ही भोजन बनाने लगा। उसमें आधे से भी आधा खर्च होता और इस तरह कुछ बचत भी हो जाती थी। इस बचत से ही पुस्तकें खरीदने में मुझे सहायता मिलती थी और सबसे ज्यादा फायदा यह हुआ कि जब मेरा भाई तथा बाकी सब लोग भोजन करने के लिए छापेखाने से चले जाते थे तो मैं वहां अकेला रह जाता। मुझे आज भी याद है कि कभी-कभी मेरे पास बिस्किट या ब्रेड की एक स्लाइस, मुट्ठी भर मुनक्का, पेस्ट्री या केक के कुछ टुकड़े और एक गिलास पानी ही हुआ करता था। ऐसे में मैं सुबह का नाश्ता प्रेस में ही कर लिया करता और उनके लौटने तक मैं पढ़ लिया करता था। सवेरे जल्दी उठने के कारण काम शुरू होने से पहले भी मुझे एक घंटे का समय मिलता, जिसे मैं पुस्तकें पढ़ने में लगाता। धीरे-ध ीरे मेरा पठन-पाठन सुधरने लगा।

और अब ऐसा हुआ कि गणित के कम ज्ञान के कारण मुझे कई बार शर्मिन्दा होना पड़ा था। स्कूली दिनों में मैं सीखने में दो बार फेल हो चुका था। मैंने उस समय की सभी प्रचलित पाठ्य पुस्तक पढ़ डाली। कोकर की गणित की पुस्तक ली, जो विशेषकर विद्यार्थियों के लिए जटिल समझी जाती थी। उसे मैंने बड़ी सरलता से पढ़ डाली। मैंने सेलर और शर्मी की 'बुक ऑफ नेवीगेशन' (नौकाशास्त्र) भी पढ़ी और उसमें बताई गई रेखागणित को जाना, किंतु विज्ञान की इस विद्या को ज्यादा न समझ सका। अब मैंने मेस्सर्स डु पोर्ट रॉयल द्वारा रचित 'लॉक ऑन ह्यूमन अंडरस्टेंटिडंग' और 'दि आर्ट ऑफ थिंकिंग' के बारे में पढ़ा।

जब मैं अपनी भाषा सुधारने को तत्पर था, तब मुझे अंग्रेजी व्याकरण की एक पुस्तक मिली (शायद वह ग्रीनवुड की लिखी थी), जिसके अंत में अलंकार शास्त्र (रीटोरिक) एवं तर्कशास्त्र (लॉजिक) कला संबंधी दो छोटे स्केच बने थे। पहले वाली पुस्तक के अंत में सुकरात की शैली (सोक्रेटिस) में वाद-विवाद का नमूना था। और बहुत जल्द ही जिनोफोन की 'मेमोरबेल थिंग्स ऑफ सुकरात' (मेमोरेबिलया) पढ़ी, जो मुझे काफी पसंद आई, जिसमें उसी विधि संबंधी कई प्रसंग दिए हुए थे। मैंने उसी के अनुरूप सत्य शोधन करने वाले से नम्रता करना तथा अपने विपक्षी से उलझन भरे प्रश्न करने की सोक्रेटिस की वाद-विवाद की रीति अपनाई तथा साफ इंकार कर देना और छाती ठोक कर इंकार करने की रीति छोड़ दी। शाफश्बरी और कोलिन्स को पढ़ने से, मैं हमारे धार्मिक सिद्धांत (रिलीजियस डॉक्टरिन) की कई बातों पर सचमुच संशय करने वाला बन गया। इस रीति को मैंने अपने लिए सुरक्षित पाया और उन लोगों के लिए काफी व्याकुल करने वाला, जिनके विरुद्ध मैं इसे उपयोग करता था। इसलिए मैंने इसमें नम्रतापूर्वक व्यवहार अपनाया, इसका

निरंतर अभ्यास किया। मैं बार-बार इसका प्रयोग करता। इसमें मैं ऐसा प्रवीण हो गया कि मेरा और मेरे पक्ष में रहने वाले का यदि किसी ज्यादा अक्लमंद व्यक्ति से सामना हो जाता तो मैं उसे हरा देता। मैं उनसे कई बातें कबूल करवाता और अपनी अकाट्य युक्तियों से उन्हें ऐसी उलझन में डालता कि उन्हें कुछ न सूझता। मैं कुछ वर्षों में ही सावधानी से बोलने लगा। वाद-विवाद में मैं 'बेशक' या ऐसे ही किसी छाती ठोक कर बोलने वाले शब्दों का प्रयोग नहीं करता था, बल्कि इनके स्थान पर बोलता कि –

'मुझे मालूम होता है कि ... (या फिर), मेरा ऐसा मानना है कि ऐसा नहीं बल्कि ऐसा होना चाहिए। अमुक-अमुक कारणों से मुझे ऐसा मालूम होता है कि..., (अथवा) मुझे ऐसा नहीं सोचना चाहिए कि ऐसा नहीं, ऐसा है। ऐसा नहीं, ऐसा होना चाहिए, ऐसा मुझे नहीं जान पड़ता है कि यदि मैं भूल नहीं रहा हूं तो ऐसा नहीं, ऐसा है।' मेरा मानना है कि दूसरों के मन पर मेरा प्रभाव डालने, अपने विचारों को समझाने और मेरे अनुसार उनको चलाने में यह रीति मुझे बहुत ही उपयोगी लगी। बात का मुख्य उद्देश्य ज्ञान प्राप्त करना और ज्ञान सीखना, खुश होना और दूसरों को खुश करना है। अतएव समझदार मनुष्यों को छाती ठोककर बोलने का तरीका अपनाकर दूसरों का भला करने की अपनी रीति कम करनी चाहिए। क्योंकि छाती ठोककर बोलने के ढंग से दूसरे के मन में दुःख और विरोध उत्पन्न होता है और जिस उद्देश्य को लेकर मनुष्य बोलता है, उसे उसमें सफलता नहीं मिलती। जिसके लिए हमें बोला जाता है और कोई ज्ञान या आनंद दिया या पाया जाता है। यदि आप ज्ञान प्रदान करोगे, तो यह अपनी भावनाओं को सकारात्मक और दृढ़तापूर्वक रीति के लिए परस्पर वाद-विवाद को बढ़ावा देगा और निष्कपट शालीनता की सुरक्षा करेगा। यदि आप दूसरों के ज्ञान से ज्ञान और सुधार की अपेक्षा करते हैं और ठीक उसी समय स्वयं को निवर्तमान विचारों, उदार, संवेदी व्यक्ति के रूप में सरलता से दृढ़ करते हैं, जो विवादास्पद स्थिति नहीं चाहते हैं, तो यह आपकी त्रुटियों पर अधिकार पाने में संभवतः आपको अविचलित रखता है। इस रीति से आप अपने श्रोताओं को आनन्दित करने में और स्वयं को प्रस्तुत करने में शायद ही अपेक्षा करते हैं या उन्हें खुश करते हैं, जो आपकी इच्छा को सहमति प्रदान करते हैं। पोप, न्यायपूर्वक कहते हैं,

'लोगों को ऐसा सिखाओ, जैसा कभी सिखाया न गया हो
और अंजान चीजों को ऐसे बताओ कि उन्हें जैसे भुलाया गया हो।'

आगे हमें प्रशंसनीय रूप में कहते हैं।

'बोलना हो, तो आत्मविश्वास से बोलें, निःसंकोच बोले।'

और उन्होंने अन्य पंक्ति के साथ जो जोड़ा है। मैं समझता हूं वह अधिक

यथोचित नहीं है, उसे इन पंक्तियों के साथ जोड़ा जाना चाहिए था,

'शालीनता (विनम्रता) की अपेक्षा ही है, प्रज्ञान (ज्ञानेन्द्रियों) की अपेक्षा है।'

यदि तुम कहो कि यह ज्यादा उचित क्यों नहीं है? तो मुझे इन पंक्तियों को स्पष्टता के लिए इन्हें दोहराना पड़ेगा

'अशालीन शब्दों का नहीं कर पाता है कोई बचाव,
शालीनता की अपेक्षा ही है प्रज्ञान की अपेक्षा।'

तो क्या अब इन्द्रिय ज्ञान या चेतना की चाह (जिसे चाहने वाला व्यक्ति अत्यंत अभागा है। उसकी विनम्रता की चाह के प्रति क्षमा याचना नहीं है? इसलिए क्या ये पंक्तियां इस तरह से ज्यादा न्यायोचित नहीं लगती?

'अशालीन शब्दों को मानना जब करनी हो रक्षा,
शालीनता की अपेक्षा ही है प्रज्ञान की अपेक्षा।'

हालांकि, मैं इसे बेहतर निर्णय के लिए उचित ठहराना चाहूंगा।

उधर मेरे भाई जेम्स फ्रैंकलिन का रोजगार दिन-प्रतिदिन बढ़ने लगा। सन् 1720-21 में उसने एक समाचार पत्र निकाला। यह अमेरिका में छपने वाला दूसरा अखबार था। इससे पहले अमेरिका में 'बोस्टन न्यूज लेटर' नामक केवल एक ही पत्र निकलता था। जेम्स ने इस पत्र का नाम 'न्यू इंग्लैंड कुरेण्ट' रखा। मुझे याद है कि जेम्स के मिलने वालों ने शुरू में उसे पत्र निकालने से रोका था, क्योंकि उस समय अमेरिका में वह एक ही अखबार (बोस्टन न्यूज लेटर) पर्याप्त था और बोस्टन में किसी पत्र का प्रचार होने की संभावना बहुत कम थी। इस समय 25 से कम पत्र नहीं हैं। किंतु वह नहीं माना और टाइप्स को कंपोज और शीट्स को मुद्रित करने का काम करने लगा। उसके प्रकाशित किए हुए पत्र का पहला अंक 17 अगस्त, 1721 को प्रकाशित हुआ। स्थानीय ग्राहकों के पास अखबार पहुंचाने का काम बेंजामिन को सौंपा गया।

भिन्न रीति-नीति, जोशीले और रुचिकर लेखों के कारण यह शीघ्र ही लोकप्रिय हो गया। इस दौरान कुछ शिक्षित पुरुषों से जेम्स की मित्रता भी हो गई। उनकी ओर से इसको लेख आदि के रूप में अच्छी सहायता भी मिलने लगी, जिससे पत्र की साख बढ़ी और पत्र का प्रचार खूब बढ़ा। वे लोग प्रायः प्रेस में आते और लोगों में पत्र की प्रशंसा आदि जेम्स को सुनाते। उनकी बातें सुन-सुनकर मैं भी कुछ लिखने को बेताब हुआ। मैं भी पत्र के लिए कुछ लिखना चाहता था। किंतु एक तो मुझे प्रेस संबंधी काम संभालने होते थे, तो दूसरे ठीक समय पर ग्राहकों के पास समाचार-पत्र पहुंचाने पड़ते थे। इन कामों के बीच समय नहीं मिलता था। मैं अभी लड़कपन में था और मुझे संदेह था कि यदि मेरे भाई को पता चलेगा कि मैंने कोई लेख लिखा है, तो उसे मेरी लिखी किसी भी रचना को पत्र में छापने पर आपत्ति होगी,

क्योंकि उसकी दृष्टि में मैं लेखक बनने के सर्वथा अयोग्य था। यही सोचकर मैंने अक्षर बदलकर एक लेख लिखा और उसमें अपना नाम अज्ञात रखा तथा उसे रात में चुपचाप जेम्स के कमरे में डाल दिया। प्रातःकाल में उसे पाने पर और जेम्स की मित्र-मंडली के इकट्ठा होने पर उस पर चर्चा की गई और उन्होंने लेख की काफी प्रशंसा की। लेखनशैली और विचार पटुता को प्रशंसनीय पाकर वे लोग इस बात का अनुमान लगाने लगे कि इसका लेखक कौन होगा? उन्होंने इसे पढ़ा, अपने विचार रखे। उनके अनुरूप पाकर मुझे बड़ा संतोष और आनंद मिला। उन लोगों ने उसके लेखक का अनुमान लगाते समय बड़े-बड़े सुविख्यात लेखकों के अतिरिक्त किसी का नाम ही नहीं लिया। सभी ने जेम्स को सम्मति दी कि यह लेख प्रकाशन योग्य है। यह जानकर मुझे अत्यंत हर्ष और प्रोत्साहन मिला।

इससे उत्साहित एवं प्रेरित होकर मैंने और कई लेख इसी गुमनाम तरीके से भेजे। वे सभी पहले लेख की तरह ही प्रशंसित एवं प्रकाशित हुए। मैंने तब तक यह बात राज ही रखी, जब तक कि मेरे ज्ञान भंडार का कुछ अंश लेख रूप में भली प्रकार से उपयोग नहीं हो गया। तब मैंने पाया कि मेरा भाई अब भी मेरी लेखन क्षमता को स्वीकार नहीं करेगा, क्योंकि वह अकारण ही, मेरी कला को निरर्थक मानता है। दूसरे, मेरे भाई का व्यवहार मेरे साथ ठीक गुरु-शिष्य की भांति था। वह मुझसे भी ठीक वैसी ही सेवाओं की अपेक्षा करता था जैसे अन्य लोगों से, किंतु मेरा मानना है कि उसने मुझे मेरी बुद्धि एवं ज्ञान से कमतर आंका। वह मेरी क्षमता से अपरिचित था और मुझसे ज्यादा की अपेक्षा करता था। जेम्स का स्वभाव कुछ तेज था। हम दोनों में किसी-न-किसी बात पर बहसबाजी भी हो जाया करती थी। जेम्स का स्वभाव कुछ गुस्सैल था और इससे वह कभी-कभी तो मुझे चांटा भी मार दिया करता था। हम दोनों, अकसर अपनी-अपनी शिकायतें अपने पिता के पास भी ले जाते। मेरा मानना है कि या तो मेरी शिकायतें सच्ची होती थी या फिर मैं अच्छे ढंग से अपनी बात रखता था, क्योंकि प्रायः फैसला मेरे पक्ष में ही होता था। किंतु मेरा भाई काफी क्रोधी प्रवृत्ति का था और प्रायः मुझे पीट दिया करता था, जिससे मुझे काफी बुरा लगता था और मुझे अपना काम काफी थकाने वाला लगने लगा। मैं लगातार उसके छोटा होने की कामना करता था, जो कुछ समय बाद मुझे अप्रत्याशित[3] रूप में मिली।

हमारे समाचार-पत्र में एक पृष्ठ पर राजनीतिक विषयों को स्थान दिया

---

3 **मैं सोचता हूं कि उसका मेरे प्रति रुखा और कठोर व्यवहार कदाचित् उन निर्णायक शक्तियों से मुझ पर प्रभाव डालने का साधन था, जो जीवन भर मेरे साथ ही रहा।**

जाता था, जिसमें शासन संबंधी टीका-टिप्पणी होती थी, किंतु ऐसी ही एक टिप्पणी ने मंत्रिमंडल को नाराज कर दिया। एक वर्ष तक शासक वर्ग खामोश रहा, किंतु जब उनकी ज्यादा पोल खुलने लगी तो वे भी जवाबी कार्रवाई को आतुर हो गए।

11 जून, 1722 के अंक में न्यूपोर्ट से आया एक पत्र छपा था, जिसमें लिखा था कि-'ब्लॉक टापू से थोड़ी दूरी पर लुटेरों का एक जहाज दिखाई दिया है, उसे गिरफ्तार करने के लिए सरकार ने दो जहाज तैयार किए हैं।'....

पत्र के अंत में लिखा था....

'बोस्टन में हमें यह खबर मिली है कि मैसाचुसेटस की सरकार लुटेरों को पकड़ने के लिए एक जहाज तैयार कर रही है, उस जहाज के कप्तान पीटर पेपिलोन होंगे और यदि हवा अनुकूल रही तो यह जहाज इसी महीने में किसी दिन रवाना हो जाएगा।'

दूरदर्शिता से की हुई सरकार की इस टिप्पणी से खीझकर राज्य प्रबंधन को देखने वाले मंत्रिमंडल ने जेम्स फ्रैंकलिन को बुलवा लिया। कुछ प्रश्नोत्तर के बाद जेम्स ने स्वीकार कर लिया कि 'पत्र का मुद्रक और प्रकाशक मैं ही हूं, किंतु मैं लेखक का नाम नहीं बता सकता।' किंतु जेम्स की बेअदबी से मंत्रिमंडल नाराज हो गया। मेरा मानना है कि वह लेखक के बारे में नहीं जानता था, इसलिए मुझे भी बुलवा लिया गया और मंत्रिमंडल ने पूछताछ की, किंतु मेरे जवाब से वे संतुष्ट नहीं हुए। मंत्रिमंडल ने यह निश्चय कर मुझे माफ करके छोड़ दिया कि 'मालिक की गुप्त बात को प्रकट न करना सेवक का धर्म है' जिसे कहकर मैंने क्षमाप्रार्थना की थी। जेम्स के प्रति यह कहकर एक महीने के लिए कैद में डाल दिया कि 'उसका निकाला हुआ पत्र सरकार के प्रति अपमान प्रकट करता है, इस कारण उसे बोस्टन के जेल में कैद रखा जाए।'

8 दिन तक कैद में रहने के बाद ही जेम्स बहुत घबरा गया और उसने मंत्रिमंडल को पत्र लिखकर नम्रतापूर्वक अपनी भूल के लिए क्षमा चाही और रिहा करने का अनुरोध किया। इस अर्जी को मंत्रिमंडल ने मंजूर कर लिया और एक महीने की कैद के बाद उसे छोड़ दिया।

जेम्स की सजा से मुझे क्रोध तो था, यद्यपि हमारे निजी मनमुटाव यथावत् ही थे। लेकिन मैंने उन्हें भुला दिया और उसकी अनुपस्थिति में प्रेस और पत्र संभालने लगा। सरकार की इस स्वेच्छाचारिता से मैं और दूसरे लेखकगण भयभीत नहीं हुए थे। बल्कि पहले की अपेक्षा अब ज्यादा जोशीले लेख लिखने का फैसला लिया। टीका-टिप्पणी भी खूब की। जिसे मेरे भाई ने विनम्रतापूर्वक किया था, जबकि अन्य लोगों ने मेरे लिए प्रतिकूल दृष्टिकोण अपनाने लगे

कि एक युवा जीनियस को निन्दालेखक और वनदेवता (आधा मनुष्य-आधा बकरा) बनने का मौका मिला है।

वास्तव में जेल से छूटने के बाद पत्र के तीखे तेवर जारी रहे। एक अंक तो 'मैग्ना पार्ट' से चुने हुए वाक्यों से भर दिया गया था और यह साबित कर दिया गया कि जेम्स को निरपराध होने पर भी अनुचित ढंग से कैद में रखा गया है। जनता भी 'न्यू इंग्लैंड कुरेण्ट' के प्रति सहानुभूति रखती थी। 6 महीने तक सरकार ने जेम्स की गतिविधियों को बरदाश्त किया। लेकिन 14 जनवरी, 1723 ई. के अंक में सरकार के प्रति अपमानजनक लेख निकला कि अब उससे बिना कुछ किए रहा नहीं गया। लेख में गवर्नर और दूसरे अधिकारियों पर तंत्र करने गए, धर्माचार्यों के दुर्गुणों और मूर्खता का रहस्योघाटन किया गया। तीन सदस्यीय कमेटी ने जांच में पाया कि 'लेख का अभिप्राय धर्म की निंदा करना है। ऐसा अपराध फिर न हो, इसके लिए कमेटी की राय में पत्र के मुद्रक और प्रकाशक जेम्स फ्रैंकलिन को सरकार की ओर से सख्त हिदायत हो जानी चाहिए कि इस परगने के सत्य को बतलाए बिना 'न्यू इंग्लैंड कुरेश्ट' या इसकी रीति-नीति का कोई दूसरा पत्र या पुस्तक आदि न छापें और न प्रकाशित करे।' सरकार ने इस रिपोर्ट को स्वीकार कर उसके अनुसार जेम्स को ऐसी ही हिदायत दी।

अब फ्रैंकलिन के पास काम करने का एक ही रास्ता रह गया था कि या तो वह पत्र को बंद करे या फिर सरकारी आदेश का पालन करें। सरकार का आदेश जारी होते ही उसकी मित्र मंडली इस पर विचार-विमर्श करने के लिए छापेखाने में इकट्ठा हुई कि इस मामले में अब उसे क्या करना चाहिए। कुछ ने नाम बदलने की बात कही तो कुछ ने पत्र का नाम बदलकर जेम्स फ्रैंकलिन करने और छापने का सुझाव दिया। किंतु मेरे भाई को इसमें एक समस्या दिखाई दी कि यदि जेम्स फ्रैंकलिन के नाम से अब पत्र प्रकाशित हो जाए, तब भी सचिव को दिखाए बिना सरकारी आलोचना संबंधी कोई भी सामग्री छप नहीं सकती थी। अंत में एक बेहतर रास्ता निकाला गया कि भविष्य में इस पत्र को 'बेंजमिन फ्रैंकलिन' नाम से निकाला जाए और सरकारी सेंसर (प्रतिबंध) से बचने के लिए मुझे मुद्रक और प्रकाशक बनाने का निर्णय किया गया। यह सोचकर मुझे शिष्य बनाते समय जो इकरारनामा लिखवाया गया था, उसको रद्द करके वापिस ले लिया गया। किंतु फिर भी बचे हुए वर्षों में मुझसे नौकरी लेने का लाभ हाथ से न जाए, इसलिए एक दूसरा इकरारनामा गुप्त रूप से लिखवाया गया। हालांकि यह एक कमजोर योजना थी, परन्तु, फिर भी इसे तुरंत कार्यरूप दिया गया और उसी के अनुसार मेरे नाम से कई महीनों तक

पत्र निकालता रहा।

किंतु अब मेरे भाई और मेरे बीच नए मतभेद परस्पर बढ़ने लगे थे। उसे मेरी बढ़ती ख्याति खटकने लगी थी। यद्यपि वास्तव में, वह मेरे गुणों को नहीं जानता था। इतना जरूर था कि मेरे अनुचित बर्ताव से वह कभी-कभी चिढ़ जाया करता था। शिष्य संबंधी इकरारनामा रद्द हो जाने से मैं अब स्वतन्त्र हो गया था, क्योंकि जो इकरारनामा मुझसे गुप्त रूप से लिखवाया गया था, उसका उपयोग तो जेम्स कर ही नहीं सकता था। किंतु मुझे इसका फायदा उठाना अनुचित लगा। जेम्स यूं तो बुरा आदमी नहीं था, लेकिन जब चाहता मुझे दो-चार थप्पड़ मार देता। इसलिए अब मैंने अपने जीवन का पहला अनिश्चित, लेकिन सराहनीय कदम उठा लिया, लेकिन इसके अनुचित होने का भार मुझे दबा रहा था। क्रोधवश मैंने भी बोल दिया–'मैं स्वतंत्र हूं, अब मैं तेरे पास नौकर बनकर नहीं रह सकता।' जेम्स के बर्ताव को देखकर कोई भी समझदार व्यक्ति यह नहीं कह सकता था कि इसमें फ्रैंकलिन का दोष है, तो भी यह मेरी पहली भूल थी।

मेरे पिता ने भी मुझे बहुत समझाया, लेकिन मेरा निर्णय नहीं बदला। जब जेम्स को पता चला कि मैं उसका साथ छोड़ दूंगा, तो उसने बोस्टन के सब प्रेस वालों के पास जाकर हम दोनों के झगड़े का हाल कह सुनाया, जिससे कोई भी मुझे काम न दे सके। अतएव, फलस्वरूप सभी ने मुझे काम देने से मना कर दिया, लेकिन मैं अधीर नहीं हुआ। फिलाडेल्फिया की अपेक्षा न्यूयॉर्क बोस्टन के करीब था, जहां एक मुद्रक था और वैसे भी जब मुझे पता चता कि मैंने अपने काम से सरकारी पक्ष को नाराज कर दिया है और मेरे भाई के विवाद में मंत्रिमंडल के निर्णय के चलते, यदि मैं वहां रहा तो मुसीबत में पड़ जाऊंगा, तो मैं पहले ही बोस्टन को छोड़ने का मन बना चुका था। धर्म पर किए कटाक्ष के कारण लोगों की निगाहें मुझे धर्मनिन्दक या अनीश्वरवादी के तौर पर देखने लगी थी। मैं अपनी बात पर अडिग था, किंतु अब मेरे पिता मेरे भाई का पक्ष ले रहे थे और मैं समझता था कि यदि मैंने खुलकर विरोध का प्रयास किया तो इससे मुझे कहीं भी काम नहीं मिलेगा। मेरे मित्र जॉन कोलिन्स ने मेरे वहां से चले जाने के लिए सारा बंदोबस्त किया। न्यूयॉर्क जाने वाले एक जहाज का मेरे लिए एक टिकट खरीदा और जहाज के कप्तान के पूछने पर उससे कहा कि 'इसका एक लड़की से अनुचित संबंध हो गया है और लड़की का पिता इस पर विवाह करने का दबाव डाल रहा है, इसलिए यह गुप्त रूप से जा रहा है।' मेरे पास कुछ न था। इस कारण से थोड़े पैसों का बंदोबस्त करने के लिए मैंने अपनी कुछ अच्छी-अच्छी पुस्तकें बेच दीं और गुप्त रूप से जहाज पर सवार हो गया। हवा का रुख सही था, बोस्टन

से निकलने के तीन दिन बाद, मैंने खुद को घर से 300 मील दूर न्यूयॉर्क में पाया। 17 वर्ष की उम्र में खाली जेब लिए मैं उस अनजान शहर में पहुंच गया, जिसके बारे में मुझे कुछ पता नहीं था और न ही वहां कोई मेरा परिचित था और न ही मेरे पास किसी का सिफारिशी पत्र ही था।

1723 में मैं जब न्यूयॉर्क पहुंचा तो वहां कोई पत्र नहीं निकलता था। कोई पुस्तक विक्रेता नहीं था। केवल एक प्रेस था, जिसके मालिक विलियम ब्रेडफर्ड के पास मैं काम करने पहुंचा। उसे छपाई का ज्यादा काम नहीं मिलता था और उसके पास कोई जगह भी नहीं थी। वह पेंसिलवेनिया का पहला मुद्रक था, जिसे जॉर्ज कीथ के साथ हुए झगड़े के कारण यहां आना पड़ा। वह मुझे कोई काम नहीं दे सका, किंतु मेरी काफी मदद की और कहा, 'मेरा बेटा फिलाडेल्फिया में है। उसके एक मुख्य कर्मचारी अकीला रोज का देहांत हो गया है। उसके पास जाओ। हो सकता है कि वह तुम्हें कुछ काम दे सके।' फिलाडेल्फिया वहां से 100 मील दूर था। मैं जहाज का सफर करके ऊब चुका था, किंतु खाली हाथ घर जाकर मुंह दिखाने की अपेक्षा कुछ तकलीफ उठाकर फिलाडेल्फिया जाना बेहतर समझा। अपना संदूक व अन्य भारी सामान समुद्री मार्ग से बाद में भेजने को रखकर, मैंने एम्बोय जाने के लिए एक नाव किराये पर ली। नाव पुरानी और सड़े-गले बादबान वाली थी और उसे चलाने वाला मल्लाह भी एक ही था। नाव पर ही हॉलैण्ड देश का रहने वाला एक शराबखोर चैकर भी था।

गवर्नर टापू तक पहुंचने के पश्चात् समुद्र में तूफान से हमारा सामना हुआ, जिसने हमारा बादबान चिथड़े-चिथड़े कर दिया। नाव लांग टापू की ओर बहने लगी। उसी समय हॉलैंड निवासी वह शराबी व्यक्ति समुद्र में गिर गया और डूबने लगा। मैने बड़ी युक्ति से उसको शीघ्र ही डूबते-डूबते बचाकर नाव पर खींच लिया। होश में आने पर उसने अपनी जेब से एक भीगी हुई छोटी सी पुस्तक निकाली और उसे सुखाने के लिए मुझे देकर वह फिर से लेट गया। वह डच भाषा में मेरे प्रिय लेखक बनयान की लिखी 'पिलग्रीम्स प्रोग्रेस' थी, जो अच्छे पेपर पर छपी थी और उसकी कॉपर कट्स लिए जिल्द ऐसी सुंदर और मनोहर थी कि मैंने आज तक ऐसी कोई पुस्तक नहीं देखी थी, जो मेरी अपनी भाषा में थी। यह पुस्तक का यूरोप की अधिकतर भाषा में अनुवाद हो चुका था और उसे शायद बाइबल के बाद विश्व में सर्वाधिक पढ़ने वाली पुस्तक माना जाता था। हानेस्ट जॉन ऐसा पहला व्यक्ति था, जिसने संवाद और घटना वर्णन को परस्पर मिलाकर पाठकों के लिए एक रोचक लेखन विधि बनाई, जिसने सर्वाधिक रोचक भागों में स्वयं को पाया, कंपनी में अपनाया और वार्तालाप शैली में प्रदर्शित किया। डी. फोए ने अपने 'क्रूसो', 'मोल

फलैन्डर्स', 'रिलीजियस कोर्टशिप', 'फैमिली इन्स्ट्रक्टर' और अन्य रचनाओं में सफलतापूर्वक इसका अनुकरण किया और रिचर्डसन् ने अपनी 'पामेला' आदि रचना में भी ऐसा ही किया।

हवा नाव को बहाकर लांग टापू के किनारे ले आई, किंतु वहां पर उतरने का कोई स्थान नहीं था, वहां समुद्र की लहरें ऐसे जोर से उछल रही थीं कि नाव के बह जाने या टूट जाने की आशंका थी। इस कारण से हम किनारे से कुछ दूरी पर ही लंगर डालकर ठहर गए और लहरों को देखने लगे। हमने वहां किनारे पर कुछ लोगों को आते हुए देखा। हमने आपस में एक-दूसरे को आवाजें लगाई, किंतु हवा तेज थी और समुद्री लहरों का ऐसा घनघोर शोर हो रहा था कि नाव पर उनकी आवाज सुनाई नहीं देती थी। वहां सम्रुदी तट पर डोंगियां थी। हमने कुछ संकेत बनाए और बैठकर उम्मीद करने लगे कि शायद वे हमारी बातें समझ पाएं, किंतु या तो उन्हें समझ नहीं आया अथवा उन्हें यह सब बनावटी लगा, इसलिए वे चले गए। रात घिर आई थी और नाव पर खाने को कुछ नहीं था। ऐसे में तूफान के रुकने तक चुपचाप भूखे-प्यासे बैठे रहने के सिवाय कोई उपाय नहीं था। इस दौरान मैं, मल्लाह और वह शराबी व्यक्ति रात भर नाव में इसी दशा में चुपचाप पड़े रहे जो, अब भी गीला था, लेकिन लहरों की बौछारों ने हमें भी उसी की तरह गीला कर दिया। हमने इसी दशा में सारी रात बिताई।

हम थककर चूर थे। प्रातःकाल हवा का जोर कम पड़ा। हमने रात से पहले एम्बोय पहुंचने के लिए नौका आगे बढ़ाई। हमारे पास रम (मदिरा) की एक बोतल के सिवाय खाने या पीने को कुछ नहीं था। 30 घंटे लगातार खारे पानी पर तैरने के बाद हमारी नाव तीसरे पहर एम्बोय पहुंची।

लगातार 30 घंटे तक तेज हवा और पानी में रहने के कारण मुझे बुखार आ गया और मैं बिस्तर पर पड़ा रहा। मैंने कहीं पढ़ा था कि ठंडा पानी अधिक पीने से बुखार उतर जाता है। बिस्तर पर पड़े-पड़े ही मैंने इसे आजमाकर देखा। ऐसा करने से मुझे रात भर खूब पसीना आया और सुबह उठने पर मेरा बुखार उतर चुका था। एम्बोय में सुबह खूब बारिश हुई। लेकिन वहां बिना काम के ठहरना मुझे अच्छा नहीं लगा और मैं बरसते पानी में ही वहां से पैदल ही बर्लिंग्टन के लिए निकल पड़ा, जो 50 मील दूर था। मुझे बताया गया था कि वहां मुझे उन नावों को खोजना होगा, जो मुझे फिलाडेल्फिया तक ले जा सके।

एम्बोय में पूरे दिन मूसलाधार बारिश पड़ी, मैं पूरी तरह भीग गया और दोपहर तक थककर चूर हो गया, इसलिए रास्ते में एक धर्मशाला में ठहर गया। यहां आकर मेरे मन में रात भर यही विचार घूमते रहे कि किस आफत में फंस गया। मेरा दिल भर आया। मैं मन-ही-मन सोचने लगा कि यदि मैं

घर न छोड़ता तो अच्छा होता। वास्तव में मेरी शारीरिक दशा भी ठीक नहीं थी। बीमार होने और लगातार सफर करने से चेहरा फीका पड़ गया था, कपड़े मैले हो गए थे और फट भी गए थे।

फिर भी, दूसरे दिन मैं चल पड़ा और बड़ी तेजी से चला कि शाम को एक धर्मशाला तक पहुंच गया, जो बर्लिंग्टन से 8-10 मील दूर थी और किसी डॉ. ब्राउन की देखरेख में थी। मैं बैठकर तरोताजा होने लगा तो वह मुझसे बातचीत करने लगे और जान गए कि मैंने बहुत कम पढ़ाई की है। बातों-बातों में हम काफी घुल-मिल गए। जब तक वह जीवित रहे, हमारी जान-पहचान बरकरार रही। मैं सोचता हूं कि वह एक घुमक्कड़ डॉक्टर थे। इंग्लैंड में ऐसा कोई शहर या यूरोप में ऐसा कोई देश नहीं था, जिसके बारे में उन्होंने सटीक जानकारी न दी हो। उनके पास ज्ञान का अकूत भंडार था और वह काफी विद्वान थे, किंतु उतने ही नास्तिक थे और कुछ वर्ष उपरांत, बाइबिल की आयतों को बेतुके रूप में रूपांतरण करने पर पतित समझे गए। इस तरह से उन्होंने कई तथ्यों को हास्यास्पद रूप में प्रस्तुत किया और यदि उन्हें छापा जाता, तो कई नासमझ लोगों की भावनाओं को ठेस पहुंचती, किंतु वे कभी नहीं छपे।

उस रात मैं उनके घर में रुका और अगली सुबह बर्लिंग्टन पहुंचा, जहां से फिलाडेल्फिया जाने के लिए 17 मील फिर नाव में बैठना पड़ता था। शहर से जाते हुए मैंने एक महिला दुकानदार से जिंजरब्रेड (अदरक से सुवासित केक) ली और नदी की ओर चला। लेकिन रास्ते में यह जानकर बहुत निराशा हुई कि यहां से प्रति शनिवार को फिलाडेल्फिया के लिए जो नाव जाया करती थी, वह मेरे पहुंचने से पहले ही रवाना हो चुकी है और मंगलवार तक वहां कोई नाव नहीं जाएगी। अब मैंने सोचा कि मैं किसके यहां ठहरूं? मैं शहर में उसी बूढ़ी महिला दुकानदार के पास वापिस लौट आया, जिससे मैंने यात्रा के लिए जिंजरब्रेड ली थी। उसने मंगलवार तक अगली नाव मिलने तक मुझे वहीं रुकने को कहा और चूंकि पैदल चल-चलकर मेरी हालत खराब हो गई थी, इसलिए मुझे वहीं रुकना पड़ा। वह जान रही थी कि मैं एक मुद्रक था और मुझे उस शहर में रहकर अपना व्यवसाय शुरू करना था। किंतु उसे आरंभ करने के लिए जरूरी सामान का ज्ञान नहीं था। वह बहुत ही अच्छी मेहमाननवाज थी। उसने मुझे खाने-पीने को दिया और आने वाले मंगलवार तक वहीं रुकने का आग्रह किया। इसी शाम को मैं नदी पर घूमने लगा तो कुछ व्यक्तियों को बिठाए एक नाव फिलाडेल्फिया जाती दिखाई दी। मैं तैयार होकर नाव में बैठ गया। किंतु हवा न होने के कारण मल्लाह लोग नाव को हाथ से चलाने लगे, किंतु जब आधी रात हो जाने पर भी शहर नहीं दिखाई

दिया तो हमने यह सोचकर नाव खेना बंद कर दिया कि शहर शायद कहीं पीछे रह गया है। कुछ लोगों को यह पता ही नहीं था कि फिलहाल हम कहां पर हैं? इसलिए हमने एक छोटी खाड़ी दिखाई देते ही नाव को वहां डाल दिया। एक बाड़े के पास उतरे, उसकी लकड़ियों से आग जलाई। अक्टूबर की उस रात काफी सर्दी थी, हम सुबह होने तक वहीं रुके रहे। हम में से किसी ने पहचाना कि वह स्थान कूपर की खाड़ी है, वहां से फिलाडेल्फिया पास ही है, तो हम नाव खेकर खाड़ी से बाहर निकले और थोड़ी ही देर में फिलाडेल्फिया दिखाई देने लगा। रविवार की सुबह 8 और 9 बजे के बीच नाव मार्केट स्ट्रीट बंदरगाह पर पहुंच गई।

मैं अपनी यात्रा का यह विवरण खास तौर पर दे रहा हूं और उस शहर में मेरे कदम रखने के लिए यह खास भी है, जिससे कि आप मेरे जीवन की उस शुरुआत के दौरान मेरी छवि की तुलना अपनी काल्पनिक छवि से कर सकें, जिस रूप में मैं वहां पहुंचा था। मैं अपनी उसी कारीगरी की कपड़ों में था, जो मैंने यात्रा में पहने हुए थे और उन्होंने मेरा भरपूर साथ दिया था। मेरे कपड़े यात्रा में पूरी तरह गंदे हो चुके थे, जेबें कमीज और स्टाकिंग्स से बाहर आ चुकी थी। न ही स्फूर्ति थी और न ही ठहरने की जगह। यात्रा और नाव खेने से मैं भूख, प्यास, थकावट और नींद के मारे सूखकर लकड़ी हो गया था तथा आराम करना चाहता था। मैं बहुत भूखा था। इस समय मेरे पास केवल एक डच डॉलर और तांबे का एक शिलिंग रह गया था। मैंने नाव के मल्लाहों को उनकी मजदूरी देनी चाही, किंतु मैंने भी नाव खेने में उनकी मदद की थी, इसलिए पहले पहल उन्होंने वह लेने से मना कर दिया, किंतु मेरे आग्रह करने पर फिर उन्होंने ले लिया। 'मनुष्य के पास खूब पैसा हो तो उस समय वह उदारता दिखाए, उसकी अपेक्षा थोड़ा पैसा होने पर वह अधिक उदार हो जाता है।'

भूख-प्यास और नींद से जूझता मैं, इधर-उधर देखता हुआ शहर में जा रहा था कि मुझे चने ले जाता एक लड़का मिला। मैंने उससे चने बेचने वाले की दुकान का नाम पूछा और पता लगाकर सेकेंड स्ट्रीट जा पहुंचा। बोस्टन में मैं कई दिनों तक सूखे चने चबाकर ही रहा था, इसलिए दुकानदार से मैंने उसी तरह के चने मांगे। किंतु जैसे चने मैं चाहता था, वैसे चने फिलाडेल्फिया में नहीं बनते थे। इसलिए मैंने कहा 'जो कुछ खाद्य पदार्थ हो, 3 आने में वही दे दो।' दुकानदार ने मोटी-मोटी तीन रोटियां ((टिक्कड़) दे दी, जो बड़ी थाली में समा जाएं। मैं उन्हें देखकर हैरान था। 3 आने में इतना सामान बहुत सस्ता लगा। जेबों में जगह नहीं थी, इसलिए एक-एक रोटी बगल में दबाई और तीसरी खाता हुआ आगे बढ़ा। चलते-चलते मैं मार्किट स्ट्रीट में मि. रीड

नामक एक गृहस्थ के मकान के पास पहुंच गया, जो मेरी भावी पत्नी के पिता थे। मि. रीड की 18 वर्षीया सुन्दर लड़की रेबेका अपने घर के दरवाजे पर खड़ी थी। मेरा विचित्र लिबास देखकर उसे बड़ा आश्चर्य हुआ। हम दोनों भविष्य में पति-पत्नी बनेंगे, इस बात का आभास दोनों में किसी को भी नहीं था। रोटी खाते-खाते ही मैं मुड़ा और चेस्टनट स्ट्रीट और वालनट स्ट्रीट तक चला गया। एक मुहल्ले से दूसरे मुहल्ले तक घूमा और रोटी खत्म होने पर स्वयं को दोबारा मार्केट स्ट्रीट घाट पर पाया, जहां से मैं यहां आया था। नाव में मेरे साथ एक महिला और एक छोटा बच्चा भी आये थे। उन्हें कहीं आगे जाना था, इस कारण से नाव चलने की बाट देखकर वे नदी किनारे ही बैठे थे। मैंने उदारता पूर्वक बड़े प्रेम से बाकी रोटियां उस महिला और बच्चे को दे दी।

खाने-पीने से निवृत्त होकर मैं फिर से मार्केट स्ट्रीट में आ गया। वहां अच्छे-अच्छे कपड़े पहने कुछ आदमी एक ही रास्ते पर जाते दिखे। मैं भी उनके साथ चलने लगा और चलता हुआ मार्केट के नजदीक क्वेकर पंथ के मंदिर में विशाल प्रार्थना कक्ष में जा पहुंचा। प्रार्थना शुरू होने तक मैं सब के साथ बैठकर इधर-उधर देखता रहा। थका हुआ था, इसलिए प्रार्थना शुरू होने पर ऊंघने लगा। प्रार्थना समाप्त होने पर जब सब लोग जाने लगे, मैं तब भी ऊंघता ही रहा। तब एक आदमी ने मुझे जगाया। यदि ऐसा न होता तो मैं ऊंघता ही रहता। इस तरह फिलाडेल्फिया में वह पहला घर था, जहां मैं अंदर गया था और सोया था।

मैं वहां से उठा और लोगों को देखता, फिर नदी की ओर चल दिया। क्वेकर में एक युवा व्यक्ति से पूछा कि-'यहां विदेशियों के ठहरने के लिए कोई जगह है क्या?' उसने सामने की ओर इशारा करके बताया कि 'वहां सामने ही एक भोजनालय है, जहां विदेशी ठहरते हैं। किंतु इसमें इज्जतदार लोग नहीं ठहरते हैं। यदि आप मेरे साथ चलें, तो मैं आपको अच्छी जगह बता सकता हूं।' मैं उसके साथ चल दिया। थोड़ी दूर चलने पर उसने मुझे वाटर स्ट्रीट में क्रूकड बिलेट भोजनालय दिखाया। मैं वहां जाकर भोजन करने लगा, किंतु भोजन करते समय वहां के मालिक ने मुझसे कुछ प्रश्न पूछ डाले। इससे मुझे लगा कि कदाचित् इसे यह संदेह हुआ है कि मैं घर से भाग कर आया हूं, क्योंकि मेरे कपड़े भी कुछ यही दर्शा रहे थे।

भोजन के पश्चात् मैं बिना कपड़े बदले ही सो गया। रात का भोजन करने के लिए मुझे शाम को 6:00 बजे उठाया गया और उसके बाद मैं ऐसा सोया कि सुबह तक खर्राटे भरता रहा। क्योंकि मुझे घर छोड़े हुए 11 दिन हो चुके थे और एक दिन भी चैन की नींद नहीं ले पाया था। सुबह-सवेरे उठकर मैंने खुद को साफ-सुथरा किया, अपने मुसाफिरी के फटे-पुराने कपड़ों को पहना

और वह पत्र लेकर मुद्रक एंड्रयू ब्रैडफोर्ड के घर गया, जो उन्हें देना था। दुकान में मुझे उसके बूढ़े पिता मिले, जिनसे मैं न्यूयॉर्क में मिला था। वह घुड़सवारी कर मुझसे पहले फिलाडेल्फिया आ पहुंचे थे। उन्होंने अपने बेटे से मेरा परिचय करवाया। उसने मुझे बड़े आदर से बैठाया और भोजन कराया। किंतु नौकरी का जिक्र छिड़ने पर उसने असमर्थता दर्शाते हुए कहा कि-'इस समय तो मेरे पास कारखाने में काफी नौकर हैं, इसलिए जरूरत पड़ने पर मैं आपको बुला लूंगा। किंतु हाल में सैमुअल कीमर ने एक नया प्रेस खोला है, वह आपको कुछ काम दे सकता है। यदि वह न रखे तो आप आनंद के साथ मेरे घर पर रहना। मैं आपको कुछ-न-कुछ काम दे दूंगा और कुछ दिन बाद ही कुछ और व्यवस्था कर दूंगा।'

बूढ़े महाशय ने कहा कि वह मेरे साथ उस नए मुद्रक के पास चलेंगे। वहां पहुंचने पर उन्होंने पुकारा, 'पड़ोसी! मैं तुम्हारे ही काम-धंधे वाले एक युवक को तुमसे मिलवाने लाया हूं, शायद तुम्हें ऐसे ही किसी व्यक्ति की तलाश हो।' एक छोटे से कमरे में पुरानी प्रिंटिंग मशीन और कुछ घिसा हुआ टाइप रखा था। कीमर उस पर बैठा हुआ कुछ काम कर रहा था। मेरी परीक्षा लेने के लिए कीमर ने मुझसे कुछ प्रश्न किए और मेरे हाथ में एक कम्पोजिंग स्टिक थमाकर कुछ काम लेकर देखा और कहा कि 'फिलहाल मेरे पास तुम्हारे लिए कुछ काम नहीं है, लेकिन मैं बहुत जल्द ही तुम्हें काम पर रख सकूंगा।' उस अपरीचित कीमर का शहर में अच्छा नाम था, किंतु उसने बूढ़े ब्रैडफोर्ड को कभी नहीं देखा था। इसके बाद वह अपने काम-धंधे और एक प्रोजेक्ट्स के विषय में उन्हें बताने लगा। वह नहीं जान सका था कि वह बूढ़ा व्यक्ति दूसरे मुद्रक का पिता है। उन्होंने कीमर की बातों से अंदाजा लगा लिया था कि बहुत जल्द उसके हाथ में कोई बड़ा काम आने वाला है। उन्होंने बड़ी चतुराई से कीमर से जानकारी हासिल की कि वह किस तरह से उन कार्यों को करेगा, जो उसे मिलने वाले हैं। मैं वहां खड़े-खड़े उनकी सारी बातें सुनता रहा और देखा कि उनमें से एक तो पुराना मंझा हुआ खिलाड़ी है और दूसरा नौसिखिया। ब्रैडफोर्ड मुझे कीमर के पास छोड़कर चले गए। जब मैंने कीमर को ब्रैडफोर्ड का परिचय दिया तो वह हक्का-बक्का रह गया।

मैंने पाया कि कीमर के प्रिटिंग हाउस में एक पुरानी बिखरी प्रेस और अंग्रेजी के घिसे हुए फांट थे, जिन्हें वह 'एलेगी ऑफ अक्रिला रोज' को संघटित करने में स्वयं उपयोग कर रहा था। कीमर एक बेहतरीन चरित्र का कवि व विद्वान व्यक्ति था। वह मंत्रिमंडल का क्लर्क था और शहर में उसका बहुत सम्मान था। उसकी कविताएं एकदम अलग अद्‌भुत होते थे, जिन्हें वह लिखता नहीं था, बल्कि मस्तिष्क से सीधा संघटित कर शब्द रूप देता था।

इसलिए वहां कोई कॉपी नहीं थी, केवल केसेस की एक जोड़ी पड़ी थी और एलेगी में सभी वर्णों की जरूरत थी, जिसमें कोई उसकी मदद नहीं कर सकता था। मैंने उसकी उस प्रेस को उसके कार्य अनुसार ठिक करने का प्रयास किया। जिसका उसने अभी तक उपयोग नहीं किया था और जिनके बारे में वह कुछ नहीं जानता था और एलेगी के तैयार हो जाने पर वापिस लौटकर उसे प्रिंट करने का वायदा किया। अब मैं ब्रैडफोर्ड के घर वापिस लौट आया और वहीं पर रहकर उसके दफ्तर में कुछ दिन छोटा-छोटा काम किया, वहीं रहना-खाना भी किया। कुछ दिनों बाद कीमर ने मुझे एलेगी को प्रिंट करने के लिए बुला लिया और अब केसेस का एक अन्य जोड़ा भी मिल गया था और एक पैम्फ्लेट को पुनः प्रकाशित करने का काम भी, जिस पर उसने मुझे काम पर लगा दिया। ये दोनों ही मुद्रक अपने व्यवसाय के लिए पूरी तरह प्रशिक्षित नहीं थे। ब्रेडफोर्ड ने इसका प्रशिक्षण नहीं लिया था और वह बहुत निरक्षर था; जबकि कीमर कहने को तो विद्वान था; किंतु वह मात्र एक संयोजन (कम्पोजिटर) ही था, उसे प्रेस के काम का जरा भी ज्ञान नहीं था। वह एक फ्रांसीसी पैगंबर के प्रति श्रद्धा रखता था और उनके प्रति अनुराग को उत्साहपूर्वक तार्किक रूप में प्रस्तुत कर सकता था। लेकिन इस समय उसकी किसी धर्म विशेष के प्रति आसक्ति नहीं थी, बल्कि अवसर के अनुसार उसकी श्रद्धा उत्पन्न होती थी। उसे दुनियादारी की परख नहीं थी, लेकिन बाद में मैंने उसके संयोजन रचना (कम्पोजिशन) में काफी धूर्तता देखी। उसके साथ काम करते हुए, उसे ब्रैडफोर्ड के घर मेरा रहना पसंद नहीं था। उसके पास घर तो था, लेकिन उसमें फर्नीचर नहीं था। इसलिए वह मुझे अपने यहां नहीं रख सकता था। किंतु उसने मि. रीड के घर पर मेरे रहने और भोजन आदि की व्यवस्था कर दी। यह वही मि. रीड थे, जिनके घर के सामने से मैं रोटी खाता-खाता फिलाडेल्फिया में पहले दिन गया था। अब तक मेरा संदूक और कपड़े भी आ चुके थे। इसलिए मैंने रेबेका की नजरों में आने के लिए उन दिन की अपेक्षा ज्यादा भद्र कपड़े पहने, जब मैं सड़क पर रोटी खाते हुए पहली बार उसके सामने से गुजरा था।

थोड़े ही दिनों में मेरा कई लोगों से परिचय हो गया। वे लोग भी पढ़ने के शौकीन थे। जिनके साथ मेरी शाम बड़े आनंद से गुजरती थी। दिन पर दिन बीतने लगे। मुझे ठीक-ठाक वेतन मिलता था और उसमें से मैं युक्तिपूर्वक खर्च करके कुछ-न-कुछ बचा लेता था। इस प्रकार अब मेरे दिन पहले की अपेक्षा कुछ अधिक सुख से कटने लगे थे। बोस्टन को अब मैं याद भी न करता था। अपने भाई के अनुचित व्यवहार के कारण मुझे बोस्टन को याद करना अच्छा भी नहीं लगता था। परंतु अपने मित्र जॉन कोलिन्स के साथ

मेरा पत्र-व्यवहार जारी था और इस समय मैं कहां हूं, इसकी खबर भी मैंने उसे दे दी थी, किंतु यह बात उसने किसी को भी नहीं बताई और गुप्त रखी। इसके बाद घटी एक घटना ने मुझे बहुत जल्दी ही वापिस वहां ला खड़ा किया, जहां मैं जाना चाहता था। फ्रैंकलिन की एक बहन का विवाह रॉबर्ट होम्स से हुआ था। वह बोस्टन और डेलावेयर के बीच में व्यापार के लिए आने-जाने वाले एक जहाज का कप्तान था। फिलाडेल्फिया से 40 मील नीचे स्थित न्यूकैसल में किसी व्यक्ति से बातचीत करते हुए उसे मालूम हुआ कि फ्रैंकलिन फिलाडेल्फिया में आ बसा है। उसने मेरा पता तलाशकर न्यूकैसल से मुझे एक पत्र लिखा और बोस्टन से चले जाने पर मेरे माता-पिता, दोस्तों को कितना दु:ख हुआ था, इसका उस पत्र में विस्तारपूर्वक वर्णन किया। साथ ही मुझे घर लौट जाने का भी उपदेश दिया। बताया कि वे भी मेरे वापिस लौटने की कामना रखते हैं और वापिस लौटने पर सब कुछ वैसा ही होगा, जैसा मैंने सोचा था। इसके उत्तर में मैंने भी बड़ी ही खूबी से एक पत्र लिखा, जिसमें उनके प्रति अत्यंत विनय भाव दिखलाते हुए सविस्तारपूर्वक सारी वास्तविक स्थिति का वर्णन किया। घर छोड़ने का कारण क्यों बना, इसका भी खूब विवेचन किया और साथ ही फिलाडेल्फिया में ही रहने का विचार भी प्रकट किया। इस पत्र को पढ़कर मेरे बहनोई को विश्वास हो गया कि मैं इस संबंध में उतना दोषी नहीं हूं, जितना वह मुझे समझता था।

इस पत्र से रॉबर्ट होम्स को मेरा भविष्य बहुत उज्जवल प्रतीत हुआ। जिस समय उसके पास यह पत्र पहुंचा, उस समय पेंसिलवेनिया का गवर्नर सर विलियम कीथ उसके साथ था। मेरी लेखन शैली पर होम्स मुग्ध हो गया। उसने वह पत्र सर विलियम को दिखाया, जिसे पढ़कर उन्हें भी फ्रैंकलिन की योग्यता पर बड़ा आश्चर्य हुआ। किंतु इससे ज्यादा आश्चर्य गवर्नर को उस समय हुआ, जब उसने सुना कि मेरी आयु इस समय कितनी है? उसने कहा कि-'पत्र लेखक के रूप में वह अत्यंत बुद्धिमान मालूम होता है। इसे बढ़ावा मिलना चाहिए। फिलाडेल्फिया में कोई अच्छा मुद्रक नहीं है। ब्रैडफोर्ड को इस विषय की अच्छी जानकारी नहीं है और न उसको किसी किस्म की कारीगरी ही आती है। कीमर बदमाश एवं मूर्ख है। इसलिए यह वह फिलाडेल्फिया में प्रेस खोले तो मुझे उसकी सफलता में कोई संदेह नहीं है।' उन्होंने कहा कि फिलाडेल्फिया में प्रेस खोलने पर वह सारा सरकारी काम मुझे ही दे देगा। यह बात मेरे बहनोई ने बाद में मुझे बोस्टन में बताई थी, लेकिन तब मैं इस बारे में कुछ नहीं जानता था। एक दिन मैं और कीमर खिड़की के पास एक साथ काम कर रहे थे। हमनें दो लोगों को दूर से प्रेस की ओर आते हुए देखा। जब वे नजदीक आए तो कीमर ने उन्हें पहचान लिया, इनमें से एक गवर्नर सर विलियम कीथ है और दूसरा न्यूकैसल

का कर्नल फ्रेंच। उन्होंने दरवाजे पर आकर दस्तक दी।

कीमर ने सोचा कि वे दोनों उससे मिलने आए हैं, इसलिए वह मकान से निकलकर तुरंत बाहर आया। परंतु गवर्नर ने सबसे पहले पूछा कि-'फ्रैंकलिन कहां है?' और जब उसे मालूम हुआ कि मैं मकान में ऊपर की छत पर प्रेस में हूं, तो वह मुझसे मिलने ऊपर आ गया। उसने ऊपर आकर बड़े ही आदर से मेरा अभिवादन किया, मेरी बहुत प्रशंसा की और मेरे साथ मित्रता करने की इच्छा प्रकट की। गवर्नर ने मुझे इस बात का बड़ा उलाहना दिया कि मैं फिलाडेल्फिया आकर उससे क्यों नहीं मिला। अंत में उसने मुझे पास ही के मुहल्ले में कर्नल फ्रेंच के साथ आने का निमन्त्रण दिया। उनकी यह सब बातें सुनकर कीमर आश्चर्यचकित हो गया। मुझे भी कोई कम आश्चर्य नहीं था, किंतु फिर भी मैंने उनके साथ जाना स्वीकार कर लिया, जो तीसरी गली के किनारे पर था और उन्होंने मेडेरिया के ऊपर अपना व्यवसाय लगाने का प्रस्ताव भी दिया जहां सफलता की भारी संभावनाएं थी। तीनों व्यक्ति वहां से रवाना हुए और उन्होंने फ्रैंकलिन को सीधा पड़ने वाला रास्ता भी दिखा दिया। मेरे बहनोई होम्स ने गवर्नर से जो कुछ कहा था, वही उसने मुझसे कहा और अपनी पिता की सहायता से फिलाडेल्फिया में एक प्रेस खोलने का अनुरोध किया। उन्होंने अंत में यह भी कहा कि-'तुम्हें सफलता अवश्य मिलेगी, मैं और कर्नल फ्रेंच पेंसिलवेनिया और डेलावेयर का तमाम सरकारी काम तुम्हें ही देंगे।' मेरे इस बात पर संदेह जाहिर किया कि 'मुझे विश्वास नहीं होता कि मेरे पिता इसके लिए सहर्ष सहमति देंगे।' सर विलियम ने कहा कि 'तुम्हारे पिता को मैं एक पत्र लिख दूंगा और उसमें (पत्र में) प्रेस खोलने से जो लाभ होगा, वह अच्छी तरह समझा दूंगा। मुझे विश्वास है कि तुम्हारे पिता इस से अवश्य सहमत हो जाएंगे।'

अंत में तय हुआ कि 'मैं गर्वनर का पत्र लेकर पहले जहाज से बोस्टन लौट जाऊं और अपने पिता को समझा-बुझाकर उनकी स्वीकृति लूं। किंतु जब तक सब बात पूरी तरह से निर्धारित और तय न हो जाए, तब तक यह गुप्त रखी जाए और कीमर के साथ मैं पहले की तरह ही काम करता रहूं।' इसके पश्चात् हम तीनों अपने-अपने रास्ते चले गए। सर विलियम अकसर मुझे अपने घर पर भोजन के लिए बुलाता और ऐसा स्नेहशील व्यवहार करता मानो मैं उसका चिर-परिचित हूं। उस समय गवर्नर पद पर नियुक्त व्यक्ति एक प्रेस वाले के साथ ऐसा व्यवहार करे, यह कोई आश्चर्य की बात नहीं थी, क्योंकि 100 वर्ष पहले यह व्यवसाय अपेक्षाकृत अच्छा समझा जाता था।

30 अप्रैल, 1724 को एक जहाज बोस्टन जाने वाला था। 'कुछ समय के लिए मुझे अपने सगे-संबंधियों से मिलने जाना है', यह कहकर मैंने कीमर

से विदा ली। गवर्नर कीथ यानी सरकार ने मेरे पिता के नाम एक लंबा पत्र लिखा, जिसमें मेरी योग्यता की बहुत प्रंशसा करके उसने लिखा था कि 'यदि तुम इसे फिलाडेल्फिया में प्रेस खोलने की अनुमति दोगे तो इसकी किस्मत खुल जाएगी।' किंतु खाड़ी से निकलते हुए हम छिछले पानी में फंस गए और नाव में सुराख हो गया। हमने समुद्र में बहुत ही कोलाहल भरा समय गुजारा और हमें लगातार पानी बाहर निकालना पड़ा। दो सप्ताह में हम सुरक्षित बोस्टन पहुंच गए। मैं सात महीने के वियोग के बाद अपने माता-पिता से मिला था और मेरे दोस्तों को मेरे बारे में कुछ भी पता नहीं चला। कैप्टन होम्स अथवा अन्य किसी भी व्यक्ति द्वारा मेरे माता-पिता को कोई खबर नहीं मिली थी। इस कारण मेरे एकाएक लौट आने से उनको बड़ा हर्ष और आश्चर्य हुआ। मेरे भाई जेम्स के अलावा सभी को बड़ी खुशी हुई। उससे मिलने के लिए मैं प्रिंटिंग हाउस गया। सभ्यता एवं शालीनता दर्शाता नया सूट, घड़ी, पैरों में साफ-चमकते जूते और चांदी के पांच पाउंड स्टर्लिंग, व्यवसाय में रहते हुए मैंने ऐसे अच्छे कपड़े कभी नहीं पहने थे। उसने बस मुझे ऊपर से नीचे तक देखा और अपने काम में लग गया।

दिहाड़ी मजदूरी करने वाले मेरे बारे में जानने को जिज्ञासु थे कि मैं अब तक कहां रहा, वह कैसा देश है और क्या वह मुझे पसंद आया। मैंने उस स्थान की प्रशंसा की, जहां मैंने इतने दिन गुजारे थे। मैंने वापिस लौटने का अपना पक्का इरादा भी बता दिया। उनमें से एक ने वहां मिलने वाले पैसों के बारे में पूछा। मैंने मुट्ठी भर चांदी के स्टर्लिंग उनके सामने बिखेर दिए। चूंकि बोस्टन में कागजी मुद्रा प्रचलित थी, इसलिए यह उनके लिए अनूठी बात थी, जिसकी उन्हें आदत नहीं थी। इसके बाद मैंने उन्हें अपनी घड़ी दिखाई और अंत में मैंने उन्हें कुछ पीने को दिया। मेरा भाई अब भी असंतुष्ट और चिड़चिड़ा दिख रहा था। मैंने सबसे विदा ली। मेरे प्रिंटिंग हाउस जाने से जेम्स नाराज था। विशेषकर जब मां ने उससे बात करने के कुछ समय बाद उसे हमारे बीच सुलह करने को कहा, क्योंकि वह हमारे बीच अच्छे संबंध देखना चाहती थी। किंतु उसका जवाब था कि 'मैंने उसके लोगों के सामने, उसका इतना अपमान किया है कि वह उसे भी नहीं भूलेगा और न ही क्षमा करेगा।' हालांकि इस दृष्टिकोण से वह गलत था।

मेरे पिता ने गवर्नर सर विलियम कीथ का पत्र ध्यानपूर्वक पढ़ा, जो उनके लिए किसी आश्चर्य से कम नहीं था। कुछ समय तक उन्होंने अपने विचार मुझे नहीं बताए। जब फैप्टन होम्स, डेलावेयर से बोस्टन आया तो उन्होंने उसे वह पत्र दिखाकर पूछा-'विलियम कीथ कैसा आदमी है क्या तुम जानते हो? मुझे तो लगता है कि यदि वह अनुभवी, दृढ़ निश्चय वाला और समझदार

होता तो इस 18 वर्ष के बालक को स्वतंत्र रूप से धंधे में डालने की सलाह कभी न देता।' इस पर कैप्टन होम्स ने मेरा पक्ष लेकर मेरे लाभ हेतु जितना कहना चाहिए था, उतना कहा। किंतु मेरे पिता ने मेरी कम आयु के विचार से उसकी बात नहीं मानी और रुपये देने से भी इंकार कर दिया। उन्होंने मुझसे कहा कि 'तू अभी बालक है। किंतु गवर्नर ने तुझे योग्य समझकर इतनी प्रशंसा की है, तो मैं तेरी क्या सहायता करूं। मुझे अभी तो यह ठीक नहीं लगता है कि तू कोई काम शुरू करे। खैर जा! लेकिन फिलाडेल्फिया के लोगों के साथ अच्छा व्यवहार रखना और जोशीले लेख लिखना तथा टीका-टिप्पणी करना छोड़ देना। तुझे याद होगा कि ऐसे ही लेख लिखने और टीका-टिप्पणी करने से तू और तेरा भाई दोनों कैसी मुसीबत में फंस गए थे।'

पिताजी ने सर विलियम कीथ को आभार प्रकट करते हुए पत्र लिखा कि फ्रैंकलिन को उसका प्रस्तावित कार्य आरंभ नहीं करना चाहिए और उसके कारण भी लिखे। चलने से पहले मैंने बोस्टन में काटन मेथर से भी मुलाकात की, जहां से लौटने पर मेरा सिर एक छपरे से टकरा गया तो मेथर ने कहा कि 'तुम नवयुवक हो, संसार में अभी तुम्हारा प्रवेश ही हुआ है और उसकी गतिविधि से तुम अनभिज्ञ हो। ज्यों-ज्यों अपने कार्य क्षेत्र में आगे बढ़ो, त्यों-त्यों अपना सिर नमाते जाना। ऐसा करने पर वह किसी से नहीं टकरायेगा।'

मेरा मित्र और साथी कोलिंस, पोस्ट ऑफिस में एक क्लर्क था, वह उस नए देश के बारे में जानकर बहुत खुश हुआ, उसने उस स्थान पर जाने की इच्छा भी जाहिर की और जब मैं अपने पिता के निर्णय की प्रतीक्षा करता रहा, कोलिंस मुझसे पहले ही सड़क मार्ग से रोड द्वीप के लिए निकल गया और अपने पीछे गणित और नैसर्गिक दर्शन की अनमोल पुस्तकों का समृद्ध भंडार छोड़ गया, जो मेरे साथ न्यूयॉर्क तक गया।

यद्यपि मेरे पिता ने सर विलियम का सुझाव मंजूर नहीं किया था, किंतु वह इस बात से प्रसन्न थे कि मैं इतने बड़े व्यक्ति से इतनी प्रशंसा पाने में सफल रहा। जहां मैं रहता था, वहां इतने कम समय में ही स्वयं को अत्यंत मेहनती एवं सतर्क बना लिया था, इसलिए मेरे और भाई के बीच सामंजस्य स्थापित न होने के कारण उन्होंने मुझे दोबारा फिलाडेल्फिया लौटने की सहमति दी। उनकी सलाह रूपी उपहार और मां का प्यार रूपी आशीर्वाद लेकर मैं दूसरी बार बोस्टन से जा रहा था।

जिस जहाज से मैं जा रहा था, वह न्यूपोर्ट, रोड द्वीप होकर जाने वाला था, जहां मेरा भाई जॉन साबुन और मोमबत्ती का काम करता था। वह मुझसे बहुत प्रेम करता था, इसलिए मैं उससे मिलने उसके घर गया। वह मुझसे बड़े स्नेह से मिला। जॉन को वेर्नोन नामक अपने एक मित्र के उधार पैसे

पेंसिलवेनिया में किसी से लेने थे। वह चाहता था कि उसकी 35 पाउंड की यह उधार रकम मैं वसूल करूं और उसका अगला निर्देश मिलने तक उसे अपने पास ही रखूं। मैंने उसकी बात मान ली।

न्यूपोर्ट पर न्यूयॉर्क जाने वाले काफी यात्री चढ़े, जिनमें दो युवा महिलाएं, कुछ संगी-साथी, एक ताबूत और कुछ अनुचरों सहित एक विदुषी-निरीक्षिका जैसी क्वेकर महिला शामिल थी। मैंने उसकी सहायता करने में कुछ सेवाएं प्रदान कर अपनी भद्रता दिखाई, जिससे उसके मन में मेरे प्रति सम्मान का भाव बढ़ा। जब उसने मेरे और उनके युवा महिलाओं के बीच जान-पहचान बढ़ती देखी तो वह महिला मुझे एक ओर ले गई और कहा-'नौजवान मेरा तुमसे कोई वास्ता नहीं है और क्योंकि तुम्हारे साथ तुम्हारा कोई साथी भी नहीं है और तुम अभी दुनियादारी के बारे में ज्यादा कुछ नहीं जानते हो और न ही बहकाने-फुसलाने के तौर-तरीकों का ज्ञान है। वे बुरी औरतें हैं, मुझे उनके हाव-भाव से यह पता चल रहा है और यदि तुम अपनी रक्षा नहीं कर सके तो वे तुम्हें किसी मुसीबत में डाल देंगी। वे तुम्हारे लिए अजनबी हैं और मैं तुम्हें हितैषी के रूप में सलाह देती हूं कि उनसे ज्यादा वास्ता न रखो।' पहले-पहल उन्हें देखकर मुझे ऐसा बिलकुल नहीं लगा था, जैसा कि उसने उनके बारे में बुरी धारणा बना ली थी। उसने जो कुछ देखा-समझा, उसे मुझे बतलाया; जो मैं नहीं देख पाया था, लेकिन अब मुझे विश्वास हो गया था कि वह सही कह रही थी। मैंने उसकी सलाह के लिए आभार जताया और उसका पालन करने का वचन दिया। न्यूयॉर्क पहुंचने पर उन दोनों युवा महिलाओं ने मुझे उनके ठिकाने के बारे में बताया और मुझे वहां आने का निमंत्रण भी दिया। मैंने इस बात को अनदेखा कर दिया और मैंने ठीक ही किया था। अगले दिन कैप्टन ने पाया कि उसके केबिन से चांदी का एक चम्मच तथा कुछ अन्य चीजें गायब हैं और यह जानकर कि इस घटना के पीछे इन्हीं दोनों महिलाओं का हाथ है, उसने उनके केबिन की तलाशी का वारंट जारी किया। उन्हें वहां चोरी गई चीजें मिल गई और चोरों को सजा भी दी गई। हालांकि हम नदी तल में पड़ी चट्टान से बच निकले थे, जिससे हमने गुजरते हुए रगड़ खाई थी। मैंने सोचा कि अभी घटी घटना से बच निकलना मेरे लिए ज्यादा महत्त्वपूर्ण था।

न्यूयॉर्क में मुझे मेरा मित्र कोलिंस मिला, जो मुझसे पहले ही बोस्टन से चल दिया था। हम बचपन से ही काफी घनिष्ठ मित्र थे और साथ-साथ एक सी ही किताबें पढ़ी थी, किंतु उसे पढ़ने और लिखने के लिए ज्यादा समय मिलता था। वह गणित में काफी तेज था। उसने मुझे काफी पीछे छोड़ दिया था। बोस्टन में प्रवास के दौरान मेरा बातचीत करने का ज्यादातर समय कोलिंस

के साथ गुजरता था और वह लगातार संयमी और परिश्रमी लड़का बना रहा, जिसकी प्रशंसा दूसरे भद्रजन भी किया करते थे, उसका भविष्य उज्जवल दिखाई देता था। किंतु मेरे बोस्टन से चले जाने के बाद उसे शराब पीने की बहुत बुरी आदत पड़ गई और मुझे स्वयं उससे और उसके मित्रों से पता चला कि न्यूयॉर्क आने से पहले तक वह रोज पीता था और बड़ा अजीब व्यवहार करता था। वह पैसा भी लगाता था और अपना सारा पैसा गंवा चुका था, इसलिए न्यूयॉर्क में और उसके पश्चात् सफर में भी कोलिंस का सारा खर्च मुझे ही देना पड़ा, क्योंकि उसके पास खर्चे के लिए एक पैसा भी नहीं था। किंतु फिलाडेल्फिया में तो उसके विशेष खर्चे का बोझ मेरे सामर्थ्य से बाहर की बात थी। किंतु मैं क्या करता, बिना किए उसका छुटकारा भी न था।

न्यूयॉर्क के तत्कालीन गर्वनर बर्नेट (बिशप बर्नेट का बेटा) को कैप्टन से पता चला कि जहाज के यात्रियों में एक युवक के पास कई अच्छी-अच्छी किताबें हैं। उसने आशा की कि मैं उसे वे पुस्तकें लाकर दिखाऊंगा। उसने मुझे अपने घर बुलाया। मैं कोलिंस को भी वहां ले जाना चाहता था, किंतु वह अब उतना संयमित नहीं रहा था। गवर्नर ने बहुत अच्छी मेहमाननवाजी की, अपना पुस्तकालय दिखाया। हमने बहुत देर तक किताबों और लेखकों के बारे में चर्चा की। "मेरी खबर लेने वाला वह दूसरा गवर्नर था। मेरे जैसे गरीब आदमी के लड़के से मिलकर उसे बड़ा आनन्द मिला।"

न्यूयॉर्क से आगे बढ़कर हम फिलाडेल्फिया पहुंचे। रास्ते में मैंने न्यूपोर्ट वाले मि. वर्नोन का कर्ज वसूला, जिसके बिना हम अपनी यात्रा शायद पूरी नहीं कर सकते थे। कोलिंस ने किसी काउंटिंग हाउस में काम करने की इच्छा जाहिर की, किंतु या तो उन्हें उसकी सांस से उसकी आदत का पता चल गया था या फिर उसके हाव-भाव से। हालांकि उसके पास सिफारिशें भी थीं, किंतु ऐसे में वे भी निरर्थक साबित हुई। ऐसे में वह मेरे साथ ही मेरे खर्चे पर एक ही कमरे में रहा। यह जानते हुए भी कि मेरे पास रखा पैसा वेर्नोन का है, वह लगातार मुझसे वह पैसा मांगता रहा और यह वायदा करता रहा कि उसका काम लगते ही वह लौटा देगा। एकबारगी तो मैं यह सोचने पर मजबूर हो गया कि इसे चुकाने के लिए मुझे क्या करना होगा।

वह लगातार मदिरापान करता रहा, कभी-कभी जब वह ज्यादा नशे में हो जाता तो झगड़ालू हो जाता और हम दोनों में झगड़ा हो जाता। एक बार मैं, कोलिंस और फिलाडेल्फिया में रहने वाले कुछ अन्य परिचित युवा लोगों के साथ डेलावेयर में सैर को गये। सबको बारी-बारी से नाव खेनी थी, किंतु जब कोलिंस का नंबर आया तो उसने नाव खेने से मना कर दिया और कहा कि-'मैं घर लौटते समय नाव खेऊंगा। तुम्हारी गरज हो तो तुम खे लो।' तब

मैंने कहा कि–'यदि ऐसा है तो या तो नाव खेओ या फिर सारी रात पानी में रहना पड़ेगा।' इतने में एक व्यक्ति बोला–'अरे भाई, जाने भी दो, हम ही चला लेंगे।' किंतु मैं कोलिंस के अनुचित व्यवहार से खिन्न था, मैंने उनकी एक ना सुनी। इस पर कोलिंस ने कहा–'फ्रैंकलिन से नाव न चलवाई तो मेरा नाम नहीं। यदि यह न चलाए तो इसे नाव पर से फेंक दो।' ऐसा कहकर वह अपनी बात को सच कर दिखलाने के लिए मेरी ओर दौड़ा और मुझे धक्का दिया। लेकिन मैं सावधान था। उल्टा मैंने ही उसका हाथ पकड़कर उसे नदी में फेंक दिया। मैं जानता था कि कोलिंस अच्छा तैराक है, इसलिए उसके डूब जाने की चिंता न थी। कोलिंस बार-बार पानी में से निकलकर नाव पकड़ने आता, तब नाव में बैठे हुए सब लोग तेजी से नाव चलाते और पूछते–'अब भी नाव चलानी है या नहीं?' किंतु अभिमानी कोलिंस इसके उत्तर में कुछ न कहता और नाव पकड़कर उस पर चढ़ने की चेष्टा करता। आखिरकार जब वह थककर अधमरा सा हो गया तो हमने उसे नाव पर खींच लिया और पानी में भीगे हुए ही उसे घर ले आए। इस घटना के बाद हम दोनों में परस्पर वैमनस्य सा हो गया। कुछ समय बाद मुझे एक वेस्ट इंडिया कैप्टन मिला, जिसे बारबाडोस के किसी संपन्न व्यक्ति के बेटे के लिए अध्यापक खोजने का काम सौंपा गया था। वह कैप्टन मुझसे मिला और मैंने कोलिंस को अध्यापक की जगह दिला दी, इसलिए वह फिलाडेल्फिया से चला गया। जाते-जाते वह मुझसे कहता गया कि–'मुझे तेरा जो देना है, वहां से भेज दूंगा।' परंतु इसके पश्चात् मुझे उसकी कोई खबर नहीं मिली।

वर्नोन की पैसों को खर्च करना मेरे जीवन की एक बड़ी भूल थी और इस बात ने दर्शाया कि मेरे पिता का निर्णय उचित नहीं था, जब उन्होंने मुझे महत्त्वपूर्ण व्यवस्था को चलाने के लिए बहुत छोटा माना। किंतु सर विलियम ने उनका पत्र पढ़कर कहा कि वह बहुत ही विवेकयुक्त है, उनकी सोच व व्यक्तित्व में बड़ा अंतर है और विचारशीलता कभी वर्षों से नहीं आंकी जाती है, न ही युवाओं में उसकी कमी होती है। उन्होंने कहा कि– 'क्योंकि वह तुम्हारे लिए व्यवसाय जमाने का प्रबंध नहीं करेंगे, तो मैं इस कार्य को स्वयं करूंगा। तुम मुझे उन जरूरी चीजों की सूची दे दो, जो इंग्लैंड से चाहिए, मैं उन्हें भेज दूंगा। जब तुम्हारे पास पैसे हों, तब चुका देना। मैं यहां एक अच्छा मुद्रक देखना चाहता हूं और मुझे यकीन है कि तुम अवश्य सफल होगे।' यह बात इतनी मैत्रीभाव एवं सुशीलता से कही गई थी कि मुझे उसके कहे शब्दों पर जरा भी संदेह नहीं रहा। मैंने फिलाडेल्फिया में अपने व्यवसाय को लगाने को अब तक एक गुप्त रहस्य रखा था और मैंने आज भी इसे राज ही रखा है। क्या इससे यह नहीं लगता कि मैं गवर्नर पर निर्भर हो गया था। गवर्नर

को बेहतर जानने वाले मेरे कुछ मित्रों को उस पर भरोसा न करने का सुझाव देना था, क्योंकि मैंने उसके चरित्र के बारे में बाद में पता चला कि वह वायदे करने में तो आगे है किंतु उन्हें पूरा नहीं करता है। तो भी, उसने मुझे बिना कह सहायता का वचन दिया था, ऐसे में उसके प्रस्ताव को मैं एक कपट कैसा मान सकता था? मेरी नजरों में वह दुनिया के श्रेष्ठ लोगों में से एक था।

मैंने, एक छोटे से प्रिंटिंग हाउस के लिए सामान की सूची उन्हें सौंप दी, जिस पर, मेरे मुताबिक लगभग 100 पाउंडस स्टर्लिंग खर्च होने थे। उन्हें यह पसंद आई, किंतु फिर भी उन्होंने मुझसे पूछा कि 'क्या मैं इंग्लैंड में टाइप पसंद करने स्वयं जा सकता हूं। जिससे सही चीजों की पहचान कर सकूं, ऐसा करने से कुछ लाभ होगा या नहीं?' फिर वह बोले, 'इससे तुम यहां अपनी जान-पहचान बना सकोगे और किताबें एवं स्टेशनरी के लिए पत्र व्यवहार बना सकोगे।' मैं सहमत था कि इससे फायदा तो जरूर होगा। इस पर वह बोले, 'तो जाने की तैयारी कर लो।' यह साल में एक बार चलने वाला समुद्री जहाज था, जो उस समय लंदन व फिलाडेल्फिया के बीच केवल एक बार चलता था। लेकिन एन्निस को जाने में कुछ महीने बाकी थे, इसलिए मैं कीमर के साथ काम करता रहा, क्योंकि मैं उन पैसों को लेकर व्याकुल था, जो कोलिंस ने मुझसे लिए थे। साथ ही वेर्नोन द्वारा कभी भी उन पैसों को मांगने का भय भी मुझे रोज कचोटता था, हालांकि कुछ वर्षों बाद तक ऐसा नहीं हुआ।

मैंने शायद यह नहीं बताया है कि बोस्टन से मेरी पहली समुद्री यात्रा के दौरान ब्लॉक टापू के शांत रहने पर, हमारे साथियों ने कॉड मछली पकड़ने का मन बनाया और चलते-चलते कई पकड़ भी ली। अब तक मैं समुद्री भोजन न करने के अपने प्रतिज्ञा पर कायम था और यहां पर अपने मास्टर ट्रायोन के साथ इस बात पर विचार किया कि हर मछली को खाना एक अनुत्तेजित कत्ल की तरह है, क्योंकि उनमें से किसी ने भी कभी भी हमें नुकसान नहीं पहुंचाया है, जो इस तरह की हत्या को न्यायोचित ठहरा सके। यह सब कुछ बहुत उचित लग रहा था। हालांकि पहले मैं मछली खाने का बड़ा शौकीन था, जैसे ही यह फ्रायपैन में गर्मागर्म तैयार होती थी, मुझे इसकी सुगंध आकर्षित करती थी। अकसर मैंने सिद्धांतों और लगाव के बीच संतुलन बनाए रखा था। मुझे याद है कि जैसे ही मछली को काटा जाता तो उसके पेट में छोटी-छोटी मछलियां नजर आती थी। तब मैंने सोचा कि यदि तुम एक-दूसरे को खा सकती, तो तुम्हें न खाने का मुझे कोई कारण नहीं दिखता है।" इसलिए मैं बड़े शौक से कॉड मछली खाता था और मैंने भी अन्य लोगों के साथ यह खाना जारी रखा। कभी-कभी ही शाकाहारी भोजन लेता था। एक विवेक बुद्धि युक्त प्राणी बनना बड़ा ही आसान है क्योंकि यह उन सभी चीजों को खोजने

का कारण बनने में सक्षम बनता है, जो उसका मस्तिष्क करना चाहता है।

कीमर और मैं काफी घनिष्ठता से रहे और उसे मेरी नई योजना पर जरा भी संदेह नहीं हुआ। वह पहले की तरह ही जोशीले अंदाज में काम करता रहा तथा तर्क-वितर्क भी पसंद करता रहा। इसलिए हमारे बीच कई मतभेद थे। किंतु मैं अपने सोक्रेटिक विधि से काम रहा। मैं उसे बेतुके सवालों से प्राय: उलझन में डाल देता और धीरे-धीरे मुद्दे पर आता तथा उसे परेशानी व विरोधाभास में डाल देता कि अंत में वह हंसी करते हुए सावधान हो जाता। यहां तक कि वह आसान से सवालों का जवाब नहीं देता था। न ही यह पूछता कि-'इससे तुम किस निर्णय पर पहुंचना चाहते हो?' परंतु इससे मेरी योग्यताओं के बारे में उस पर गहरा प्रभाव पड़ा कि उसने एक नया मत स्थापित करने संबंधी एक प्रोजेक्ट में गंभीरता पूर्वक मेरा नाम अपने सहकर्मी के रूप में प्रस्तावित कर दिया। उसे मतों या सिद्धांतों (डॉक्ट्रिस) का उपदेश देना था और मुझे विरोधियों को परास्त करना था। जब वह मतों की व्याख्या करने आया तो मुझे ऐसी कई पहेलियां दिखाई दी, जिन पर मुझे आपत्ति थी जब तक कि मैंने उन्हें अपने तरीके से तार्किक नहीं बनाया और अपने भी कुछ मत प्रकट किए।

कीमर ने अपनी दाढ़ी पूरी बढ़ा ली थी, क्योंकि मोजाइक कानून में कहीं पर लिखा है कि-'तू दाढ़ी के किनारों को दूषित नहीं करेगा।' वह सात दिनों तक ऐसा ही रहा, सातवें दिन विश्राम किया, इन दोनों बातों का वह पालन करता था, किंतु मुझे ये दोनों बातों ही नापसंद थी। किंतु इस शर्त पर मैं उस सिद्धांत को अपनाने को तैयार था कि वह मांसाहार नहीं करेगा। उसने कहा था-'मुझे संदेह है कि मेरा संविधान इसकी इजाजत नहीं देगा।' मैंने उसे भरोसा दिलाया कि ऐसा होगा और वह उसके लिए बेहतर होगा। वह एक भुक्खड़ था और मैंने उसके साथ आधा पेट खाने पर स्वयं को भी मना लिया। उसकी शर्त थी कि यदि मैं उसका साथ दूं तो वह इस व्रत को करने के लिए प्रयास करेगा। मैं भी ऐसा ही किया और यह सब तीन महीने तक चला। हमारे शाकाहारी भोजन सूची में 40 प्रकार के व्यंजन थे, जिसमें से समय-समय पर पड़ोस में रहने वाली एक महिला रोजाना हमारे लिए लेकर आती थी और बदले में हम उसे हर सप्ताह 18 पेन्स स्टर्लिंग दिया करते थे। सस्ता होने से यह मुझे पहले से कहीं बेहतर लगा। तब से मैंने नियम से कई लेन्टस (ईसाइयों का 40 दिन का व्रत) रखे, उनके लिए बड़ी आसानी से अपने सामान्य खान-पान का त्याग किया, जिससे मुझे समझ आ गया कि थोड़े से उतार-चढ़ाव के बाद इन बदलावों को करने की सलाह में कुछ तो बात है। मैंने यह सब बड़ी आसानी से कर लिया, किंतु बेचारे कीमर ने बहुत

पीड़ा सही। प्रोजेक्ट की थकान से लस्त-पस्त कीमर इजिप्ट के फ्लैश-पॉट जा पहुंचा और एक भुने सुअर का ऑर्डर दिया। हालांकि उसने मुझे और अन्य दो महिला मित्रों को खाने पर भी आमंत्रित किया था, किंतु वह व्यंजन हमारे पहुंचने से पहले ही टेबल पर आ गई, कीमर सब्र नहीं रख सका और हमारे पहुंचने से पहले ही पूरा का पूरा अकेले ही खा गया।

इस समय तक मैं रीड महोदय की कन्या पर आसक्त हो गया था। उसके लिए मेरे मन में बहुत आदर व अनुराग था। रेबेका भी मुझे दिल से चाहती थी; मुझे भी ऐसा लगता था। लेकिन हमारे प्रेम को एक लंबा सफर तय करना था और हम दोनों अभी बहुत छोटे थे, 18 से थोड़ा ज्यादा। उस समय ऐसी प्रथा थी कि संतान का संबंध, माता-पिता की आज्ञा के बिना पूरा नहीं हो सकता था। रेबेका के पिता रीड महोदय का 12 सितंबर, 1724 को देहांत हो चुका था, इसलिए उसने मेरे साथ विवाह करने की बात अपनी मां को बताई और यह भी कहा कि आगे चलकर मैं एक बड़े छापेखाने का मालिक हो जाऊंगा और इस प्रकार मुझे सभी तरह से सुख मिलेगा। मां ने उसकी बात मान ली। एक दिन उसकी मां ने मुझसे कहा–'तुम अभी 19 वर्ष के नहीं हुए हो और एक लंबी यात्रा पर जा रहे हो, इसके अलावा यह भी नहीं कहा जा सकता कि जिस रोजगार को तुम करना चाहते हो, वह कैसा चलेगा? इसलिए अभी विवाह करना ठीक नहीं। तुम वापिस आकर अपना रोजगार शुरू करो, तब तक ठहरो।' मैंने यह बात रेबेका को भी बताई। वह तो मुझे चाहती ही थी, इसलिए हम दोनों प्रेमी वचन में बंध गए और लंदन से वापिस लौटने पर ही विवाह होने की बात तय हो गई।

मैं बहुत ही मिलनसार था, इसी कारण चार्ल्स ओसबोर्न, जोसफ वाटसन और जेम्स राल्फ से मेरी खास जान-पहचान हो गई, हम सभी को पढ़ने-लिखने का शौक था। ओसबोर्न और वाटसन दोनों किसी प्रसिद्ध वकील चार्ल्स ब्रोग्डेन के पास क्लर्क थे तथा राल्फ एक व्यापारी के यहां क्लर्की करता था। वाटसन प्रामाणिक, धर्मनिष्ठ और गुणवान व्यक्ति था। ओसबोर्न बहुत ही समझदार, मिलनसार और सबसे प्रेम करने वाला था। ओसबोर्न और राल्फ धर्मसिद्धांतों के मामले में अपेक्षाकृत ज्यादा अस्पष्ट थे, विशेषकर राल्फ कोलिंस की तरह ही था और इसलिए मेरी उन दोनों से थोड़ा कम बनती थी। ओसबोर्न साहित्य व आलोचक मर्मज्ञ भी था और तीनों काव्य प्रेमी भी थे और समय-समय पर कुछ-न-कुछ लिखते भी थे। रविवार के दिन, हम चारों स्क्युलाकिल नदी पर घूमने जाते और पूरे सप्ताह जो पढ़ा-लिखा होता उस पर विवेचना किया करते। राल्फ चतुर, सभ्य-सुशील और अत्यंत वाचाल था, मैंने ऐसा बातूनी नहीं देखा था।

राल्फ का झुकाव काव्य अध्ययन की ओर था, कोई संदेह नहीं था, कि वह इसमें दक्ष हो सकता था और उसने इसी में अपना भाग्य आजमाया। वह स्वयं को श्रेष्ठ कवियों में लाने को दृढ़ संकल्प था। किंतु जब उसने पहली बार लिखना शुरू किया तो उसमें जितनी गलति कर सकता था, उसने की। ओसबोर्न ने उसे मना किया और विश्वास दिलाया कि वह कविता लिखने में दक्ष नहीं है तथा उसे अपना पूरा ध्यान अपने काम पर लगाने की सलाह दी, जो उसने सीखा था। किंतु विरोधों के बीच मैंने यदा-कदा स्वयं के मनोरंजन हेतु कविता लिखने की बात रखी, जिससे कि आगे भाषा में सुधार हो सके।

हमने ऐसा सोचा कि अब हम जब भी मिला करें तो हममें से हर एक कोई-न-कोई रचना लिखकर लाया करे और वह दूसरों का उसका अभिप्राय बताकर उस पर की गई टीका-टिप्पणी से उसमें सुधार किया करे। हमारा उद्देश्य भाषा और उच्चारण सुधारना था, इसलिए किसी नवीन विषय पर ही कविता करना किसी के लिए अनिवार्य नहीं था। 18वें ईसाई भजन में देवताओं के अवतरण का जो वर्णन है, हमने उसी को पसंद किया। हमारे एक साथ मिलने का दिन जब निकट आया, तब राल्फ मेरे पास आया और कहने लगा कि मेरा लिखा हुआ तैयार है। मैं अवकाश न मिलने और मन न लगने से कुछ नहीं लिख सका था, इसलिए मैंने भी राल्फ़ से ऐसे ही कह दिया। मेरी सम्मति लेने के लिए राल्फ ने अपनी रचना मुझे सुनाई। मुझे वह बहुत अच्छी लगी और उसमें बहुत-सी खूबियां भी नजर आईं। राल्फ ने मुझसे कहा-'अब ओसबोर्न की तो मेरी रचना का कोई अंश खूबी से भरा हुआ नहीं मालूम होगा, बल्कि वह केवल वैरभाव के कारण हजार गलति निकालता है। तुम्हारी रचना पर वह कोई टीका-टिप्पणी नहीं करता है, इसलिए तुम इसे रख लो और इसे अपनी लिखी हुई रचना कहकर उसे दिखाना। मैं कह दूंगा कि समय न मिलने से मैं तो कुछ लिख ही नहीं सका। देखें, फिर ओसबोर्न क्या कहता है।' यह बात मुझे पसंद आई और मैंने तुरंत उस रचना को अपने हाथ से लिख डाला, जिससे ओसबोर्न को इस बारे में जरा भी संदेह न हो।

इसके पश्चात् हम सब इकट्ठे हुए। सबसे पहले वाटसन ने अपनी रचना सुनाई, उसके कुछ खूबी थी, लेकिन दोष ज्यादा थे। फिर ओसबोर्न ने अपना लिखा सुनाया, जो वाटसन की अपेक्षा अच्छा था। राल्फ ने उन दोनों की तुलना कर निष्पक्ष रूप से निर्णय दिया कि किस में क्या दोष है और किसमें क्या-क्या खूबियां हैं। इसके पश्चात् उसको तो कुछ सुनाना ही नहीं था। अब मेरी बारी थी। मैं आगे बढ़ा, किंतु अपनी रचना को सीधे न सुनाकर पहले मैंने इसके लिए सबसे माफी मांगी कि मैं अवकाश न मिलने के कारण अपनी रचना में सुधार न कर सका, इस कारण अगली बार सुनाऊंगा। किंतु किसी ने

भी यह बहाना नहीं सुना। अंत में मुझे बाध्य होकर अपनी रचना सुनानी पड़ी। मैंने उन सबके आग्रह पर उसे दो बार पढ़ा। वाटसन और ओसबोर्न प्रतिस्पर्द्धा से बाहर होकर प्रशंसा की और स्वीकार किया कि यह रचना हमारी रचनाओं की अपेक्षा कहीं ज्यादा अच्छी है। वे उसकी खूबियां गिनाने लगे। केवल राल्फ ने उस पर कुछ टीका-टिप्पणी की और कहीं-कहीं सुधार बताए। किंतु मैं अंत तक स्वयं को बचाता रहा। राल्फ की टीका-टिप्पणी का ओसबोर्न ने कड़ा विरोध किया और कहा कि-'राल्फ कविता करना नहीं जानता है और न ही उसके गुण-दोष दिखाने में ही प्रवीण है। बल्कि सच पूछो तो जिस प्रकार इसको कविता करना नहीं आता, उसी प्रकार यह उसके गुण-दोष भी नहीं बता सकता।' राल्फ और ओसबोर्न घर जा रहे थे। ओसबोर्न चूंकि मेरी रचना से परिचित था। रास्ते में उसने मेरी कविता के विषय में अच्छी सम्मति प्रकट की और कहा कि-'फ्रैंकलिन को ऐसा न लगे कि मैं उसकी खुशामद करता हूं, इसलिए मैं जानबूझकर उसके पक्ष में ज्यादा नहीं बोला। किंतु वह ऐसी उत्तम रचना कर सकता है, क्या ऐसा किसी ने शायद सोचा भी था? अहा! कैसे उत्तम विचार!... शब्दों में कितना माधुर्य!.... और जोश!!... साधारणतया बातचीत करने में तो वह ऐसे शब्द कभी नहीं कहता है और बीच-बीच में कई भूलें करता है और अटकता जाता है। किंतु यह सब होते हुए भी कौन जान सकता है कि वह ऐसी उत्तम रचना कर सकता है।' यह सुनकर राल्फ मन-ही-मन बड़ा प्रसन्न हुआ। दूसरे दिन हम सब फिर इकट्ठे हुए, तब राल्फ की उस योजना का खुलासा किया गया, जो हम दोनों ने मिलकर बनाई थी। यह जानकर उसके दोष निकालने वाला ओसबोर्न बहुत शर्मिंदा हुआ।

इस घटना ने राल्फ को कवि बनने में प्रोत्साहन दिया। मैंने उसे धर्म विरुद्ध जाने से रोकने की बहुत कोशिश की, किंतु वह तब तक आयतों को अस्पष्ट लिखता रहा, जब तक पोप ने उसका समाधान नहीं कर दिया। हालांकि वह एक बेहतरीन कवि बन गया। लेकिन यहां अभी बाकी दोनों का ज्यादा विवरण नहीं दे सकता हूं। केवल इतना ही बता सकता हूं कि वाटसन हममें श्रेष्ठ था, किंतु उसने कुछ वर्षों बाद बहुत ही शोचनीय दशा में मेरे हाथों में दम तोड़ा था। ओसबोर्न वेस्टइंडीज जाकर एक नामी वकील बन गया और खूब पैसा कमाया, किंतु कम आयु में ही मर गया। हम दोनों ने परस्पर एक गंभीर करार किया था कि हममें से जो भी पहले मरने वाला होगा, तो वह, यदि संभव हो तो दूसरे के पास मिलने जाएगा और बताएगा कि अलग होने के पश्चात् उसने कैसे जीवन बिताया। किंतु वह अपना वचन नहीं निभा पाया।

गवर्नर को मेरा साथ अच्छा लगता था, ऐसा प्रतीत हो रहा था। वह मुझे लगातार अपने घर बुलाता और हमेशा मुझसे प्रेस खोलने की बातें करता। प्रेस

एवं टाइप तथा कागज आदि खरीदने के लिए आवश्यक पैसों का प्रबंध करने हेतु साख पत्र देने के अलावा, मुझे लंदन में रहने वाले उसके कई मित्रों के लिए सिफारिशी पत्र भी ले जाने थे। मुझे किस दिन कागज ले जाने चाहिए, यह भी तय हो गया था। उसी तय समय पर जब मैं हुण्डी और कागज लेने के लिए कीथ के घर गया तो उसने कहा कि-'समय न मिल पाने से कारण मैं अभी पत्र नहीं लिख सका हूं। कल आकर ले जाना।' दूसरे दिन भी उसने वैसा ही उत्तर दिया। लगातार ऐसा चलता रहा और कुछ परिणाम नहीं निकला, तब तक जहाज चलने का दिन आ चुका था। मैं यह सोचकर कि आज तो कागज जरूर मिलेगा, उस दिन फिर कीथ के पास गया तो वहां कीथ का सचिव मिला, जिसने कहा कि-'काम ज्यादा होने की वजह से आज गवर्नर दफ्तर में ही हैं। जब तुम्हारा जहाज न्यूकैसल में आकर ठहरेगा, तो वह वहीं आकर तुमसे मिलेंगे और कागज आदि दे देंगे।' उन्होंने मुझे यात्रा के लिए शुभकामनाएं दी और जल्द लौटने की आशा जताई। सवालों के घेरे में असमंजस में उलझा हुआ, मैं वापिस बोर्ड पर लौट आया, किंतु मुझे अब भी गवर्नर की सच्चाई पर कोई संदेह नहीं हुआ।

राल्फ का विवाह हो चुका था और उसका एक बेटा भी था। उसने भी मेरे साथ यात्रा पर जाने का निर्णय लिया था। सोचा था कि पत्राचार करेगा और कमीशन पर बेचने के लिए चीजें प्राप्त करेगा। किंतु बाद में मुझे पता चला कि उसका अपनी पत्नी से झगड़ा हो गया था और वह उसे उसके हाल पर छोड़कर कभी न आने के लिए जाना चाहता था। अपने मित्रों से विदा लेकर और रेबेका से कुछ वादों का आदान प्रदान कर मैं जहाज से फिलाडेल्फिया के लिए निकल पड़ा, जिसने न्यूकैसल में लंगर डाला। गवर्नर भी वहां था, किंतु जब मैं कागज लेने फिर गवर्नर से मिलने गया। उस समय उसका सचिव फिर मेरे पास आया और बड़ी विनम्रता से कहा-'गवर्नर साहब बड़े जरूरी काम में लगे हुए हैं, इसलिए कुछ देर बाद कागज लिखकर जहाज पर भेज देंगे। तुम सकुशल पहुंचो और मनोरथ पूरा कर जल्दी लौटो, ऐसी उनकी हार्दिक इच्छा है।' मुझे इस बात का बहुत बुरा लगा।

आरंभ में मेरी और राल्फ की ओर किसी का ध्यान नहीं गया। वहां हमारा कोई परिचित नहीं था। हमें जहाज के खास भाग में जगह नहीं मिल पाई थी, इसलिए हमें जहाज के अगले हिस्से में जैसी जगह मिली, हम वहीं बैठ गए। पेंसिलवेनिया का एक प्रसिद्ध सरकारी वकील एन्ड्र्यू हैमिल्टन और उसका बेटा, क्वेकर व्यापारी डेनहम, मैसर्स, मैरीलैंड के लौह विशेषज्ञ ओनियन एंड रसल को अच्छा केबिन मिला था। हैमिल्टन और उसका पुत्र इंग्लैंड जाने वाले थे और उनके लिए जहाज पर एक जगह पहले ही रिजर्व हो चुकी

थी, किंतु किसी कारणवश उनको न्यूकैसल से पीछे लौटना पड़ा था। इसके कारण उनके लिए रुकी हुई जगह खाली हो गई। जब कर्नल फ्रेंच जहाज पर गया तो उसने मुझे पहचान लिया और मेरा बहुत सम्मान किया तो लोगों का ध्यान हमारी ओर गया। यह देखकर अन्य यात्रियों ने मुझे और राल्फ को वह जगह खाली करने को कहा और केबिन में अन्य भद्रजन लोगों के साथ बैठने को आमंत्रित किया।

यह जानकर कि गवर्नर की ओर से कर्नल फ्रेंच कुछ कागजों की थैली लेकर जहाज पर आया है और उसने वह थैली कप्तान के सुपुर्द कर दी है। मैंने कप्तान से कहा कि–'मेरे नाम के जो कागज हों, वे मुझे दे दीजिए। इस पर कप्तान ने उत्तर दिया–"सब कागज थैली में इकट्ठे हैं। तुम्हारे कागजों को निकालने के लिए मेरे पास समय नहीं है। लेकिन विश्वास रखो कि इंग्लैंड पहुंचने से पहले थैली के सब कागजात दिखा दिए जाएंगे और उनमें जो–जो तुम्हारे हो, उन्हें ले लेना।' मैं उसकी बातों से संतुष्ट हो गया। जहाज अपनी यात्रा पर निकल पड़ा। केबिन में हमारे साथ भद्र लोग थे और हम बहुत निराले ढंग से रहे। मि. हैमिल्टन के स्टोर ने काफी जगह घेर रखी थी। यात्रा में मि. डेनहम से मेरी गहरी मित्रता हो गई, जो जीवनभर बनी रही। खराब मौसम के कारण यात्रा आरामदायक नहीं थी।

चैनल पर पहुंचते ही कप्तान ने अपना वादा निभाया और गवर्नर के दिए पत्रों को खोजने के लिए थैली मुझे थमा दी। एक भी पत्र के ऊपर मेरा नाम नहीं लिखा था। किंतु मैंने उसकी लिखावट पहचानकर छह–सात पत्र उठा लिए। जो मेरे दिए पते पर भेजे गए थे। मैंने सोचा हो सकता है कि वे वचनबद्ध पत्र सीधे किंग्स मुद्रक बास्केट और कुछ कागजी (स्टेशनर) को भेज दिए हों। मुझे मिले पत्रों में एक पत्र सरकारी प्रेस वाले के नाम पर था और दूसरे दो अन्य लोगों के लिए थे। 24 दिसंबर, 1724 को जहाज लंदन पहुंच गया। जहाज से उतरते ही मैं सबसे पहले कागजी की दुकान पर गया, जो सबसे पहले मेरे रास्ते में थी। उसे कीथ को दिया पत्र दिखाया और कहा कि–'गवर्नर कीथ ने यह पत्र आपको भेजा है।' इस पर कागजी ने कहा–'मै इस नाम के किसी व्यक्ति को नहीं जानता।' किंतु फिर भी उसने पत्र खोला, इधर–उधर देखा और बोला–'अच्छा। तो यह रिडल्स्टन का लिखा हुआ है, जो बदमाशों का सरदार माना जाता है। मैं इससे कोई संबंध नहीं रखना चाहता और न ही मुझे उसका कोई पत्र मिला है।' इतना कहकर उसने वह पत्र मुझे वापिस दे दिया और पीठ फेरकर ग्राहकों को सामान देने लगा। मुझे यह जानकर हैरानी हुई कि ये अन्य पत्र भी गवर्नर कीथ के लिखे हुए नहीं है। अब जाकर मुझे गवर्नर की सच्चाई में संदेह हुआ। जहाज पर ही मुझे

मेरा मित्र डेनहम मिला और मैंने सारी बात उसे बताई। वह पल भर में ही सारा मामला समझ गया। उसने मुझे विश्वास दिलाया कि कीथ ने कागज लिखे हों या उसका लिखने का कोई विचार रहा हो, ऐसा नहीं जान पड़ता। उसने मेरे सामने कीथ की जन्मकुंडली खोलकर रख दी और कहा कि–'जो लोग कीथ को जानते हैं, वे उसके कहने या लिखने पर बिलकुल भरोसा नहीं करते हैं।' यह सुनकर मुझे बड़ा आश्चर्य हुआ। गवर्नर द्वारा मुझे हुण्डी पत्र दिए जाने की बात पर वह हंस पड़ा, क्योंकि वह किसी को उधार नहीं देता है। सारी बात जानकर मैं चिंता में पड़ गया, क्योंकि अपने और राल्फ के खर्च के लिए मेरे पास केवल 10 पाउंड ही बचे थे। जब डेनहम को यह हकीकत पता चली तो उसने मुझे किसी छापेखाने में नौकरी करने की सलाह दी और कहा कि–'लंदन की प्रेसों में काम करने से तुम्हारा अनुभव बहुत बढ़ेगा और जब तुम वापिस अमेरिका जाओगे तो तुम्हें अपने रोजगार में इससे बड़ा लाभ होगा।'

कागजी द्वारा लौटाया गया पत्र पढ़ने पर मालूम हुआ कि अटार्नी ल्स्डन बड़ा ही धूर्त था। उसने रेबेका के पिता को अपनी बातों में फंसाकर उन्हें लगभग बर्बाद कर दिया था। पत्र से पता चला कि एण्ड्रयू हैमिल्टन के साथ मिलकर ल्स्डन और कीथ ने कोई जालसाजी करने की गुप्त योजना बनाई है। डेनहम हैमिल्टन का मित्र था। उसने सोचा कि उसे भी इस बारे में बताना चाहिए, इसलिए हैमिल्टन कुछ समय पश्चात् जब लंदन आया तो उस समय मैंने उससे मिलकर पत्र में लिखी सारी बातें बताई, जो आगे चलकर हैमिल्टन के लिए काफी उपयोगी साबित हुई। इसी कारण वह मेरा मित्र बन गया और इसके बाद कई बार मेरा सहायक बनकर मुझे फायदा कराया।

'कहना कुछ और करना कुछ', गवर्नर कीथ के इस प्रकार के शर्मनाक व्यवहार और चालाकी के बारे में क्या कहेंगे, जो उसने एक बेचारे लड़के के साथ की थी। एक गरीब और अनुभवहीन युवक को इस प्रकार अकारण ही तंग करने और विपत्ति में फंसाने वाले कीथ जैसे मनुष्य का क्या किया जाए, जब ऐसा करने की उसकी आदत ही पड़ गई हो। कीथ हर व्यक्ति को प्रसन्न करने की इच्छा रखता था, किंतु उसके पास देने को कुछ नहीं था, इसलिए वह सब को झूठी-सच्ची आशा किया करता था। अन्यथा वह एक प्रकार से एक बुद्धिमान, समझदार और अच्छा लेखक था। गवर्नर के पद पर रहकर भी जनता के लाभ-हानि का पूरा ध्यान रखता था और उन्हीं जमींदारों के विरुद्ध भी था, जिन्होंने उसे नियुक्त किया था। कई बार वह उनकी इच्छा के विरुद्ध भी काम कर डालता था। हमारे कई श्रेष्ठ कानून उसके प्रशासन में ही बनाए और पारित किए गए थे।

मैं और राल्फ हमेशा साथ रहते थे तथा घनिष्ठ मित्र थे। हमने अपने सामर्थ्य के मुताबिक न्यू लिटिल ब्रिटेन मुहल्ले में प्रति सप्ताह साढ़े तीन शिलिंग के किराये पर मकान भाड़े पर लिया था। वहां उसके कुछ रिश्तेदार भी रहते थे, किंतु वे अत्यंत निर्धन थे। उसने मुझे बताया कि वह वापिस फिलाडेल्फिया न जाकर हमेशा के लिए लंदन में क्यों रहना चाहता है। राल्फ के पास पैसे नहीं थे, जो लाया था, वे यात्रा में चुका दिए थे। अब उसका सारा भार मुझ पर था। किंतु बातचीत करने में वह बड़ा ही चतुर था और निरंतर काम की खोज में रहता था। उसने सबसे पहले एक नाटकघर में जाने का प्रयास किया, क्योंकि वह स्वयं को एक दक्ष अभिनेता समझता था, किंतु विल्केस नामक व्यक्ति ने, जिसके पास राल्फ ने आवेदन किया था, ने उसे नाटक क्षेत्र में ना जाकर कुछ और काम करने की सलाह दी, क्योंकि इसमें उसका सफल होना असंभव था। उसके बाद उसने पैटर्नोस्टर रो में रॉबर्ट नामक प्रकाशक को कुछ शर्तों पर 'स्पेक्टेटर' जैसा साप्ताहिक समाचार पत्र निकालने को लिखा, जिसे रॉबर्ट ने नामंजूर कर दिया। इसके पश्चात् उसने कागजियों एवं वकीलों के लिए नकलें करने का काम देखा, किंतु यहां भी उसका वश नहीं चला।

लंदन के बार्थोलोम्यू क्लोज में पामर नामक व्यक्ति का एक बड़ा छापाखाना था, जहां लगभग 50 नौकर काम करते थे। वहां मैंने लगातार एक वर्ष तक काम किया। मैं मेहनत से नहीं घबराता था, किंतु मैंने अपनी कमाई का बड़ा हिस्सा नाटकों एवं अन्य मनोरंजन स्थलों पर जाने में खर्च कर दिया था। मेरे पास पहले 15 पिस्तोल्स (स्वर्ण मुद्राएं) थी, जिनमें से कुछ राल्फ ने मौज-मस्ती करने में और काम तलाशने में खर्च कर दी थी। अब हमारी सारी पिस्तोल्स खर्च हो चुकी थी। रोज कमाना और रोज खाना की स्थिति आ गई थी। शायद वह अपनी पत्नी और बच्चे को भूल गया लगता था और धीरे-धीरे मैं भी रेबेका के साथ अपनी सगाई को भूलने लगा था, जिसे मैंने कभी एक से ज्यादा पत्र नहीं लिखा, जिससे उसे पता चलने लगा कि मैं बहुत जल्द वापिस आने वाला नहीं हूं। यह मेरे जीवन की एक और बड़ी भूल थी, जिसे मैं दोबारा अवसर मिलने पर सही करने की अपेक्षा करता हूं। वस्तुत: हमारे खर्चों के कारण मैं अपनी यात्रा का खर्च चुकाने में भी असमर्थ होता जा रहा था। प्रतिदिन की कमाई से जो कुछ पैसा आता, वह राल्फ पर ही निर्वाह होता रहा।

पामर के छापेखाने में मुझे वुलास्टन रचित 'रिलीजन ऑफ नेचर' (धर्म की प्रकृति) पुस्तक का दूसरा संस्करण छापने का काम मिला। इस पुस्तक का उद्देश्य यह साबित करना था कि खून, चोरी और व्याभिचार आदि करने का धर्मशास्त्र में निषेध न होता, तो भी उनका करना बुरा है। इसी प्रकार यह भी

दिखाया गया था कि सदाचार पालन का आदेश न होता तो भी मनुष्य मात्र को सदाचारी होना आवश्यक है। मूर्ति पूजा न करने के कारण, देवालय में जाने की दलीलें और आत्मा के अमरत्व की यथार्थता का भी इसमें अच्छा विवेचन था। यद्यपि यह पुस्तक देखने योग्य थी और उसे पढ़ने से किसी की कोई हानि नहीं हो सकती थी, यह जानते हुए भी मुझे वुलास्टन की दलीलें आधारहीन लगी और इसी कारण से मैंने उसकी आलोचना में 32 पृष्ठ की एक पुस्तिका लिखकर छपवा डाली, जिसका शीर्षक था, 'ए डिस्सरटेशन ऑन लिबर्टी एंड नेसेसिटी, प्लेजर एंड पेन' (स्वतन्त्रता और प्रयोजन, सुख-दुःख का विवेचन) । मैंने अपनी पुस्तक 'मि. जे. आर.'- (जेम्स राल्फ) को समर्पित की और आरंभ में लिखा-'तुम्हारी प्रार्थना पर से इस संसार की वस्तुओं की स्थिति के संबंध में, मैंने इस में अपने इस समय के विचारों का दिग्दर्शन किया है।' इस पुस्तक की थोड़ी सी प्रतियां छापीं। यद्यपि मेरा मालिक मुझे प्रतिभाशाली युवा के रूप में देखता था, किंतु मेरी पुस्तिका के सिद्धांतों के संदर्भ में उन्होंने इनकी कड़ी भर्त्सना की, जो उन्हें घृणित लगे। इस पुस्तिका का प्रकाशन में एक और त्रुटि थी। लिटिल ब्रिटेन में रहने के दौरान विलॉक्स नामक एक पुस्तक विक्रेता से मेरी जान-पहचान हो गई, जिसकी दुकान पड़ोस में ही थी। उसके पास पुरानी किताबों का अच्छा संग्रह था। तब सर्कुलेटिंग पुस्तकालयज अस्तित्व में नहीं थी। लेकिन हम दोनों कुछ ऐसी शर्तों पर परस्पर सहमत हो गए (जो मुझे अब याद नहीं) कि मैं उसकी किताबें लेकर, पढ़कर उन्हें वापिस कर दूंगा। इसका मुझे भरपूर फायदा हुआ और मैंने उसका यथासंभव लाभ उठाया।

न जाने किस तरह से मेरी वह पुस्तिका डॉ. लायन्स (शल्य चिकित्सक) के हाथ लग गए। उसे पढ़कर वह इतने प्रसन्न हुए कि स्वयं मेरा मकान तलाश करते हुए मुझसे आकर मिले। इससे हम दोनों में जान-पहचान हुई। उन्होंने भी 'द इनफैलिबिलिटी ऑफ ह्यूमन जजमेंट' (मनुष्यों के विचारों की अस्थिरता) नामक पुस्तक लिखी थी। वह मेरी बात को ध्यानपूर्वक सुनते थे और प्रायः विभिन्न विषयों पर विचार-विमर्श करने के लिए मुझे बुलाया करते थे। कुछ प्रख्यात नास्तिक लोगों से भी उनका परिचय था। वह मुझे चीपसाइड की लेन में स्थित 'दी होर्न' मुहल्ले में पीले पड़ चुके एक मकान में ले गए, जहां नास्तिक लोगों की मंडली इकट्ठा होती थी। उन्होंने मेरा परिचय हॉलैण्ड निवासी डॉ. मेंडेविल से कराया, जो 'फेबल्स ऑफ दी बीइज' (मक्खियों की कहानी) के लेखक थे और मंडली के मुखिया भी। लॉयन्स ने बैटसन के कॉफी हाउस में मेरा परिचय मेडिकल सर्जन डॉ. पेम्बरटन से कराया, जो तत्वज्ञानी, गणितज्ञ, रॉयल सोसायटी के सभासद और सर आइजक न्यूटन का

मित्र था। मैं भी बहुत दिनों से न्यूटन से मिलने का इच्छुक था। वह मुझे उनसे मिलाने ले जाने वाले थे, किंतु 82 वर्षीय तत्वज्ञानी का स्वास्थ्य ठीक नहीं रहता था, इसलिए उनसे मिलना कभी संभव न हो सका।

अमेरिका से मैं कुछ जिज्ञासापरक वस्तुएं ले आया था, जिसमें (एक वस्तु या धातु विशेष) एस्बेस्टोस की बनी हुई एक थैली खास थी, जिसे आग में तपाकर शुद्ध किया गया था। यह आग से जलती नहीं थी। जब सर हेंस स्लोएन को यह मालूम हुआ कि मेरे पास एस्बेस्टोस की थैली है, तो वह मेरे घर पर आकर मुझसे मिले और ब्लूम्सबरी स्क्वॉयर में अपने घर पर आमंत्रित किया, जहां उन्होंने मुझे अपने संग्रह में जिज्ञासापरक वस्तुएं दिखाईं। उन्हें ऐसी नई-नई वस्तुएं संग्रह करने का शौक था। अपने संग्रह में शामिल करने के लिए उन्होंने मुझसे वह थैली खरीद ली और उसके लिए मुंहमांगी कीमत अदा की। कालांतर में ब्रिटिश संग्रहालय की स्थापना भी इन्होंने ही की थी।

हमारे घर में एक युवा महिला रहती थी, जिसकी क्लोइस्टर्स में एक दुकान भी थी। वह शालीन माहौल में पली-बढ़ी थी और उच्च वर्ग की महिलाओं के लिए टोपियां और पोशाकें बनाया करती थी। शाम को राल्फ उसे नाटक पढ़कर सुनाता था। धीरे-धीरे उनमें अंतरंग संबंध बन गए। उसने कहीं और घर ले लिया और राल्फ भी उसके साथ रहने लगा। वह कुछ समय तक साथ रहे, किंतु राल्फ अभी भी बेरोजगार ही था और उस महिला की आमदनी घर चलाने और बच्चे को पालने के लिए अपर्याप्त थी। इसलिए उन्होंने लंदन से पलायन कर एक गांव में चटशाला (पाठशाला) खोलने का फैसला किया, जिसे चलाने में वह स्वयं को सक्षम एवं योग्य मानता था। वह लिखने की कला में पारंगत था और गणित व लेखाकर्म (अकाउंट्स) में मास्टर था। यद्यपि वह इस काम को भी अपने लिए कमतर समझता था, तथापि उसे विश्वास था कि किसी दिन वह भी अवश्य ही बड़ा आदमी बनेगा। किंतु जब वह बड़ा आदमी हो जाए तो लोग कहीं यह न कहे कि यह कभी लड़कों को पढ़ाने का कमतर काम करता था, इसलिए उसने अपना नाम बदलकर फ्रैंकलिन रख लिया और मेरे प्रति सम्मान दर्शाया। कुछ समय तक वह पत्र-व्यवहार करता रहा, जिससे मुझे पता चला कि वह एक छोटे से गांव (बर्कशायर) में बस गया है, जहां वह प्रत्येक छात्र से प्रति सप्ताह छह पेंस की फीस पर 10-12 लड़कों को पढ़ाता था। उसने श्रीमती टी.....को मेरी देखभाल करने का अनुरोध किया था और मुझसे, मि. फ्रैंकलिन, स्कूल मास्टर से संबंधित कर पत्र लिखने की अपेक्षा की थी।

वह मेरे साथ निरंतर पत्र व्यवहार करता है। वह किसी महाकाव्य पर काम कर रहा था और मुझसे टीका-टिप्पणी एवं संशोधन के लिए निरंतर उसके

बड़े-बड़े नमूने भेजता रहा। उसके उत्साहवर्धन के लिए समय-समय पर मैं इन्हें सुधारकर वापिस भेजता रहा। तब हाल ही में यंग का लिखा व्यंग्य प्रकाशित हुआ था। मैंने उसकी नकल की और उसका काफी हिस्सा उसे भेजा, जिससे उसके ज्ञान को एक नई राह मिले और वह स्व-मूल्यांकन कर सके। किंतु मेरा यह प्रयास निरर्थक साबित हुआ, वह डाक से अब भी कविताएं भेजता रहा। इस दौरान, उसके कारण, श्रीमती टी... के सगे-संबंधी छूट गए और व्यवसाय भी। वह प्राय: दरिद्रता में रहने लगी और मुझसे सहायता की अपेक्षा करती थी। वह मुझसे कुछ आर्थिक मदद की अपेक्षा करती और मैं कुछ बचाकर उनकी मदद करता। मुझे उनका साथ अच्छा लगता था और कोई धार्मिक रुकावट न होने से उनके लिए मैं खुद के महत्त्व को समझने लगा था। मैंने उनसे मेलजोल बढ़ाने का प्रयास किया (यह मेरी एक और भूल थी) किंतु उन्होंने क्रोधित होकर इस बात का विरोध किया और राल्फ को इस बारे में बता दिया। इससे हम दोनों के बीच में मनमुटाव हो गया और वापिस लंदन आने पर उसने सोचा कि मैंने उस पर किए सभी उपकार निरस्त कर दिए हैं। इससे मुझे पता चला कि मैंने उसे अब तक जो भी उधार या अग्रिम राशि दी; मुझे उसकी वापिस मिलने की अभी उम्मीद नहीं करनी चाहिए थी। हालांकि इन सब बातों का ज्यादा प्रभाव नहीं पड़ता था, क्योंकि वह उसे चुकाने में असमर्थ था और इस वजह से वह मुझसे अलग हो गया। किंतु दोस्ती के इस भार से मुक्त होने पर मैंने अपना ध्यान पैसा बचाने और बेहतर काम की ओर लगाया। पामर के काम को छोड़कर मैंने लिंकनस-इन-फील्ड्स नामक व्यक्ति के समीप वाट्स के कारखाने में काम करने का निर्णय लिया, जो एक बड़ा छापाखाना था।

अधिक वेतन की चाह में काम करने लगा। पामर का छापाखाना मेरे घर के पास ही था। पैदल चलने से थोड़ा व्यायाम भी हो जाता था। वहां अमेरिका की भांति रचना संघटित करने या छापने का काम भी नहीं करना पड़ता था। किंतु पामर के छापेखाने में मैं केवल रचना संघटित करने का काम ही करता था, इसलिए शारीरिक परिश्रम न होने और मानसिक श्रम ज्यादा होने से मेरा स्वास्थ्य बिगड़ने लगा। इसी कारणवश मैंने उबोट के यहां छापने का काम कर लिया। मैं पानी के अलावा कोई पेय-पदार्थ नहीं लेता था, जबकि अन्य 50 कर्मचारी बीयर बहुत पीते थे, इसलिए वे मेरी हंसी उड़ाते थे। परंतु मुझमें उनकी अपेक्षा ज्यादा बल था। कभी-कभी मैं एक-एक हाथ में पूरा एक-एक टाइप्स लेकर सीढ़ियों से ऊपर चढ़ता और उतरता, जबकि बीयर पीने वाले दोनों हाथों से केवल एक ही टाइप ले जा पाते थे। बिना बीयर पिये ही मुझमें इतनी ताकत और मजबूती कैसे आई, इस बात पर उनके साथ-साथ

मैं भी हैरान था। वे सब मुझे 'वॉटर-अमेरिकन' बुलाते थे। छापने के काम पर जो मेरा साथी था, वह काम पर आने से (नाश्ते से) पहले आधा सेर बीयर पीता और आधा सेर नाश्ते में ब्रेड व चीज़ के साथ, इसके बाद आधा सेर दोपहर के भोजन में, आधा सेर छह बजे और आधा सेर शाम को काम खत्म करने के बाद। रात के खाने पर भी वह आधा सेर बीयर पी जाता। उसकी यह आदत मुझे अच्छी नहीं लगती थी, किंतु मेरे साथी के लिए यह जरूरी थी। वह कहा करता था कि-'काम फुर्ती से हो और परिश्रम करने की ताकत बढ़े, इसके लिए बीयर पीना अत्यंत फायदेमंद है।' मैंने उसे बहुत समझाया कि एक आने की शराब की अपेक्षा एक आने की रोटी में अधिक आटा आता है, इसलिए आधा सेर पानी के साथ एक आने की रोटी खाने से दो सेर शराब पीने की अपेक्षा अधिक बल बढ़ सकता है। किंतु उसने पीना नहीं छोड़ा। प्रत्येक शनिवार को शराब के लिए उसे चार-पांच शिलिंग खर्च करने पड़ते थे, किंतु मैं ऐसे खर्चे से बचा हुआ था। इसलिए ये बेचारे दुष्ट लोग हमेशा इसमें व्यर्थ खर्च करते थे।

कुछ सप्ताह पश्चात्, वाट्स ने मुझे कम्पोजिंग रूम में अक्षर जमाने के काम पर लगा दिया। नये आने वाले व्यक्ति को पान-सुपारी के लिए पांच शिलिंग लेने की प्रथा थी, इसलिए मुझसे भी पांच शिलिंग मांगे गए। चूंकि कारखाने में दाखिल होते समय मैंने दस्तूरी दी थी, इसलिए अब बदली के समय फिर से देना मुझे उचित नहीं लगा। कारखाने के मालिक वाट्स का भी ऐसा ही मानना था, इसलिए मैंने अक्षर जमाने वालों को दस्तूरी नहीं दी। तीन सप्ताह तक मैंने दस्तूरी नहीं दी। इस पर अक्षर जमाने वाले मुझे मंडली से बाहर निकालकर मेरा काम बिगाड़ने लगे। उन्होंने बार-बार मुझे इतना सताया। कभी सारा काम गड्मड् कर देते, कभी मेरे पृष्ठों को गलत जगह लगा देते तो कभी मैटर तोड़ देते... इन गतिविधियों को वे 'चैपल घोस्ट' (छापेखाने का भूत) कहते थे। जिनके साथ हमेशा रहना है उनके साथ मन-मुटाव करना भूल है, यह मैं जान चुका था। इसलिए अंत में मैंने, दस्तूरी चुका दी, जिससे परस्पर पनपा मनमुटाव दूर हो गया और मेरी उन सबसे मित्रता हो गई।

अब उनके साथ मेरे अच्छे संबंध बन गए। मेरी बुद्धिमानी और चतुराई का उन पर गहरा प्रभाव पड़ा। मेरी बातों और सलाह के कारण वे मुझे विशेष महत्त्व देने लगे तथा मेरे सुझावों का पालन होने लगा। मैंने उनके चैपल[4]

4 **'किसी प्रिंटिंग हाउस को कर्मचारियों द्वारा चैपल कहा जाता रहा है, जिसकी उत्पत्ति इस बात से हुई कि सबसे पहले इंग्लैंड में किसी चैपल को एक छापेखाने में बदलकर प्रिंटिंग की शुरुआत हुई और यह नाम परंपरा बन गया। मुद्रकों के बीच प्रवेश करने**

लॉ (छापेखाने के कानून) में बदलाव हेतु कई सकारण सुझाव दिए। जैसे कि उन्हें भरोसा दिलाया कि बीयर की शराब पीने की अपेक्षा पानी और जौ का दलिया पीना अच्छा है। डेढ़ आने में आधा सेर बीयर मिलती थी और इतने ही पैसों में पास की दुकान से मक्खन और रोटियों के टुकड़े डालकर लोटा भर गरम रबड़ी मिलती थी। सस्ते और ज्यादा स्वास्थ्यवर्धक नाश्ते से मन-मस्तिष्क अच्छा काम करता। जो लोग दिन भर बीयर पीकर मदहोश पड़े रहते थे, वे प्राय: उधार लेकर भी पीते थे और मुझे बीयर दिलाने को कहते। मैंने शनिवार रात को पे-टेबल देखी और देखा कि मैं उनके लिए क्या कर सकता हूं। उन्हें भी मेरी सलाह पसंद आई। अत: मेरे कई साथी भी बीयर का नाश्ता छोड़कर मेरी तरह ही रबड़ी पीने लगे। इससे पेट भर जाता, पैसे भी बचते और दिमाग भी अच्छा काम करता। जिन्होंने शराब पीकर बदमाशी जारी रखी, उनके पैसों का सदुपयोग न हो पाया। इतना ही नहीं कई अवसरों पर उन्हें कोई मान-सम्मान नहीं देता था। इसके पश्चात् मैंने छापेखाने के नियमों में भी कुछ बदलाव कराया। अक्षर जाने में मेरी फुर्ती और कार्यालय में नियमित तरीके से सही समय पर आने के कारण मेरा मालिक मुझसे बहुत खुश रहता था और मेरी हर बात सबसे अधिक मानता था। वह प्राय: मुझे ऐसे काम सौंपता, जिसमें मुझे सबसे ज्यादा मजदूरी मिले। अथक परिश्रम और सादगी से रहने के कारण जल्द ही मेरे पास काफी पैसा इकट्ठा होता चला गया और इस तरह बिना किसी बाधा के मेरा काम कई महीनों तक चलता रहा।

लिटिल ब्रिटेन में मेरा घर काफी सूदूरवर्ती इलाके में था, इसलिए मैंने ड्यूक स्ट्रीट पर रोमिश चैपल के सामने मकान ले लिया। इसमें इटली के एक गोदाम में पीछे की ओर दो-दो सीढ़ियां थीं। एक विधवा स्त्री घर को देखती थी। उसके साथ उसकी बेटी और एक नौकरानी रहती थी। गोदाम को ठीक-ठाक करने वाला एक दिहाड़ी-मजदूर बाहर कहीं रहता था। उस महिला ने मेरे पिछले घर से मेरे बारे में पता लगाया और संतुष्ट होने पर प्रति सप्ताह साढ़े तीन शिलिंग की उसी दर पर मुझे किराये पर मकान दे दिया, जिसे वह सस्ता मानती थी। वास्तव में किसी पुरुष के घर में होने से घर की सुरक्षा

और मशीनों में काम करने से पहले दस्तूरी चुकाने की परंपरा थी। इसलिए कारीगर को प्रिंटिंग हाउस में प्रवेश करने पर चैपल मंगल हेतु एक या अधिक गैलन बीयर चुकाना पड़ता था। लेकिन 30 वर्षों पहले इस परंपरा का पालन बंद हो गया था और यह पूरे अमेरिका में पूरी तरह नामंजूर कर दी गई।'

-डब्ल्यू टी एफ.

रहेगी, यही सोचकर उसने मुझे किरायेदार रखा था। वह वृद्धा-विधवा प्रोटेस्टेंट माहौल में पली-बढ़ी थी और एक पादरी की बेटी थी, किंतु उसके पति ने उसे धर्म परिवर्तन कर कैथलिक बना दिया था, जिसकी यादों को उसने आज भी सहेज कर रखा था। वह कुछ खास श्रेष्ठ लोगों के बीच रही थी और उसे चार्ल्स द्वितीय के शासन-काल तक के हजारों किस्से आज भी याद हैं। घुटनों में गठिया की बीमारी के कारण वह घर से बहुत ही कम निकला करती थी, इसलिए उसे कभी-कभी किसी साथी की जरूरत थी। मेरा घर में आना उसे बहुत अच्छा लगता था और मेरा भी जी बहल जाता था। कई बार वह मुझे अपने घर पर ही भोजन कराती और भांति-भांति की कहानियां सुनाती। मैं भी उसके निमंत्रण पर प्रायः शाम को उसके घर चला जाता था। खाने में वह सादी, किंतु स्वादिष्ट चीजें तैयार करती थी। रात के खाने में हम दोनों मक्खन लगी रोटी और आधा सेर जौ की बनी बीयर लेते थे, किंतु किस्से केवल उसके ही होते थे। इससे मुझे बड़ा आनन्द मिलता था और उसे भी कोई परेशानी नहीं होती थी। वह मुझे जाने नहीं देना चाहती थी, इसलिए जब मैंने उसे अपने कार्यस्थल के निकट प्रति सप्ताह दो शिलिंग के दर पर किराये पर मकान मिलने की बात बताई तो मेरे व्यवहार से प्रसन्न उस वृद्धा ने कहा कि 'ऐसा सोचना भी नहीं। बेटा! तुम मुझे चाहे डेढ़ शिलिंग ही दे देना, लेकिन मेरा घर मत छोड़ना।' इस तरह से मैंने प्रति सप्ताह दो शिलिंग की बचत यहां भी निकाल ली और जब तक लंदन न छोड़ा, डेढ़ शिलिंग प्रति सप्ताह के किराये वाले उसी मकान में रहा।

उस वृद्धा के घर की अटारी (दुछत्ती) पर एकांत में एक 70 वर्षीया अविवाहित महिला रहती थी, जो रोमन कैथालिक थी। युवावस्था में उसे नन बनने के लिए बाहर भेजा गया था और वह वहां नन बनने की अभिलाषा से एक ननरी (ननों के रहने का भवन) में रही। किंतु वह देश उसके नन बनने के पक्ष में नहीं था, इसलिए वह इंग्लैंड लौट आई, जहां कोई ननरी नहीं थी, किंतु वह तो नन बनने को दृढ़संकल्प थी, इसलिए उसने अपनी सारी संपत्ति कल्यार्थ दान कर दी और अपने लिए केवल वर्ष में 12 पाउंड ही रखे और उसका भी एक बड़ा भाग वह कल्याणकारी एवं धर्मार्थ कार्यों में दे देती। किंतु वह कई वर्षों से पानी और दलिया पर जीवित है और उसे उबालने के लिए कभी आग का प्रयोग भी नहीं किया। उसने इस अटारी में कई साल गुजारे। नीचे के घर में रहने आने वाले कैथलिक किरायेदारों ने उसे वहां धर्मार्थ भावना से रहने दिया, क्योंकि उसके वहां रहने को उन्होंने ईश्वर की कृपा माना। एक पादरी उसे कन्फेस (दोष स्वीकार) कराने के लिए रोज वहां आता रहा। मेरी मकान मालकिन ने कहा-'मैंने उससे पूछा कि जैसे

वह रहती है, वैसे एक कन्फेसर के लिए इतना काम कर पाना कैसे संभव हो सकता है।' तब वह बोली-'ओह! निरर्थक विचारों को अनदेखा करना असंभव होता है।' मुझे एक बार उससे मिलने का अवसर मिला, वह बहुत ही खुशमिजाज, विनीत और बातचीत करने वाली महिला लगी। उसका कमरा एकदम साफ-सुथरा था, फर्नीचर के नाम पर एक गलीचा, एक टेबल पर क्रू और किताब तथा एक स्टूल था, जो उसने मुझे बैठने को दिया था। चिमनी के ऊपर ईसा के रक्तरंजित चेहरे वाली चमत्कारी चित्र को दर्शाते रूमाल को पकड़े सेंट वेरोनिका की तस्वीर थी, जिसके बारे में उन्होंने गंभीरता से मुझे बताया। वह वृद्धा पीली पड़ चुकी थी, किंतु कभी बीमार नहीं पड़ी और इससे मैंने एक अन्य प्रसंग को जाना, कि कितनी कम आय में भी जीवन और स्वास्थ्य को बनाए रखा जा सकता है।

वाट्स के छापेखाने में मेरे साथियों में वाईगेट नाम का व्यक्ति भी था (जो आगे चलकर फिलाडेल्फिया में मेरे धंधे में हिस्सेदार बना)। वह एक युवा और बुद्धिमान व्यक्ति था। उसके अभिभावक धनसंपन्न थे, इसलिए उसने अन्य मुद्रकों से बेहतर शिक्षा पाई थी। वह लैटिन, फ्रेंच भाषाओं का जानकार था और उसे पढ़ने-लिखने का शौक था। उसे और उसके एक मित्र को मैंने केवल दो दिन में ही नदी में तैरना सीखा दिया और वे अच्छे तैराक बन गए। उन्होंने देश के कुछ भद्रजनों से मेरा परिचय कराया, जो कॉलेज और डॉन सैल्टरों की अद्‌भुत चीजों को देखने के लिए नदी मार्ग से चेल्सी जा रहे थे। वहां से लौटते समय वाईगेट के कहने पर सब मेरी तैराकी देखने की इच्छा करने लगे। मुझे तो बचपन से ही तैरने का शौक था। मैं शीघ्र ही कपड़े उतारकर पानी में कूद पड़ा और तैरने की जितनी कलाएं आती थीं, उनको बताते हुए चेल्सी से ब्लैकफ्रायर (चार मील) तक पानी के भीतर व ऊपर बराबर तैरता चला गया। यह देख सभी दंग रह गए।

मुझे बचपन से ही तैरने का शौक था और मैंने थेवेनॉट की सभी कलाओं को पढ़ा, जाना-समझा और उन्हें अपनी सुविधानुसार उपयोगी एवं सरल बनाया। अवसर मिलने पर मैंने अपने मित्र मंडल के सामने इनका प्रदर्शन किया तो वे लोग हतप्रभ रह गए। दिन-प्रतिदिन वाईगेट का मेरे प्रति स्नेह बढ़ने लगा, वह स्वयं भी इसमें पारंगत होना चाहता था। कुछ समय पश्चात् उसने मेरे सामने यूरोप यात्रा का प्रस्ताव रखा, जिससे अपने व्यवसाय के द्वारा हर जगह अपनी मदद की जा सके। पहले-पहले मुझे उसका यह विचार ठीक लगा, किंतु जब मैंने इस विषय पर अपने एक अच्छे मित्र डेनहम की राय ली तो मुझे अपनी राय बदलनी पड़ी। डेनहम ने मुझे सलाह दी कि अब जैसे भी बने, मुझे वैसे ही पेंसिलवेनिया चले जाना चाहिए।

डेनहम बड़ा ही ईमानदार और व्यवहार कुशल व्यक्ति था। पहले वह ब्रिस्टल में व्यापार करता था, किंतु व्यापार मंदा पड़ने पर जब वह कई लोगों का कर्जदार बन गया, तो व्यापार समेटकर अमेरिका चला गया और वहां जाकर खूब पैसा कमाया। वहां से वह मेरे साथ समुद्री जहाज से वापिस आया और घर आकर उसने अपने सभी पुराने ऋणदाताओं को प्रीतिभोज पर आमंत्रित किया और उन्हें आभार प्रकट किया, क्योंकि जिस समय उसका दिवाला निकल गया था, तब इन्हीं सब ऋणदाताओं ने उसके साथ बहुत रियायत की थी। भोजन आरंभ होने से पहले उसने सभी ऋणदाताओं का बहुत-बहुत आभार जताया। भोजन सामग्री समाप्त हो जाने पर जब परोसी हुई थालियां उठाई गई, तो प्रत्येक के नीचे उन लेनदारों का शेष रुपया और ब्याज की हुण्डी रखी हुई मिली। उन्होंने ऐसा सोचा भी न था, इसलिए उसकी ईमानदारी और व्यवहार कुशलता पर वे बड़े आश्चर्यचकित हुए।

अब उसने मुझे बताया कि वह फिलाडेल्फिया लौटने वाला है और वहां एक दुकान खोलने के लिए यहां से काफी सारा सामान ले जाएगा। उसने मुझे वहां बतौर क्लर्क (मुनीम) और उसकी हिसाब-किताब की बहियों को सम्भालने का प्रस्ताव दिया, जिसमें वह मुझे निर्देश देगा, पत्रों के नकल करने की तथा स्टोर देखने की। इस जगह का वार्षिक वेतन 50 पाउंड था और छपाई के काम में मैं इससे अधिक कमा सकता था, किंतु डेनहम ने मुझे वचन दिया था कि व्यापारिक काम में जानकारी हासिल कर लेने के बाद वह मुझे माल लेकर वेस्टइंडीज भेजेगा और वहां के व्यापारियों से फायदा मिलने पर मुझे दलाली(कमीशन) भी देगा।। मैं भी लंदन में रहते हुए ऊब गया था, इसलिए मुझे पेंसिलवेनिया में बिताए गए वे खुशहाल महीने याद आ गए और कामना की कि वे दोबारा लौट आएं। इसलिए मैं तुरंत 50 पाउंड वार्षिक वेतन (पेंसिलवेनिया मुद्रा) पर काम करने को राजी हो गया, क्योंकि इसमें मैं बेहतर संभावनाएं देख रहा था।

अब जैसा सोचा था, मैंने वैसे ही अपने प्रिंटिंग के व्यवसाय से हमेशा के लिए छुट्टी ली और अपने नए काम धंधे को तैयार हो गया। मैं मि. डेनहम के साथ अनेक चीजें खरीदने, उन्हें पेटियों में भरने, पत्र लिखने, पेटियों को मजदूरों से जहाज में लदवाने आदि का काम करने जा रहा था। जब हम जहाज पर थे, तो मुझे कुछ दिन मौज-मस्ती करने का मौका मिल गया। इसी समय जब मुझे एक दिन सर विलियम विनधाम नामक एक प्रख्यात व्यक्ति ने अपने घर बुलाया तो मेरे आश्चर्य का ठिकाना न रहा। उसे किसी तरह से मेरी तैरने की कला, चेल्सी से ब्लैकफ्रायर तक तैरने की तथा वाईग्रेट व अन्य युवकों को मात्र दो घंटों में तैरना सिखाने की बात पता चली थी। यह

बात मुझे स्वयं उन्होंने बताई। दरअसल विलियम के नों पुत्र यात्रा पर कहीं बाहर जाने वाले थे। इस कारण उसकी इच्छा थी कि उन्हें जाने से पहले तैरना सिखा दिया जाए। उसने मुझसे कहा कि यदि मैं उन्हें तैरना सिखा दूं, तो बदले में वह मुझे समुचित पारिश्रमिक देगा। किंतु वे लड़के अभी लंदन में नहीं थे और मेरे चलने का दिन भी बहुत ही करीब था, इस कारण खेद सहित मैंने उन्हें इंकार कर दिया। इस घटना से मैंने सोचा कि यदि डेनहम के यहां नौकरी स्वीकार करने से पहले यह घटना घटती, तो मैं अमेरिका जाने का विचार छोड़ देता और कदाचित, इंग्लैंड में रहकर ही तैराकी सिखाने की शाला खोल लेता और मैं खूब पैसा कमाता। यह विचार भी मुझे बड़ा भाया। कई वर्षों के उपरांत, मुझे और तुम्हें सर विलियम विनधाम के एक बेटे से महत्त्वपूर्ण वास्ता पड़ने वाला था, जो एग्रेमोंट का अर्ल बना, जिसका उल्लेख मैं समय आने पर करूंगा।

इस तरह से मैं लंदन में 18 महीने रहा, जिसमें अधिकांश समय मैंने नौकरी में कठिन परिश्रम करने में बिताया और नाटक देखने एवं पुस्तकें खरीदने में कुछ रुपये ही खर्च किए। अपने ऊपर ज्यादा खर्च नहीं किया। अपनी बचत में से मैं 27 पाउंड राल्फ को दे चुका था लेकिन उनके वापिस मिलने की कोई आशा नहीं थी, उसने मुझे निर्धन बना दिया था। वह मेरी छोटी-सी बचत का बड़ा भाग था, तो भी रॉल्फ के कई गुणों के कारण मैं उसे चाहता था। लंदन में रहकर यद्यपि मेरी आर्थिक हालत नहीं सुधरी थी, इतना अवश्य हुआ कि अच्छी-अच्छी पुस्तकें देखने-पढ़ने को मिली, कई लोगों से परिचय हुआ। छपाई के काम में भी अधिक जानकारी प्राप्त हुई। लंदन में मिले ये लाभ आगे चलकर मेरे लिए काफी उपयोगी सिद्ध हुए।

'दी वर्कशायर' नामक जहाज से फिलाडेल्फिया जाने के लिए मैंने टिकट लिया। यह जहाज ग्रेवसैंड बंदरगाह पर 21 जुलाई, 1726 को आया था और दो दिन तक लंगर डालने के बाद 23 जुलाई, 1726 को फिर से चल दिया। मुसाफिरी में प्रतिदिन की बातों और खास-खास चीजों के बारे में तुम रोजनामचा (जर्नल) देखना, जहां मैंने सभी बातों का जिक्र किया है। रोजनामचे का सर्वाधिक महत्त्वपूर्ण अंश संभवतः, मेरे जीवन की भावी योजना[5] थी, जो मैंने यात्रा में ही बनाई थी। यह अत्यंत महत्त्वपूर्ण इसलिए है, क्योंकि यह मैंने युवावस्था में बनाई थी और आज भी, वृद्धावस्था में इसका सफलतापूर्वक पालन कर रहा हूं।

---

5 **यह 'जर्नल' पढ़ने के लिए उपलब्ध एक प्रति से, 1787 में स्पार्क द्वारा छापा गया था किंतु इसमें 'योजना' नहीं थी-संपादक**

82 दिनों की लंबी यात्रा के पश्चात्, 'वर्कशायर जहाज'11 अक्तूबर, 1726 की रात 8:00 बजे फिलाडेल्फिया से छह मील दूर डेलवेयर नदी में आ पहुंचा। डोंगी में सैर पर निकले कुछ युवकों ने जहाज पर आकर मुझसे मुलाकत की और अपने साथ फिलाडेल्फिया ले गए। हम रात को 10:00 बजे वहां पहुंचे। मेरी अनुपस्थिति के दौरान यहां फिलाडेल्फिया में काफी कुछ बदल गया था। सर विलियम कीथ अब गवर्नर नहीं रहा था, मेजर गॉर्डान गवर्नर बन गया था। कीथ मुझे आम आदमी की भांति सड़क पर चलते हुए मिला, किंतु अपने किए व्यवहार पर वह बहुत शर्मिन्दा था, इसलिए चुपचाप निकल गया। मैंने मि. रीड की पुत्री रेबेका को, लंदन से रवाना होने से पहले एक पत्र लिखकर बताया था कि -'तुम्हारे प्रेमार्पण के कारण मैं फिर लंदन से फिलाडेल्फिया वापिस आ रहा हूं।' इससे पहले मैंने कोई पत्र नहीं लिखा था, इस कारण रेबेका को मेरे वापिस आने की कोई आशा नहीं थी। उसे मेरे जीवित होने पर भी संदेह था, इस कारण से अपने संबंधियों के विशेष आग्रह पर उसने एक दूसरे युवक रोजर्स से विवाह कर लिया। वह एक कुशल कुम्हार था और इस कारण मिस रीड की मां को इस विवाह पर कोई आपत्ति नहीं थी। हालांकि वह कभी सुखी नहीं रही और बहुत जल्द ही वे दोनों अलग हो गए। कहा जाता है कि उसके साथ धोखा हुआ था, रोजर्स पहले से ही शादीशुदा था। कुछ समय बिताकर अपने पिता के घर लौट आई और अविवाहिता की भांति अपना असली नाम 'रेबेका रीड' धारण कर अपने दुखमय जीवन को किसी प्रकार बिताने लगी। उसका पति कुशल कारीगर था, किंतु निकम्मा आदमी था। कर्ज में डूबकर दीवालिया होने पर वह 1727 या 1728 में वेस्टइंडीज भाग गया और वहीं उसकी मृत्यु हो गई। मेरी लापरवाही के कारण रेबेका को काफी दुखी होना पड़ा था, इस बात का ध्यान आते ही मेरा दिल भर आया। कीमर अच्छे घर में रहने लगा था; उसकी दुकान कागज और नए टाइप से भरी थी, कई लोग उसके यहां काम करते थे। हालांकि कुछ खास नहीं था, तो भी उसका धंधा अच्छा चल पड़ा लगता था। उसका कारोबार काफी बढ़ गया था।

मि. डेनहम ने फिलाडेल्फिया आने के बाद वाटर-स्ट्रीट पर एक दुकान किराये पर लेकर उसमें लंदन से माल मंगवाकर रखा। मेरे लिए मुनीमगिरी यानी क्लर्की का काम थोड़ा नया था, लेकिन मैंने इसमें काफी परिश्रम किया और थोड़े ही दिनों में हिसाब-किताब रखने और माल बेचने में काफी प्रवीणता हासिल कर ली। हम दोनों में अच्छी पटती थी। दोनों खूब हिलमिल गए और परस्पर स्नेहपूर्वक साथ-साथ रहने लगे। हमारा रहन-सहन ऐसा मालूम होने लगा मानो हम एक ही परिवार के हैं। उसने मुझे पिता की भांति सिखाया और

मैंने भी उसे यथोचित सम्मान दिया। मेरा मन डेनहम और उसके रोजगार में ऐसा रम गया कि कोई दूसरा रोजगार करना या किसी दूसरे की नौकरी करना मुझे अब बिलकुल पसंद नहीं था। इसके अतिरिक्त डेनहम अब मुझे अपने रोजगार का हिस्सेदार बनाकर हमारा कारोबार मेरे ही विश्वास पर छोड़ने वाला था, इससे भी मुझे संतोष था, किंतु यह धारणा स्थायी नहीं रही। दुकान खोलने के चार महीने बाद ही, फरवरी 1727 ई. के आरंभ में मैंने 21 वर्ष पूरे किए और इसके बाद हम दोनों एक साथ बीमार पड़ गए। मुझे क्षय रोग हो गया। बीमारी यहां तक बढ़ी कि मैं मरते-मरते बचा। एक बार तो मैंने अपने बचने की उम्मीद ही छोड़ दी थी, किंतु जब स्वयं को ठीक होता पाया तो कुछ हद तक यह खेद भी हुआ कि मुझे कभी-न-कभी तो यह अरुचिकर काम दोबारा से करना पड़ेगा। डेनहम लंबे समय तक बीमार रहा और बहुत दुःख उठाकर मर गया। मेरे प्रति दयाभाव दिखाकर वह अपने पीछे एक वसीयतनामा लिख गया था। डेनहम की मृत्यु के पश्चात् उसके कार्यकारियों ने दुकान पर अपना अधिकार जमा लिया। उनका इरादा सारा माल नीलाम कर दुकान बंद करने का था और मुझे समझ में आ गया कि अब मेरी नौकरी छिन जाएगी। इसलिए अब मैं विचार करने लगा कि मुझे क्या करना चाहिए। किसी भी दुकान पर मुझे क्लर्की का काम नहीं मिला।

मेरा बहनोई कैप्टन होम्स उन दिनों फिलाडेल्फिया आया हुआ था। उसने मुझे फिर से अपना पुराना छपाई का काम करने की सलाह दी। इसी समय कीमर ने भी मुझे बड़ी तनख्वाह का लालच देकर अपने यहां रखना चाहा, जिससे कि मैं उसका छापाखाना संभाल सकूं और वह अपनी कागजी(स्टेशनर) की दुकान संभाल लें। कीमर पहले लंदन में रहता था। उसकी पत्नी अब भी अपने दोस्तों के साथ वहीं रहती थी। मैंने उसकी पत्नी और उसके दोस्तों के बारे में काफी बुरी-बुरी बातें सुनी थी, इसलिए उसके यहां नौकरी करने की मेरी बिलकुल इच्छा नहीं थी, किंतु कोई दूसरा उपाय न देख मैंने कीमर के छापेखाने में ही नौकरी कर ली और वह मेरी देख-रेख में छापाखाना छोड़कर कागजी की दुकान संभालने लगा। मुझे मैनेजर की भांति रखने से पहले कीमर ने थोड़ी-थोड़ी तनख्वाह पर पांच नये लोगों को नौकरी पर रखा था, किंतु कोई भी छापेखाने में निपुण न था, इसलिए उन्हें सिखाने का काम मुझे सौंपा गया था। आयरलैंड निवासी जॉन झगड़ालू प्रवृत्ति का था और कीमर द्वारा एक जहाज के मालिक से उसे चार वर्ष के लिए प्रेसमैन के काम के लिए मोल लिया गया था, किंतु मोल लेने के कुछ समय बाद ही वह चुपचाप भाग गया। दूसरा वेल्स पेंसिलवेनिया वासी 30 वर्ष का ह्यूज मेरेडिथ भला, ईमानदार, अनुभवी ग्रामीण युवक था। सूझ-बूझ रखने वाला यह युवक पढ़ने

का शौकीन भी था, किंतु उसे शराब की बुरी लत लग गई थी और छापेखाने के काम में भी उसकी रुचि नहीं रही थी। तीसरे का नाम स्टीफन पोट्स था। वह अधेड़ उम्र का एक ग्रामीण था और बहुत बड़ा मसखरा भी। काम करने वाला भी था। इन्हें प्रति सप्ताह अत्यंत कम तनख्वाह पर रखा था, जो व्यवसाय में बढ़ोतरी करके त्रैमासिक में एक शिलिंग तक बढ़ सकती थी। मेरेडिथ को छपाई (प्रेस) पर काम करना था, पोट्स को बुक-बाइंडिंग पर, जिसे कराररनामे के अनुसार उसे यह काम सिखना था। जॉर्ज वेब ऑक्सफोर्ड से शिक्षा प्राप्त था। खर्च न होने से कपोजिटर बनने के लिए चार वर्ष की नौकरी का प्रतिज्ञापत्र लिखकर लंदन से टिकट लेकर अमेरिका आया था। जहाज के कप्तान के पास से कीमर ने उसकी नौकरी की अवधि मोल ले ली थी। अच्छे स्वभाव का होने पर भी वह थोड़ा आलसी व अविचारी भी था। पांचवां डेविड हैरी नाम का लड़का कीमर ने शिष्य की भांति रखा हुआ था।

मैंने बहुत जल्द ही जान लिया कि कीमर द्वारा दूसरों को ज्यादा वेतन न देने की प्रवृत्ति के विरुद्ध, मुझे इतना ज्यादा वेतन देने का तात्पर्य इन अकुशल लोगों को दक्ष बनाना है। मुझसे काम सीखते हुए कीमर के ये नौकर मुझसे काफी हिलमिल गये। चूंकि कीमर उनको कुछ नहीं सिखा सकता था, इसलिए वे उसे कुछ नहीं समझते थे। किंतु मैं दिन-प्रतिदिन उन्हें नई-नई बातें सिखाने लगा, इसलिए वे मेरे साथ आदर और विवेकशील व्यवहार करने लगे। वह (कीमर) मेरे बिना भी काम चलाता रहे, मेरा यही उद्‌देश्य था। मैं बड़ी खुशी से अपना काम करता रहा और उसके छापेखाने को व्यवस्थित बना दिया कि उसके कारीगर बिना किसी भ्रम के अपना-अपना काम बेहतर ढंग से कर सकें।

ऑक्सफोर्ड से पढ़े किसी व्यक्ति को एक खरीदे हुए नौकर के रूप में देखना मुझे बड़ी अजीब बात लगी। वह 18 साल से ज्यादा का नहीं था। उसने मुझे अपने बारे में बताया कि उसका जन्म ग्लूसेस्टर में हुआ और वहीं के ग्रामर स्कूल (व्याकरण शाला) में शिक्षा पाई, वह एक अच्छा अभिनेता था और वहां के विट्टी क्लब का सदस्य भी था तथा उत्कृष्ट अदाकारी के लिए उसकी गिनती श्रेष्ठ कलाकारों में की जाती थी। उसने कई पद्य एवं कविताएं भी लिखी, जो ग्लूसेस्टर पत्रों में छपीं। उसके पश्चात् उसे ऑक्सफोर्ड भेजा गया, जहां वह एक वर्ष तक रहा, किंतु पूरी तरह संतुष्ट नहीं था। वह लंदन जाकर प्लेयर (अभिनेता) बनने का इच्छुक था। कुछ समय बाद उसे 15 गिन्नियां (21 शिलिंग का एक सोने का सिक्का = 1 गिन्नी)) तिमाही भत्ते के रूप में मिलने लगी, किंतु अपना ऋण उतारने की बजाय वह छिपकर लंदन भाग गया। जहां उसका कोई शुभचिंतक भी नहीं था, इसलिए वह बुरी संगत में पड़ गया और बहुत जल्द ही उसकी सारी गिन्नियां खर्च हो गईं।

अब उसके पास खुद को प्लेयर्स के बीच ले जाने का कोई साधन नहीं बचा था। वह दरिद्र हो गया, उसने अपना सबकुछ गिरवी रख दिया और भूख से बेहाल सड़क पर चलता रहा। वह उलझन में था कि अपने लिए क्या करें कि उसे अमेरिका में काम करने का एक प्रस्ताव मिला। खर्च न होने से उसने बिना सोचे-विचारे चार वर्ष के लिए नौकरी करने का प्रतिज्ञापत्र लिखकर वह लंदन से अमेरिका आया था। उसने अपने मित्रों को कभी नहीं बताया कि वह क्या बन गया था। वह उत्साही, समझदार, सद्व्यवहार वाला हंसमुख, किंतु निकम्मा, आलसी, असावधान एवं अव्वल दर्जे का अविवेकी इंसान था।

शनिवार को कीमर का सीबथ (सप्ताह का सातवां दिन, जिसमें धार्मिक विश्राम लिया जाता है) होता था, इसलिए हम इस दिन कभी काम नहीं करते थे और मुझे पढ़ने के लिए दो दिन मिल जाते थे। शहर के प्रवीण लोगों से मेरी जान-पहचान बढ़ती गई। कीमर भी मेरे साथ अत्यंत शालीनता और आदर भाव से पेश आता था और ऐसे में वर्नोन के ऋण के अलावा मुझे और किसी बात की चिंता नहीं थी, जिसे मैं अब भी चुकाने में अक्षम था, हालांकि उसने अब तक उसकी मांग नहीं की थी।

छापेखाने में नये टाइप की बार-बार आवश्यकता होती थी, किंतु अमेरिका में टाइप ढालने वाला कोई भी न होने से काफी असुविधा होती थी। मैंने टाइप ढालने का काम लंदन में जेम्स के छापेखाने में देखा था। इसलिए जैसे-तैसे करके कामचलाऊ टाइप मैं बना लेता था। सांचा ढालता, ठप्पा लगाने के औजार के रूप में अक्षरों का उपयोग करता, सांचे (मैट्रिक्स) को मुद्रण पंक्तियों के बीच में सीसे की पत्तियों के बीच में फंसाता और अशुद्धियों को दूर करता। स्याही भी बना लेता और पुस्तकों की बाइंडिंग भी करता। सारांश यह है कि कीमर के कारखाने का कर्त्ता-धर्त्ता मैं ही था।

यद्यपि मैं काफी काम का था, परंतु मैंने पाया कि जैसे-जैसे कीमर के नौकर लोग होशियार होते गए, वैसे-वैसे कीमर का मेरे प्रति स्नेहभाव कम होता गया। जब छह महीने पूरे होने पर कीमर ने मुझे वेतन देते हुए युक्तिपूर्वक कहा कि 'तुम्हारी तनख्वाह मुझे अखरती है, क्योंकि वह बहुत ज्यादा लगती है। अतः अगले महीने से मुझे तुम्हारे वेतन में कुछ कमी करनी पड़ेगी।' इस प्रकार कीमर हर बात में कुछ-न-कुछ दोष निकालकर मुझे दबाने और अपना अधिकाधिक प्रभुत्व जमाने की चेष्टा करने लगा। किसी समय मुझसे कोई भूल हो जाती, तब वह मेरा अपमान किए बिना न रहता, जैसा मन में आता मुझे फटकार देता। किंतु मैं धैर्यपूर्वक उसकी सभी बातों को सहन करता रहा। मैं जानता था कि कीमर पर लोगों का बहुत सा ऋण है और इसी लेन-देन की चिंता के कारण उसका स्वभाव कुछ क्रोधी और चिड़चिड़ा होता जा रहा

है, फिर भी लगभग छह महीने बाद मुझे कीमर से अपने संबंध तोड़ने पड़े। एक दिन कारखाने के नीचे कुछ शोरगुल हो रहा था। यह जानने के लिए कि क्या हो रहा है, मैंने अपना खिड़की से चेहरा बाहर निकाला। आसपास के पड़ोसी लोग वहां इकट्ठे हो गए। संयोग से कीमर भी वहां आ पहुंचा और मुझे खिड़की से बाहर झांकते देखकर सोचा कि मुझे निकालने का यह एक अच्छा बहाना है। उसने नीचे से ही मुझे डांटना-फटकारना शुरू कर दिया और कुछ ऐसे अनुचित शब्द कहे, जिसे कोई भी स्वाभिमानी व्यक्ति सहन नहीं कर सकता। इसके बाद वह छापेखाने में आया और वहां भी मुझे बुरी तरह डांटा। मुझे दोष बताया कि मैं अपनी ड्यूटी पर से कैसे और क्यों हटा? यद्यपि कीमर यह न जानता था कि उसका छापाखाना मेरे कारण ही चल रहा है। अंत में जब बात बहुत बढ़ गई, और मैं भी कीमर के शब्दों को सहन न कर सका तो मैंने भी उसे कुछ कड़े शब्द कह दिए। अंत में कीमर ने मेरे साथ किए इकरार के मुताबिक मुझे तीन महीने का नोटिस देकर कहा कि-'मुझे अब तुम्हारी जरूरत नहीं है। यदि तीन महीने का नोटिस देने की तुम्हारी मेरी शर्त न हुई होती, तो इस समय मैं तुम्हारा मुंह ज्यादा समय तक देखना पसंद न करता।' इस पर मैंने भी क्रोधावेश में कह दिया कि–'अब तुम्हें ज्यादा बोलने की जरूरत नहीं है।' इतना कहकर मेरेडिथ से यह कहता हुआ मैं उसी समय अपनी टोपी लेकर छापेखाने से निकल गया कि–'यदि मेरी कोई चीज यहां रह गई हो तो शाम को घर आते समय लेते आना।'

घर जाकर कुछ शांत होकर विचार करने लगा कि अब क्या करना चाहिए। घर छोड़े चार वर्ष हो चुके थे, किंतु अभी तक कुछ भी रुपया इकट्ठा नहीं हो पाया था और न ही काम के लिए ही कोई ठिकाना मिला था। कुछ बचता भी हो तो वह भी खर्च हो जाता था, ऐसी स्थिति में मैंने बोस्टन जाने का फैसला किया। इसी समय मेरेडिथ शाम को मेरे घर आया। उसने मुझे बोस्टन न जाने की सलाह दी और कहा कि–'कीमर पर बहुत लोगों का ऋण हो गया है और वे सब उस बहुत तकाजा कर रहे हैं। फिर उसमें काम करने की शक्ति भी नहीं है। नकद दाम मिलने पर बिना मुनाफे के माल बेच देता है और उधार बेचता है उसका हिसाब नहीं रखता। इस कारण मुझे ऐसा जान पड़ता है कि थोड़े ही दिनों में यह भाग जाएगा और इस प्रकार किसी नए साहसी व्यक्ति के लिए जगह बन जाएगी।'

मैंने आपत्ति की कि-'यह तो ठीक है। लेकिन मेरे पास पैसा कहां है, जो मैं इसकी जगह की पूर्ति कर सकूं?' इस पर मेरेडिथ ने जवाब दिया कि–'मेरे पिता से कुछ दिन पहले मेरी बातचीत हुई थी। उससे मुझे ऐसा लगा कि तुम अपने किसी भी रोजगार में मुझ जैसे अयोग्य व्यक्ति का हिस्सा रखो तो मेरे

पिता निश्चित तौर पर अग्रिम धन दे देंगे।' उसने आगे कहा कि–'कीमर के साथ मेरी नौकरी का इकरार इसी बसंत ऋतु में पूरा हो जाएगा। उस समय तक लंदन से प्रेस और टाइप आ पहुंचेगा। मैं यह अच्छी तरह जानता हूं कि मैं कारीगर नहीं हूं। किंतु यदि तुम कहो तो मेरे पैसे और तुम्हारी कारीगरी से कोई साझे का रोजगार करें। लाभ में तुम्हारा-मेरा बराबर-बराबर का हिस्सा होगा।'

1727 ई. की शरद ऋतु में हुई यह बातचीत मुझे पसंद आई और मेरेडिथ के कहे अनुसार मैंने उसके साथ काम करना स्वीकार कर लिया। संयोग से मेरेडिथ का पिता इस समय फिलाडेल्फिया में था। हम दोनों ने उन्हें यह प्रस्ताव बताया, जिसे वह मान गए। मैंने समय-समय पर उपदेश देकर मेरेडिथ की शराब पीने की आदत बहुत हद तक कम करा दी थी और उसे पूरी तरह छुड़ाने के लिए मैं कुछ न कुछ प्रयत्न करता रहता था, यह बात मेरेडिथ का पिता अच्छी तरह से जानता था। इसलिए हम दोनों की बातों को सुनकर उसने अपनी सम्मति दे दी और साथ ही धन से मदद करने का वचन दिया। उसे ऐसी आशा थी कि यदि उसके बेटे पर मेरा गहरा प्रभाव रहा तो वह शराब पीने की लत से पूरी तरह छुटकारा पा लेगा। मैंने एक व्यापारी को वह सूची देकर कहा कि ऐसी व्यवस्था करो कि इंग्लैंड से सबसे पहले आने वाले जहाज से यह सामान यहां आ जाए। सामान आने तक सब बातें गुप्त रखी गई थी और इस दौरान मेरेडिथ कीमर के साथ काम करते रहने का तथा मैंने कहीं और नौकरी करने का निश्चय किया। मैंने एंड्रयू बोडफोर्ड के छापेखाने में नौकरी के लिए आवेदन किया, किंतु वहां कोई जगह खाली न होने के कारण मुझे कुछ दिन खाली रहना पड़ा। इस बीच कीमर ने मेरे पास संदेश भेजा कि–'लंबी अवधि के स्नेहियों का किसी साधारण कारण पर अलग होना उचित नहीं। यदि तुम्हें स्वीकार हो तो मुझे, तुम्हें अपनी प्रेस में प्रेस मैनेजर की नौकरी देना मंजूर है।' खुशामद करके मुझे अपनी प्रेस में वापिस बुलाने के पीछे कीमर का एक खास मकसद था। न्यूजर्सी परगने की सरकार ने नये चलन के नोट जारी करने का निश्चय किया था और कीमर चाहता था कि उनकी छपाई का काम उसे मिल जाए। ऐसे में, इस काम के लिए, आवश्यकतानुसार सामान तैयार करने वाला मेरे अलावा कीमर को और कोई नहीं मिल सकता था और संभवतः ब्रैडफोर्ड इस काम के लिए मुझे अपने यहां नौकरी पर रख सकता था, जो कीमर नहीं चाहता था। मैं कीमर का मन्तव्य समझ गया, किंतु मेरेडिथ ने मुझे वहां आने को बाध्य किया, जिससे वह मेरे निर्देशन में अपने काम को और सुधार सके। इसलिए मैं वापिस लौटा और कीमर के यहां पहले से ज्यादा स्नेहभाव से काम करने लगा। नोट छापने का काम कीमर को मिल गया। मैंने मुहर व अच्छा टाइप तैयार किया और

इसके बाद नोटों को छापने के लिए ताम्रपत्र (तांबे की प्लेट) का मुद्रण यंत्र बनाया। छपाई का सब सामान तैयार करने के उपरांत, सरकार की देख-रेख में नोट छापने को मैं कमिश्नर के साथ बर्लिंग्टन गया और तीन महीने तक संतोषजनक काम किया; इस काम से कीमर को इतना रुपया मिला कि उसने अपनी गिरती हुई साख को दो-तीन वर्ष के लिए सुधार लिया।

बर्लिंग्टन में राजसभा के कई अधिकारियों के साथ मेरी जान-पहचान हो गई। उनमें से कई अधिकारियों को, मंत्रिमंडल द्वारा नियुक्त किया गया था जिन्हें नोट छापने वाले कानून के अनुसार, रात-दिन वहां की देखरेख करनी पड़ती थी, जिससे निर्धारित नोट से ज्यादा न छपने पाएं। इसलिए उनमें से वे बारी-बारी से निरंतर हमारे साथ रहते थे और वहां रहने वाले मित्र बन गए। मैं देखने में कीमर की अपेक्षा कुछ ज्यादा बढ़ा-चढ़ा मालूम होता था। पुस्तकें पढ़ते रहने के कारण मेरा मस्तिष्क भी कुछ ज्ञानयुक्त हो गया था। यही कारण था कि छोटे से लेकर बड़े अधिकारी भी मेरे पास बैठकर बातचीत करने के इच्छुक रहते। अपने-अपने घरों पर तो जाते, अपने सगे-संबंधियों और दोस्तों से मेरा परिचय कराते और बड़ा सम्मान करते। कीमर मालिक था, तो भी उसको कोई नहीं पूछता था। वास्तव में वह बड़ा अलग तरीके का था, उसे दुनियादारी का भी कोई अनुभव न था। जिस धर्म का पालन अधिकाधिक लोग करते दिखते हो, वह प्राय: उनके मुकाबले में खड़ा हो जाता। धर्म संबंधी कितनी ही बातों में वह बड़ा जिद्दी था और प्राय: बड़ा मैला रहता था।

हम वहां लगभग तीन महीने तक रहे और इस दौरान मुझसे मिलने वालों में न्यायाधीश ऐलन, प्रांतीय सचिव सैमुअल बस्टील, आइजक पियरसन, जोसफ कूपर, कई स्मिथस, मंत्रिमंडल के सदस्य तथा महासर्वेक्षण अधिकारी आइजक डिको थे। मि. डिको बड़ी तीक्षण बुद्धि वाला, चतुर एवं वृद्ध मनुष्य था। बाल्यावस्था में वह ईंट बनाने के लिए ठेला गाड़ी में मिट्टी भरकर ले जाने की मजदूरी करके अपना निर्वाह करता था। युवा होने पर उसने पढ़ना-लिखना सीखा। फिर सर्वेक्षण (पैमाइश) करने वालों के साथ चेन खींचने की नौकरी करने पर वह सर्वेक्षण का काम सीख गया और अंतत: बड़े धैर्य, परिश्रम और सच्ची लगन से आगे चलकर सर्वेक्षण विभाग में सबसे बड़े अफसर की पदवी पर पहुंच गया। एक दिन आइजक डिको ने मुझसे कहा कि-'मेरी भविष्यवाण ी को सच मानना कि इस मनुष्य (कीमर) को उसके धंधे से हटाकर तुम फिलाडेल्फिया में बहुत धन और यश कमाओगे'। मेरे और मेरेडिथ के लिए हुए फैसले से अनभिज्ञ डिको ने यह भविष्यवाणी की थी। डिको और न्यूजर्सी के दूसरे मित्रों ने अंत तक मुझसे मैत्री संबंध बनाए रखा और उपयोगी साबित हुए।

इससे पहले कि मैं व्यवसाय में स्वयं को सबके सामने लाऊं, उससे

पहले अपने सिद्धांतों एवं नैतिकता के विषय में अपनी मनस्थिति को बताना बेहतर होगा, जिससे कि आप जान सके कि इन्होंने मेरे जीवन की भावी घटनाओं को किस सीमा तक प्रभावित किया था। मेरे माता-पिता ने बहुत पहले ही मुझे धार्मिक विचार और संस्कार प्रदान किए, जो विसम्मत रूप में धर्मनिष्ठ तरीके से बचपन में बने रहे, किंतु किशोरावस्था में विभिन्न किताबों में समान बिंदुओं पर दिए विवादास्पद तथ्यों को पढ़कर मुझे उसकी उत्पत्ति पर ही संदेह होने लगा। मुझे देववाद (तटस्थेश्वरवाद) पर कुछ पुस्तकें मिलीं, जो बॉयल के संभाषणों में उपदेशस्वरूप दिये प्रवचनों के तत्व कहे जाते हैं। इन्होंने मुझ पर अपनी शिक्षाओं के विपरीत छाप छोड़ी, जो वह कहना चाहते थे। विशेषकर देववाद के तर्क-वितर्क पर जो खंडनस्वरूप कहे गए थे, किंतु यह मुझे खंडन से ज्यादा सशक्त लगे और मैं बहुत जल्द ही संपूर्ण देववादी बन गया। मेरे तर्क-वितर्क ने कुछ लोगों, विशेषकर कोलिन्स और राल्फ को पथभ्रष्ट कर दिया था, किंतु बाद में हर एक ने बिना किसी पश्चाताप के मुझे ही दोषी ठहराया और मेरे प्रति कीथ के व्यवहार को याद करके (जो एक अन्य बुद्धिवादी था) तथा वेर्नोन एवं रेबेका के प्रति मेरे खुद के व्यवहार ने मुझे बड़ी मुसीबतों में डाला, जिससे मुझे संदेह होने लगा कि चाहे यह सिद्धांत सही भी हो तो भी ज्यादा उपयोगी न था। मेरी लंदन में प्रकाशित पुस्तिका (पैम्फलेट) में भी आदर्श वाक्य स्वरूप ड्राइडन की ये पंक्तियां शामिल थी:

'जो कुछ है, सही है। मंदबुद्धि वाला, हालांकि
देखता है, केवल निकटवर्ती कड़ी, जो है श्रंखला का एक भाग ही:
उसकी आंखें देख नहीं पाती हैं वह सदृश कड़ी (प्रकाशपुंज),
जो संतुलित रहती है, जो सर्वोपरि है।'

और ईश्वर के गुण से, उसका अनंत प्रज्ञान, उदारता और शक्ति, निर्णीत करली है कि इस संसार में कुछ भी गलत होना संभव नहीं होगा और कदाचार व सदाचार खाली भेद थे; ऐसा कुछ नहीं होता है, ऐसी कोई चातुर्यपूर्ण क्रिया नहीं होती, जैसा मैंने कभी सोचा था: और मुझे संदेह है कि मेरे तर्क-वितर्क में त्रुटि ने परोक्ष रूप से उसकी ओर संकेत न किया हो, जिससे वह उसका पालन करने वाले सभी को प्रभावित न कर दें, जैसा कि अमूर्त्त विवेचनाओं में होता है।

मुझे यकीन हो गया कि मनुष्य और मनुष्य के बीच संबंधों में सच्चाई, निश्छलता और समग्रता जीवन के उल्लास से ज्यादा महत्त्वपूर्ण थे और मैंने लिखित संकल्प बनाया, जो आज भी मेरे जर्नलबुक (रोजनामचा पुस्तिका) में है, जिसे मैं जीवन भर व्यवहार में ला सकूं। नि:संदेह, यद्यपि, देववाद की मेरे लिए ऐसी कोई ज्यादा प्रभावशीलता नहीं, किंतु फिर भी मैंने अपनी यह

धारणा बनाई कि यद्यपि कुछ खास कदम इसलिए बुरे नहीं हो सकते कि वे निषिद्ध कर दिए गए थे या इसलिए अच्छे नहीं हो सकते कि उन्होंने उन्हें अपनाया; तो भी संभव है कि ये कदम निषिद्ध हो सकते थे, क्योंकि वे हमारे लिए बुरे थे या उनका प्रभाव था। क्योंकि वे अपने स्वाभाविक रूप में, सभी विचारशील चीजों की सभी परिस्थितियों में, हमारे लिए लाभप्रद थे। ईश्वरीय कृपादृष्टि या किसी संरक्षक देवदूत या आकस्मिक हितकारी परिस्थितियों एवं स्थितियों या इन सभी ने मिल-जुलकर युवावस्था के इस जोखिम भरे समय तथा उन घातक स्थितियों से मेरी रक्षा की, जो अनजाने लोगों के बीच मैंने देखी, जिससे मेरे पिता पूरी तरह अनजान थे और बिना स्वैच्छिक समग्र नश्वरता या अन्याय के जिसकी मेरे अपेक्षित धर्म की दृष्टि से जिसकी अपेक्षा की गई थी। मैं यह स्वेच्छा से कहता हूं, क्योंकि मैंने जिन घटनाओं का उल्लेख किया है, उनमें मेरी युवावस्था, अनुभवहीनता और दूसरों की कपटता में कुछ जरूर था। इसलिए, मैंने इस दुनिया में एक संतोषजनक चरित्र धारण कर जीवन आरंभ किया था, इसको परखा था और इसे बनाए रखने के लिए प्रतिबद्ध था।

कीमर और मैं बर्लिंग्टन से वापिस फिलाडेल्फिया लौट आये। कुछ समय बाद ही लंदन से मुद्रण यंत्र (प्रिंटिंग उपकरण) और टाइप आ गया। अभी तक नया छापेखाना खोलने की बात कीमर को पता नहीं थी। इसलिए मैंने और मेरेडिथ ने उसे राजी कर छुट्टी ले ली और मार्केट के पास ही छापेखाने के लिए किराये का मकान भी देख लिया। छापेखाने के लिए 20 पाउंड वार्षिक किराये पर यह मकान ले लिया। हमें किराये पर ली गई इस सारी जमीन की कोई आवश्यकता नहीं थी, इसलिए उसका कुछ भाग थॉमस गॉडफ्रे नामक एक गणित शास्त्री और उसके परिवार को किराये पर दे दिया। इस कारण से हमें अपने पास से और भी कम किराया देना पड़ता। हम दोनों ने अपनी खाने-पीने और रहने की व्यवस्था भी गॉडफ्रे के घर में ही कर ली। छापेखाना, प्रेस और टाइप की व्यवस्था तो हो चुकी थी, लेकिन छापेखाने से संबंधित अन्य चीजें खरीदने में सारी पूंजी लग गई। छपाई का काम शुरू करने के लिए फूटी कौड़ी भी नहीं बची। ग्राहकों का काम करने लायक सारी तैयारियां पूरी हो गईं, तो जॉर्ज हाउस नामक मेरा एक परिचित सबसे पहले एक ग्रामीण व्यक्ति को हमारे पास लेकर आया, जो छापाखाना ढूंढ रहा था, जिसने हमारे यहां छपाई का कुछ काम कराया और इसके बदले हमें पांच शिलिंग मिले। इस व्यक्ति के पांच शिलिंग हमारी पहली कमाई थी और वे हमें ऐसी कठिनाई के समय मिले कि उसके पश्चात् मिले पांच शिलिंग्स की अपेक्षा मुझे इनसे ज्यादा आनन्द हुआ। हाउस के मुझ पर किए गए इस आभार के कारण रोजगार आरंभ करने वाले नवयुवकों की सहायता को मैं

अधिक तत्पर रहता हूं।

हर देश में कटुभाषी होते हैं, जो शकुन-अपशकुन की बातें करते हैं। ऐसा ही एक फिलाडेल्फिया में भी रहता था। उसका नाम सैम्युअल मिकल था। वह ऊंचे कुल, कद्दावर शरीर, अधेड़ उम्र का और गंभीरता पूर्वक बातें करने वाला था। मैं उसे नहीं जानता था, तो भी एक दिन वह छापेखाने के दरवाजे पर आकर मुझसे पूछने लगा कि-'नया छापाखाना खोलने वाले युवक आप ही हैं क्या?' मेरे हां कहने पर वह बहुत दुखी होकर बोला-'मैं बड़ा दुखी हूं कि इस काम के लिए आपको बहुत रुपया खर्च करना पड़ा, किंतु यह सब बेकार जाएगा, क्योंकि फिलाडेल्फिया शहर डूबने वाला है। यहां आधे लोग दिवालिया हो गए हैं और आधे होने वाले हैं। इस शहर में छपाई का ज्यादा काम नहीं है। जब यहां दो छापेखाने पहले से ही हैं, तो तीसरा छापाखाना हर्गिज चलने वाला नहीं है। अच्छी इमारत, अधिक किराया आदि बस्ती के बाहरी दृश्य भ्रमित करने वाले हैं।' उसने मेरे सामने उस समय आ पड़ने वाली विपत्तियों का वर्णन ऐसे ढंग से किया कि उसके जाने के बाद` मैं उसी के विचार में पड़कर उदास हो गया कि काश यह पहले मिलता तो कदाचित मैं यह काम शुरू ही न करता। फिर सोचा कि यह मनुष्य हमेशा शहर की दीनहीन दशा का वर्णन किया करता था, तो भी इसी दिवालिए शहर में ही पड़ा रहता है। सब का नाश होने वाला है, इस कारण वह हमें घर खरीदने की राय नहीं देता था। परंतु अंत में मुझे यह देखकर संतोष हुआ कि उसने जब अपना रोजगार शुरू किया, तब घर की जो कीमत मिलती थी, इसकी अपेक्षा पांच गुनी अधिक कीमत देकर उसने अंततः एक मकान मोल लिया था।

मुझे पहले बताना चाहिए था कि पिछले वर्ष शरद ऋतु में मैंने अपने गांव के कुछ परिचित पढ़े-लिखे मित्रों को लेकर, परस्पर सुधार और ज्ञानवर्धन के लिए एक मंडली बनाई, जिसका नाम 'जंटो' रखा। मंडली का अधिवेशन हर शुक्रवार शाम को होता था। इसे स्थापित करने का उद्‌देश्य सर्वसाधारण में सद्‌गुणों की वृद्धि करना था। मेरे द्वारा निर्धारित नियमों के अनुसार मंडली का प्रत्येक सदस्य अपनी बारी आने पर नीतिशास्त्र, राजनीति या प्राकृतिक दर्शन पर कोई भी प्रश्न सभा के समझ रखता, जिस पर विचार-विमर्श होता और प्रत्येक तीन महीने में एक बार मनपसंद विषय पर स्वरचित निबंध लिखना और पढ़ना होता था। हमारे वाद-विवाद अध्यक्ष के दिशा-निर्देशों में होती थी और बिना किसी विवाद या जीत की भावना के बिना सत्य-शोधन की निष्ठायुक्त भावना के साथ होती थी। वाद-विवाद में कोई क्रोध या आवेश में नहीं आता था, सारा कार्य शांतिपूर्वक विधि से किया जाता, अधिकतर सत्य-शोधन की ही चर्चा होती। दूसरों पर अपना अभिप्राय प्रकट करते समय छाती ठोककर

बोलने अथवा एकदम विरुद्ध बोलने की मनाही थी। नियमविरुद्ध चलने वालों को सजा के रूप में अर्थदंड लगाया जाता।

इसके पहले सदस्यों में एक जोसफ ब्रिंटनल था, जो दस्तावेज लिखने वाला, हंसमुख स्वभाव का, मित्रवत, मध्य आयु का एक काव्यप्रेमी था। उसने लगभग सभी पुस्तकें पढ़ी थी, जो उसे मिली और कुछ अच्छा लिखा भी। वह अच्छी बातें करता था और काफी विद्वान था।

थॉमस गॉडफ्रे, स्वशिक्षित गणितज्ञ था, जिसने हैडली क्वाड्रैंट का आविष्कार किया था। किंतु वह इसके अलावा कुछ और बहुत कम जानता था और उन गणितज्ञों की तरह मिलनसार साथी नहीं था, जिनसे मैं अब तक मिला था। वह हर बात में व्यवधान पैदा करता, हर बार विरोधात्मक दिखाता और हर बात में वैश्विक नियम की अपेक्षा करता, इसलिए बहुत जल्द ही हमसे अलग हो गया।

निकोलस स्कल, सर्वेक्षण या पैमाइश करने वाला था, जो बाद में महासर्वेक्षण अधिकारी (सर्वेयर जनरल) बना। वह पुस्तकप्रेमी था और कभी-कभी कुछ पद्य भी लिख लेता था।

विलियम पारसन्स नामक मोची पढ़ने का शौकीन था और गणित का विद्व ान भी, जो उसने पहले-पहल ज्योतिष के लिए सीखा था, किंतु बाद में उसी का उपहास करता था। यह भी बाद में महासर्वेक्षण अधिकारी बना।

विलियम मोग्रीज, एक अच्छा, होशियार कारीगर और सुलझा हुआ व्यक्ति था।

ह्यूज मेरेडिथ, स्टीफन पोट्स और जॉर्ज वेब का जिक्र, मैं पहले कर चुका हूं।

रॉबर्ट ग्रेस, एक धनाढय, समझदार, विद्वान और खुशमिजाज लड़का था। वह अनेक अर्थों वाले शब्द (पन) का प्रयोग करने का शौकीन था और दोस्ती का भी। वह मेरा प्रिय मित्र था।

विलियम कॉलमेन एक व्यापारी का गुमाश्ता (क्लर्क) था। लगभग मेरी ही आयु का विलियम शांत, सुशील, सुहृदय और मुझे अब तक मिले लोगों में सबसे नीतिपरक व्यक्ति था, जो आगे चलकर बड़ा व्यापारी और न्यायाधीश बना। उसके साथ मेरी मित्रता 40 से ज्यादा वर्षों तक, उसकी मृत्यु तक निर्बंध बनी रही। हमारी मंडली भी लगभग इतने ही समय तक रही और प्रांत में तब दर्शन, नीति और राजनीति की एक श्रेष्ठ शाला थी। प्रत्येक शुक्रवार को होने वाले जंटो अधिवेशन में विभिन्न विषयों पर 24 प्रश्न निश्चित किए जाते थे, जो सभासदों के इकट्ठे होने पर एक के बाद एक पढ़े जाते थे। सभासदों को जो कुछ कहना हो, इसके लिए सभा शुरू करने से पहले कुछ समय दिया

जाता था। इससे हमें विचार-विमर्श की अच्छी आदत पड़ी और सभा में हर विषय का अध्ययन हमें परस्पर वैमनस्य, क्रोध, आवेश से बचाता था। मंडली का लंबे समय तक चलना फिलाडेल्फिया के लिए काफी लाभप्रद रहा, जिसके बारे में मैं आगे समय-समय पर वर्णन करूंगा।

किंतु यहां इसका वर्णन करने का मेरा कुछ खास मकसद है। जंटो के सभासद आरंभ में हमारे लिए बड़े उपयोगी साबित हुए। प्रत्येक सभासद हमें काम दिलाने के लिए भरसक प्रयास करता। जोसफ ब्रिंटनल ने क्वेकर पथ के लोगों को इतिहास के बारे में 40 पृष्ठों की एक पुस्तक छापने को भेजी। यह उच्च भाषा में लिखी हुई 'क्वेकर पंथ के ईसाई लोगों का उदय और उनका विस्तार' का अनुवाद था। हमने इस पर बड़ी मेहनत से काम किया। मैंने इस पुस्तक को कम कीमत पर छापना स्वीकार किया। मैं प्रतिदिन एक फार्म कम्पोज करता और मेरेडिथ उसे छापता। यदि बीच में कोई काम आ जाता, तो भी मेरेडिथ उस फर्मे को पूरा करके सोता, इसलिए कभी-कभी अन्य दोस्तों द्वारा कुछ काम भेजने के कारण रात के 11:00 भी बज जाते थे और उन्हें अगले दिन भेजा जाना होता, इसलिए मैं उन्हें पूरा करके ही सोता। एक बार रात के समय प्रतिदिन के नियमानुसार कार्य पूरा कर चुकने पर कम्पोज किया हुआ आधा फर्मा अचानक ही नीचे गिरकर फैल गया। मैं फिर उसी समय उसे कम्पोज करने लगा और उसको पूरा करके ही दफ्तर से गया। प्रतिदिन काम पूरा हो जाने के बाद मैं टाइप खोलता। मुखपृष्ठ के लिए सुंदर बेल तैयार करता, स्याही बनाता और स्याही के लिए काजल तैयार करता।

मेरे पड़ोसी प्राय: मेरा यह परिश्रम देखा करते थे, इससे मेरी प्रतिष्ठा और मान बढ़ने लगा। गांव के अन्य स्थानों पर भी मेरे कार्य की प्रशंसा होने लगी। हर व्यापारी मंडल के क्लब में हमारे छापेखाने की चर्चा चलती। कुछ सभासदों का अभिप्राय था कि शहर में पहले से ही दो मुद्रक, कीमर और ब्रैडफोर्ड है, ऐसे में फिलाडेल्फिया में यह तीसरा छापाखाना ज्यादा समय तक नहीं चलेगा। किंतु डॉ. बेयर्ड (जिन्हें स्कॉटलैंड के सेंट एंड्रयू में मैंने और तुमने काफी वर्ष बाद देखा था) ने कुछ अलग ही बात कही कि-'उस काम के लिए फ्रैंकलिन एक ऐसा परिश्रमी व्यक्ति है कि इसके बराबर मेहनत करने वाला व्यक्ति मैंने देखा ही नहीं। मैं रात को क्लब से घर जाता हूं तो उस समय भी इसको काम करता हुआ देखता हूं। इसके पड़ोसी कहा करते हैं कि उनके उठने से पहले ही यह काम पर लग जाता है।' यह बात सुनकर एक व्यापारी के हृदय पर ऐसा गहरा प्रभाव पड़ा कि उसने बड़ी प्रसन्नता से मुझे कागज आदि स्टेशनरी सामान उधार देने का वचन दिया। लेकिन उस समय मेरे और मेरे भागीदार का विचार दुकान रखने का नहीं था, इस कारण से

हमने उस व्यापारी के प्रस्ताव का उपयोग नहीं किया। केवल छापने का काम करके धीरे-धीरे हमने इसी काम को बढ़ाने का निश्चय किया और उसी के लिए प्रयत्न करने लगे।

इस काम का मैंने विशेष तौर पर ज्यादा स्वतंत्र रूप में उल्लेख किया है, परंतु फिर भी यह मुझे स्वप्रशंसा के बारे में बड़ाई करने जैसा लगता है, कि जो मेरे वंशज होंगे वे इसे पढ़ेंगे, जब समग्र संबंध में वे इस प्रभाव को मेरे अनुकूल देखेंगे तो इस गुण का प्रभाव जान सकेंगे।

मेरी हार्दिक इच्छा थी कि मैं फिलाडेल्फिया से एक समाचार-पत्र निकालूं। मुझे अपनी योजनाओं को गुप्त रखने की आदत थी। किंतु इस बार समाचार-पत्र के विषय में मेरा भेद खुल गया। जार्ज वेब को उसकी किसी महिला मित्र से पैसा उधार मिला, जिससे वह कीमर के पास जाकर उसका अधिकार खरीद सकता था, किंतु ऐसा न करके कीमर से संबंध विच्छेद हो जाने पर वह नौकरी की तलाश में हमारे पास आया। मैंने उससे कहा कि फिलहाल मेरे पास कोई जगह नहीं है, किंतु मूर्खतावश मैंने उसके सामने यह राज खोल दिया कि थोड़े दिनों बाद जब मैं समाचार पत्र निकालूंगा तो शायद तुम्हारे लिए कुछ काम दे सकूं। वेब के भरोसे पर मैंने समाचार पत्र निकालने के विषय में अपना गुप्त भेद प्रकट कर दिया, क्योंकि तब फिलाडेल्फिया में एंड्रयू ब्रैडफोर्ड के कार्यालय से एक सामयिक पत्र निकलता था, जिससे उसे अच्छी आय हो जाया करती थी। दूसरा समाचार-पत्र निकालकर अच्छी तरह से चलाया जाए तो उसमें लाभ मिलना स्वाभाविक होगा, इस बात को मैंने स्वाभाविक रीति से वेब से कह दिया, किंतु उसे यह बात किसी को न बताने को भी कहा था, किंतु उसने विश्वासघात करके मेरी यह गुप्त योजना कीमर को बता दी। कीमर ने तुरंत मुझसे पहले ही, स्वयं अपने यहां से समाचार-पत्र निकालने का विज्ञापन प्रकाशित कर दगाबाज वेब को छपाई आदि के काम में सहायक के तौर पर रख लिया। मुझे बहुत क्रोध आया और मैंने विरोध स्वरूप प्रतिक्रिया करने का फैसला किया। किंतु अभी मैं अपना समाचार-पत्र निकाल नहीं सकता था, इसलिए मैंने ब्रैडफोर्ड के पत्र 'मरक्यूरी' में 'बिजी बॉडी' स्तंभ के अंतर्गत मनोरंजन पूर्ण कुछ लेख लिखने शुरू किए, जो लोगों को पढ़ने में अच्छे लगे। मैंने अपना पहला निबंध 'उद्‌गार' शीर्षक से छपवाया और आगे इसने एक स्थायी स्तंभ (कॉलम) का रूप ले लिया। जिसमें मेरे और जंटोमंडली के सभासदों के अलावा मेरे कई अन्य मित्र सुरुचिपूर्ण और शिक्षाप्रद लेख लिखने लगे। कीमर ने 10 शिलिंग के वार्षिक मूल्य पर 'यूनिवर्सल इन्स्ट्रक्टर इन ऑल आर्ट्स एंड साइंसिस पेंसिलवेनिया गजट' नामक सामयिक पत्र निकाला था। मैंने 'उदगार' के अपने पहले निबंध में ही इस पर अपना

क्रोध जाहिर करते हुए लिखा कि–'अपने दोष दिखलाने वाले को वर्षभर में 10 शिलिंग न देना चाहें, ऐसे तुम्हारे अनेक वाचकों का मैं कोपभाजन बनूंगा, यह निर्विवाद है। परंतु बहुत से लोग ऐसे होते हैं कि वे अपने दोषों को प्रकट करते हैं। मैं कहता हूं कि ऐसे लोगों को भी थोड़े समय में उनके मित्रों और पड़ोसियों को उनके जैसी स्थिति में देखकर संतोष होगा।' मेरे लेखों की सारे प्रांत में धूम मच गई। एक अंक में तो मैंने कीमर की खूब खिंचाई की। उससे रहा न गया तो उसने असभ्य भाषा में कुछ गद्य-पद्यमय उत्तर दिया और थोड़े ही दिनों बाद उद्गार की तरह के लेख अपने पत्र में छापने लगा। किंतु मेरे एक जबरदस्त लेख ने उसका मुंह बंद कर दिया। कीमर का प्रस्ताव प्रभावहीन रह गया। इसके बाद मैंने 'उदगार' लिखने का काम ब्रिंटनल को सौंप दिया और एक नए विषय पर निबंध लिखने का मन बनाया। हालांकि कीमर ने अपना समाचार पत्र आरंभ कर दिया था, किंतु नौ महीने बाद भी केवल 90 सदस्य ही बना सका। 26वें अंक तक संयमित प्रकाशन के बाद कीमर को अपना पत्र कुछ समय के लिए बंद करना पड़ा। उसे चलाने के लिए देनदारों ने उसे आर्थिक मदद नहीं दी। कुछ समय तक गोते लगाकर अंत में उसे अपना पत्र बहुत कम कीमत पर हमें बेचना पड़ा। संपादन कार्य मैंने अपने हाथों में ले लिया। मेरे संपादन में पत्र का 40वां अंक 2 अक्टूबर, 1729 को प्रकाशित हुआ। मैंने पत्र का नाम संक्षिप्त कर 'पेंसिलवेनिया गजट' रख दिया था। इस अंक में केवल सात विज्ञापन मिले थे और एक विज्ञापन ऐसा था कि 'आइजक के धार्मिक सोच फ्रैंकलिन और मेरेडिथ के यहां बिकते हैं।' कुछ ही वर्षों में मैंने इसे लाभदायक बना दिया।

मैं समझ चुका था कि मुझे अकेले ही पत्र में लिखना उचित होगा, हालांकि हमारी साझेदारी जारी थी और वास्तव मे इसके पीछे यह कारण हो सकता है कि व्यवसाय की पूरी व्यवस्था मुझ पर ही टिकी थी। क्योंकि मेरेडिथ कोई कंपोजिटर न होकर केवल एक प्रेसमैन था और उसे शराब की लत लग गई थी। मेरी और उसकी साझेदारी पर मेरे मित्र प्रायः अफसोस करते थे, किंतु मुझे इसका भरपूर फायदा उठाना था।

प्रांत से छपने वाले पत्रों में हमारे पत्र ने बेहतर टाइप, बेहतर छपाई के कारण अपनी खास जगह बना ली थी, किंतु उन दिनों गवर्नर बर्नेट और मैसाचुसेटस मंत्रिमंडल के बीच चलते गवर्नर के वेतन संबंधी विवाद पर मेरे उत्साहजनक एवं बुद्धिमतापूर्ण लेख ने प्रमुख लोगों का ध्यान आकर्षित किया। पत्र और प्रबंधन को बड़े-बड़े लोगों ने काफी पसंद किया। फलस्वरूप, उस समय से प्रांत के अनेक सम्माननीय लोग भी उसके पत्र के ग्राहक बन गए।

ऐसे कई उदाहरण घटे और हमारे पत्र के ग्राहकों की संख्या निरंतर बढ़ती

गई। लेखन कला सीखने का यह पहला सुप्रभाव था और दूसरा उच्च पदाधिकारी एवं लोग यह देख रहे थे कि अब पत्र का नियंत्रण ऐसे व्यक्ति के हाथों में है जो लिखना भी जानता है, इसलिए उन्होंने मुझ पर अहसान कर मेरा उत्साह बढ़ाने का प्रस्ताव भी दिया। छापेखाने के आर्थिक संकट से गुजरते हुए मुझे मि. वर्नोन से ऋण चुकाने संबंधी पत्र मिला, जो मैंने उनसे लिया था। मैंने उनसे कुछ दिन का समय मांगा और दिन-रात मेहनत कर उनका सात वर्ष से लिया ऋण सूद सहित चुकाकर मुक्त हो गया। लेकिन मुझे अब उनसे रुपया लेना एक बड़ी भूल लगी।

अब तक सरकारी छपाई का सारा काम ब्रैडफोर्ड को ही मिलता था। हमारी प्रेस खुल जाने से हमें भी कुछ काम मिलने लगा था। ब्रैडफोर्ड ने गवर्नर के एक भाषण को इतने अशुद्ध और बेढंगेपन से छापा कि किसी को भी पसंद नहीं आया। इस सुअवसर का लाभ उठाकर मैंने उसकी कॉपी अपनी प्रेस में छापी और उसकी एक-एक प्रति व्यवस्थापिका मंत्रिमंडल सभा के प्रत्येक सभासद के पास भेज दी। सभासदों ने हमारे और ब्रैडफोर्ड के काम में भारी अंतर को देखा। सभा के 30 सभासदों में मेरी योग्यता जानने वाले अनेक लोग थे, जिनमें एंड्रयू हैमिल्टन भी थे, जिनसे लंदन में मेरा परिचय हुआ था। फलस्वरूप व्यवस्थापिका सभा की ओर से दूसरे वर्ष छपाई का सारा काम मुझे और मेरेडिथ को मिल गया। मि. हैमिल्टन ने मरते दम तक अपनी कृपादृष्टि बनाए रखी[6]। प्रचलित नोटों के संबंध में मेरे द्वारा प्रकाशित पुस्तक और व्यवस्थपिका सभा के मेरे मित्रों के निवेदन के कारण थोड़े ही दिनों में नोटों की छपाई का काम भी मिल गया। इस काम से आर्थिक लाभ भी मिला। जीवन कुछ समय तक बड़ी शांति से व्यतीत हुआ।

किंतु अभी तक संकट के बादल छंटे नहीं थे। दो वर्ष तक परिश्रम करके मैंने अपने काम को जमा ही लिया था कि फिर डूबने का समय आ गया। मैंने मेरेडिथ के पिता से ऐसी आशा बिलकुल नहीं थी। प्रेस संबंधी चीजें खरीदने में 200 पाउंड खर्च हुए थे और ये सारा पैसा मेरेडिथ के पिता ने देने की बात कही थी, किंतु रोजगार में हानि हो जाने से वह केवल 100 पाउंड ही दे सके। इसके अलावा व्यापारी को 100 पाउंड देना बाकी था। ऐसे में हमें वह बकाया अपनी दुकान से देना था, किंतु हमारे लिए लंदन से सामान मंगवाने वाला व्यापारी धैर्य न रख सका और हम लोगों पर दावा कर दिया तथा हमारा धंधा बिगाड़ने की धमकी दी। हालांकि हमें जमानत मिल गई, किंतु यदि बकाया राशि समय पर नहीं चुकाई जाती तो न्यायिक फैसले और

---

6 **मेरी एक बार उनके बेटे से भेंट हुई थी ।500 - मार्ग नोट**

सजा का सामना करना पड़ता और हमारी उम्मीदें, हमारी प्रेस हमारे साथ ही खत्म हो जाती, क्योंकि प्रेस को बेचकर ही भुगतान किया जाता चाहे हम आधी राशि ही दे पाते।

संकट की इस घड़ी में मेरे दो सच्चे मित्रों ने मेरी सहायता की, जिनकी उदारता को मैं कभी नहीं भूला। न ही कभी भूलूंगा। हालांकि वे दोनों जंटो मंडली के सभासद थे, किंतु दोनों अलग-अलग मुझसे मिले और मेरे बिना कहे ही उन्होंने मेरी सहायता करने की इच्छा प्रकट की। वे इतना रुपया तक देने को भी तैयार थे कि यदि आवश्यकता हो तो सारा कारखाना ही मेरेडिथ से अलग कर लूं। क्योंकि उन्होंने मुझे बताया कि मेरेडिथ शराब पीकर रास्ते में पड़ा रहता है और एलिहाउस में घटिया खेल खेलता है। इस दुर्व्यसन के कारण लोगों की दृष्टि में उसकी इज्जत बहुत कम हो गई थी। ऐसे व्यक्ति के साथ सहयोग रखना अनुचित समझकर मेरे इन दोनों मित्रों, विलियम कोलमैन और रॉबर्ट ग्रेस, ने मुझे मेरेडिथ से संबंध विच्छेद करने की सम्मति दी। किंतु मैंने उन्हें कहा कि-'मेरेडिथ और उसके पिता ने मुझ पर ऐसा उपकार किया है कि जब तक उनसे की हुई मेरी प्रतिज्ञा पूरी न हो जाए, तब तक उनसे अलग होने की मैं कल्पना भी नहीं कर सकता। यदि वे अपनी प्रतिज्ञा पूरी न कर सके तो साझेदारी उनकी ओर से टूटेगी। यदि ऐसा हुआ तो मैं आपकी सहायता लूंगा।'

इसके बाद, कुछ समय के लिए यह विषय भुला दिया गया। जब मैंने अपने साझेदार मेरेडिथ से कहा कि–'मुझे लगता है कि हमारे काम में तुमने मेरे साथ जो साझेदारी की है, उससे तुम्हारे पिता तुमसे खुश नहीं है। शायद मेरी साझेदारी करने से उनका ऐसा विचार बना हो और इसलिए वे इसमें अपनी पूंजी नहीं लगाना चाहते। यदि वास्तव में ऐसा ही है, तो मुझसे साफ तौर पर कह दो ताकि मैं अपना हिस्सा छोड़कर तुम्हें ही अकेला मालिक बना दूं। इसके उत्तर में मेरेडिथ ने कहा-'नहीं! ऐसा नहीं है, मेरे पिता वस्तुतः रुपये से सहायता करने में असमर्थ हैं। मैं भी उन्हें ज्यादा परेशान करना उचित नहीं समझता। मुझे विश्वास हो गया है कि मैं इस काम के योग्य नहीं हूं। बचपन में मैंने कृषि कार्य सीखा था। 30 वर्ष की आयु में शहर आकर कोई नया रोजगार सीखने के लिए मैं प्रशिक्षु (शिष्य) बना, यह मेरी भूल थी। नॉर्थ कैरोलीना (उत्तरी कैरोलीना) में जमीन बहुत सस्ती है और मेरी जाति के अन्य वेल्स लोग वहां जाकर बसने वाले हैं, मेरी इच्छा है कि उनके साथ जाकर अपना असल काम करूं। तुम्हारी सहायता करने वाले तुम्हें बहुत से लोग मिल जाएंगे। यदि तुम अपनी दुकान का सारा कर्ज अपने सिर पर लेकर, मेरे पिता के दिए हुए 100 पाउंड वापिस दे दो और मेरे खाने-पीने में लगा कुछ रुपया,

जो मुझे कुछ लोगों को चुकाना है चुका दो तथा मुझे 30 पाउंड नकद और घोड़े का जीन ला दो, तो मैं अपना हिस्सा छोड़ने को तैयार हूं।' मैं इस बात पर सहमत हो गया और इस बात को लिखित में हस्ताक्षर कर तुरंत मुहरबंद कर लिया। मैंने अपने दोनों उदार मित्रों से 100-100 पाउंड ऋण लिए और मेरेडिथ व उसके पिता का ऋण चुकाकर छापेखाने का मालिक बन गया। 14 जुलाई 1730 को यह करार टूटी और मैंने इस सूचना का विज्ञापन भी प्रकाशित कर दिया; तत्पश्चात् 11 मई, 1732 को मैं ऋणमुक्त भी हो गया, किंतु उस समय तक यह बात प्रकाशित नहीं की गई थी। मेरेडिथ कैरोलीना चला गया और उसने दो वर्ष पश्चात् उस प्रदेश की हवा, पानी, जलवायु, पशुधन आदि का विस्तृत वर्णन करता एक काफी लंबा पत्र लिखा। जिसे मैंने समाचार पत्र में छापा और लोग वहां की अद्‌भुत जानकारी पाकर प्रसन्न हुए।

कुछ समय से पेंसिलवेनिया में कागजी नोटों को लेकर बड़ा विवाद चल रहा था। सन् 1723 ई. में इस प्रांत में कुछ समय के लिए 15,000 पाउंड के नोट निकाले गए थे और अब उन्हें वापिस लेने का समय आ गया था। नोटों के लिए लोगों की मांग ज्यादा थी। लेकिन धनाढय लोग अधिक नोट निकाले जाने के विरुद्ध थे और न्यू इंग्लैंड एवं दक्षिण केरोलीना में प्रचलित नोटों का भाव बहुत गिर गया था। जो उनके लिए इस बात का अच्छा उदाहरण था कि नोटों का स्टॉक अधिक बढ़ जाने से अवश्य ही लोगों को हानि होगी। अन्य विचारणीय प्रश्नों के साथ-साथ नोटों के प्रश्न पर भी जंटो मंडली में अच्छी चर्चा हो रही थी। मैं अग्रणीय था, सन् 1723 में निकाले हुए नोटों से इस प्रांत का व्यापार और बस्ती बहुत बढ़ी थी। जब मैं पहली बार, रोल खाते हुए फिलाडेल्फिया की सड़कों पर घूम रहा था, तब मैंने दूसरी ओर फ्रंट स्ट्रीट पर काफी घर खाली देखे थे, उन पर 'किराये के लिए' की तख्तियां लटकी थीं। इसी तरह चेस्टनट स्ट्रीट व अन्य स्ट्रीट में भी कई घर खाली थे, जिन्हें देखकर मैंने सोचा कि शहर के निवासी एक-एक करके शहर छोड़कर जा रहे हैं। किंतु अब वे आबाद हो गए थे और बहुत से नये घर भी तैयार हो गए थे। मुझे विश्वास था कि ये सब चलनी नोट निकलने से ही हुआ है। फिर जंटो मंडली में होने वाले वाद-विवाद से भी मेरे विचार नये नोट निकालने के पक्ष में हो गए।

मार्च 1728 में मैंने अपने अवकाश के समय एक पुस्तक लिख डाली और एक अनाम पैम्पलेट पर छापकर उसका नाम रखा-'द नेचर एंड नेसेसिटी ऑफ ए पेपर करंसी' (नोट के चलन का स्वरूप और उसकी आवश्यकता)। मुखपृष्ठ पर लैटिन भाषा के एक सुप्रसिद्ध विद्वान कथाकर का वाक्य चुनकर रखा, जिसका अभिप्राय था-'देश और सगे-संबंधियों को खूब पैसा देना चाहिए।'

आम लोगों ने इसे बहुत पसंद किया, किंतु अमीर लोगों ने नहीं, क्योंकि यह नए चलनी नोटों को ज्यादा निकालने और उसकी मांग को तेज करने का समर्थन करता था और उनके पास ऐसा कोई नहीं था, जो इसका उत्तर दे सके। उनका विपक्ष शिथिल पड़ गया था और सदन में बहुमत ने इस बात को उठाया। वहां उपस्थित मेरे मित्रों ने भरोसा दिलाया कि मुझे इसका प्रतिफल अवश्य मिलेगा। नये नोट निकालने के प्रश्न का निराकरण मेरे मतानुसार ही हुआ। सरकार ने नये नोट निकालने का काम मुझे सौंपा जिसका परिणाम एक लाभदायक रूप में निकला और इसने मेरी भरपूर मदद की। लेखन क्षमता से मुझे यह एक और लाभ मिला था।

इस मुद्रा की उपयोगिता समय एवं अनुभव के साथ-साथ इतनी प्रमाणिक हो गई कि उसके बाद कोई विवाद पैदा नहीं हुआ और यह बहुत जल्द ही पचपन हजार पाउंड तक तथा 1739 में 80,000 पाउंड तक जा पहुंची। युद्ध काल में यह बढ़कर 3,50,000 पाउंड तक पहुंच गई। इस दौरान व्यापार, भवन और आबादी सभी में वृद्धि हुई। किंतु अब मैं सोचता हूं कि सीमा से ज्यादा हो जाना कष्टदायी होता है।

इसके तुरंत बाद मुझे अपने मित्र हैमिल्टन की मदद से न्यूकैसल में कागजी नोट छापने का काम मिल गया, जो उस समय मेरे लिए एक और लाभदायी काम था, क्योंकि उन छोटी-छोटी स्थितियों में छोटी चीजें बड़ी लग रही थी और यह मुझे काफी बढ़ावा देने वाली थी, इसलिए मेरे लिए वास्तव में काफी फायदेमंद थीं। उसने मुझे सरकार के कानून और वोट छापने का भी काम दिलाया। मैंने जब तक छापेखाने का काम किया, तब तक यह काम मेरे ही हाथों में रहा।

अब मैंने कागजी की एक दुकान भी खोल ली, जिसमें सभी तरह के कागज थे। जिसमें समय-समय पर सामने आने वाली शुद्धता का भी ध्यान रखता। मेरा मित्र ब्रिंटनल इसमें मेरी सहायता करता। यहां पर कागज, चर्मपत्र, (पार्चमेंट), चैपमैन की किताबें इत्यादि भी थी। लंदन में व्हाइटमैश नामक एक कंपोजिटर परिचित था और एक अच्छा कारीगर भी। वह भी मेरे पास आकर काम करने लगा और मैंने अकीला रोज के बेटे को भी प्रशिक्षु के तौर पर रख लिया।

अब मैंने धीरे-धीरे वह ऋण चुकाना शुरू कर दिया, जो मैंने छापेखाने के लिए लिया था। एक व्यापारी के तौर पर अपनी साख और चरित्र को बेदाग बनाए रखने के लिए मैंने न केवल व्यावहारिक तौर पर परिश्रम किया, बल्कि कम खर्च मुं सादगी से रहा। मैं साधारण वस्त्र पहनता, कभी किसी खेल-तमाशे में न जाता और न कभी मछली पकड़ने या शिकार खेलने जाता,

ऐसा कुछ न करता जो मुझे काम से दूर रखता हो। अपने काम को मैं कभी कमतर या ओछा नहीं गिनता था। यह दर्शाने के लिए अपने खरीदे हुए कागज एक ठेलागाड़ी में रखकर मैं स्वयं बाजार से घर ले आता था। अतः अथक परिश्रमी होने, उन्नतिशील युवा होने तथा खरीदे सामान का यथासमय मूल्य चुकाने की प्रवृत्ति के कारण दूसरे लोगों ने मुझे किताबों की आपूर्ति का भी प्रस्ताव रखा और मैं सफलतापूर्वक करता गया। दिन-प्रतिदिन लोगों में मेरी साख बढ़ती गई। इस बीच कीमर का व्यवसाय और उसकी साख निरंतर गिरती गई। अंततः उसे अपना कर्ज चुकाने के लिए अपना छापाखाना अपने ही एक शिष्य डेविड हैरी को बेचना पड़ा। तत्पश्चात् वह बारबाडोस चला गया और वहां कुछ वर्षों तक बड़ी दयनीय स्थिति में रहा।

कीमर के इस प्रशिक्षु शिष्य को मैंने कभी वहां रहते काम सिखाया था। उसने फिलाडेल्फिया में अपना छापाखाना चालू किया और सामान आदि ले आया। मैंने उसमें अपना एक जबरदस्त प्रतिद्वंद्वी देखा। उसे इधर-उधर का काम दिलाने वाले उसके काफी मित्र थे। मैंने उसके सामने साझेदारी (पार्टनरशिप) करने का प्रस्ताव रखा, किंतु उसके मन में इतना अहंकार था कि उसने मेरा निवेदन हंसी में टाल दिया। वह बहुत घमंडी था, रोब-दाब में बन-ठनकर रहता था। लेकिन वह परिश्रमी नहीं था और न ही अपने काम पर पर्याप्त ध्यान देता था। प्रायः बाहर घूमता रहता था। फलस्वरूप थोड़े ही समय में वह कर्जदार हो गया। धीरे-धीरे उसके ग्राहक भी कम होते गए और अंत में वह भी अपने मालिक कीमर की तरह ही बारबाडोस भाग गया तथा वहां कीमर के पास ही दिहाड़ी-मजदूरी करने लगा। उनमें प्रायः झगड़ा होता रहता था और वह प्रायः कीमर से जीत नहीं पाता था, इसलिए कुछ समय पश्चात् उसे अपना टाइप बेचने को मजबूर होना पड़ा। उसके बाद वह अपने मूल काम के लिए पेंसिलवेनिया लौट आया।

अब फिलाडेल्फिया में ब्रैडफोर्ड के अलावा मेरा कोई प्रतिस्पर्धी नहीं रह गया था। वह मालदार था और प्रायः इधर-उधर के काम की ज्यादा अपेक्षा नहीं करता था। केवल थोड़ा-बहुत ही छपाई कार्य करता था, किंतु व्यवसाय के प्रति सजग व सतर्क रहता था। चूंकि डाकघर पर उसका अच्छा अधिकार था, इसलिए उसके पास समाचार प्राप्त करने के बेहतर अवसर थे। उसका समाचार पत्र मेरे पत्र से ज्यादा विज्ञापन प्रसार का माना जाता था, इसलिए कई चीजें उसके पक्ष में लाभदायक थी और मेरे लिए नुकसानदायक, चाहे लोग कुछ भी सोचे, तो भी मैं डाक द्वारा ही पत्र प्राप्त और भेजा करता था। इसके लिए मैं हरकारों (राइडर्स) को अतिरिक्त पैसा देता और वे पत्र को उपयुक्त ठिकाने पर ले जाते थे। ब्रैडफोर्ड इसे रोकने के लिए काफी कठोर कदम उठा

रहा था, जो कदाचित मेरे प्रति द्वेषभाव था और इस कृत्य के लिए मेरे मन में काफी निष्कृट विचार पनपे, किंतु जब बाद में मैंने ऐसा ही समय देखा तो कभी इसका सहारा नहीं लिया।

अब तक मैं गॉडफ्रे के साथ रहता आया था, जो मेरे ही घर के एक हिस्से में अपनी पत्नी और बच्चों के साथ रहता था, जहां एक ओर उसके ग्लेजियर (खिड़कियों में कांच जड़ने) की काम की दुकान थी। हालांकि वह प्राय: गणित में डूबा रहता और यह काम कम करता था। गॉडफ्रे और उसकी पत्नी जेन ने मुझे एक बार भोजन पर बुलाया और उसके एक संबंधी द्वारा उसकी बेटी मिस गॉडफ्रे के साथ मेरा विवाह कराने की बात छेड़ी। मि. गॉडफ्रे की पत्नी ने मुझे और मिस गॉडफ्रे को एक साथ मिलाने का कई बार सफल प्रयास किया। वह अत्यंत सुयोग्य कन्या थी, जिसे मैं सहर्ष स्वीकार कर सकता था। कुछ समय बाद मैं स्वयं भी उसे चाहने लगा। मि. गॉडफ्रे और उसकी पत्नी मुझे प्राय: अपने घर पर शाम के समय भोजन करने बुलाते और भेंट करने का अवसर भी देते। धीरे-धीरे विवाह संबंधी बात को पक्का करने का समय आ गया। किंतु इस समय प्रेस संबंधी, मेरे ऊपर लगभग 100 पाउंड का ऋण और हो गया था। उनके विवाह हेतु जोर डालने पर विवशतावश मैंने उन्हें कहलवाया कि 'मेरा यह ऋण चुकाने के लिए यदि मिस गॉडफ्रे के पिता मुझे इतनी ही रकम दे दें तो मैं विवाह कर सकता हूं।' किंतु गॉडफ्रे की स्थिति ऐसी नहीं थी कि वह आसानी से इतनी रकम दे सकें। इस पर उसकी पत्नी ने इंकार किया तो प्रत्युत्तर में मुझे इससे कम लेना मंजूर न था। मैंने कहलवाया कि यदि इतना रुपया उनके पास उपलब्ध न हो तो अपना मकान ऋण कार्यालय (लोन-ऑफिस) में गिरवी रख दें। कुछ दिन बाद मुझे उत्तर मिला कि-'तुम्हारे साथ अपनी पुत्री का विवाह करने को मि. गॉडफ्रे और उनकी पत्नी राजी नहीं है। ब्रैडफोर्ड से पूछने पर हमें मालूम हुआ है कि प्रेस के काम में कुछ लाभ नहीं है। टाइप घिस जाने और उसके बदले नया टाइप खरीदने आदि में कीमर और हैरी का एक-एक करके दिवाला निकला है और बहुत करके तुम भी थोड़े समय के बाद ऐसा ही करोगे।' इसलिए मैं उस घर को भूल गया और मिस गॉडफ्रे के बारे में सोचना छोड़ दिया।

यह भावनाओं में आया वास्तविक बदलाव था या केवल दिखावा। किंतु उन लोगों का अनुमान था कि मैं उनकी पुत्री से इतना अधिक प्रेम करता हूं कि उससे विवाह किए बिना नहीं रहूंगा और उन्हें कुछ नहीं देना पड़ेगा। इधर मुझे लगा कि यह मुझे धोखा देने की तरकीब है। बस इसी समय से मैंने उनके घर जाना छोड़ दिया। कुछ दिन बाद गॉडफ्रे के परिवारजनों ने मेरे साथ संबंध स्थापित करने की अपनी इच्छा फिर से प्रकट की। किंतु इस बार

मैंने साफ इंकार कर दिया। गणितज्ञ गॉडफ्रे और उनकी पत्नी जेन को यह बात इतनी बुरी लगी कि वे मुझसे झगड़ा करके कहीं दूसरी जगह चले गए। इससे मुझ पर मकान के किराये का अधिक भार आ गया। परंतु अब मैंने भी निश्चय कर लिया कि चाहे जो भी, अब अपने रहने के मकान में किसी दूसरे किरायेदार को नहीं रखूंगा।

किंतु इस घटना से विवाह के प्रति मेरी धारणा बदल गई। मैंने अपने आस-पास देखा और अन्य स्थानों पर भी जाकर निवेदन किया, किंतु मुझे बहुत जल्द ही पता चल गया कि छपाई के काम को आमतौर पर घटिया समझा जाता है। मैंने केवल 100 पाउंड के लिए मिस गॉडफ्रे जैसी सुयोग्य कन्या से विवाह करने से इंकार कर दिया था, यह कदाचित कोई न मानें, किंतु तब विवाह भी एक प्रकार का साधारण व्यापार की तरह ही था और 100 पाउंड की रकम काफी भारी वस्तु गिनी जाती थी। पत्नी के साथ पैसों की अपेक्षा नहीं करनी थी। किंतु इस दौरान, मेरा अपना युवा मन मिलने वाले कमतर एवं अयोग्य महिलाओं के कपट में आने को था, किंतु मैं इन जाल से बच निकला।

मिसेज रेबेका रीड के परिवार के साथ पड़ोसी और परिचित के तौर पर मेरी घनिष्ठता अब भी बनी हुई थी। यह सम्मान उनके घर में मेरे पहली बार रुकने के दिन से ही बन गया था। मैं प्राय: उनके घर जाता था और वे प्रत्येक काम में मेरी सलाह–सहमति लेते थे। रेबेका को दु:खी देखकर मुझे बहुत संताप होता था। वह प्राय: अकेली उदास और दुखी रहा करती थी। मुझे ऐसा विचार कई बार आया कि लंदन में रहते हुए मेरी लापरवाही के कारण ही उसकी यह स्थिति हुई है। किंतु रेबेका की मां कहा करती–'इसमें तुम्हारा नहीं, बल्कि मेरा दोष है, क्योंकि तुम्हारी अनुपस्थिति में दूसरे के साथ विवाह करने को रेबेका से मैंने ही बार-बार आग्रह किया था।' मेरे लंदन से लौट आने तक रेबेका कुंवारी होती तो मैं उसके साथ अवश्य ही विवाह कर लेता, किंतु अब उसकी माता ने आग्रह करके उसका विवाह कर दिया था, अत: अब विवशता थी। किंतु हमारा पहले का स्नेह व आकर्षण परस्पर दोबारा उमड़ पड़ा। उसका दु:ख देखकर मेरा हृदय द्रवित हो गया। सामाजिक रूप से यह मेल अमान्य था, क्योंकि सुना गया था कि उसकी पहली पत्नी इंग्लैंड में रह रही थी, किंतु इतनी लंबी दूरी के कारण यह बताना आसान नहीं था। वह वेस्टइंडीज में मर गया है, यह अफवाह भी तेज थी। किंतु यह कितनी सच्ची थी कितनी झूठी, इसका पता नहीं था। यद्यपि यह सही भी हो तो, भी वह अपने पीछे इतना कर्ज छोड़ गया था कि उसके परिवार वालों से भरपाई की जा सकती थी। किंतु इन जोखिमों के बावजूद मैंने रेबेका से विवाह की

इच्छा जताई, जो सभी को पसंद आई। 1 सितंबर, 1730 को मैंने उससे विवाह कर लिया। जैसी शंकाएं थी, वैसा कुछ नहीं हुआ। रोजर कुम्हार वास्तव में मर चुका था, इसलिए उसकी ओर से कोई भय नहीं रहा। न ही उसका कोई वारिस दावा करने आया। वह एक अच्छी, परिश्रमी, कर्त्तव्य परायण और सरल स्वभाव वाली महिला थी। वह मेरी दुकान पर हाथ बंटाती, कागज बनाने के कारखाने के लिए कागज खरीदती, पुस्तकों की सिलाई करती, मुझे सिखाती और प्रत्येक काम में मेरी सहायता करती। इस तरह से मैंने यथासंभव अपनी उस भयंकर भूल को सुधारा।

इस समय तक हमारी मंडली के एकत्र होने का मुख्य स्थान शराब की दुकान गिनी जाती थी। जंटो मंडली की स्थापना की पहली बैठक भी एक दुकान में ही हुई थी। कुछ समय बाद राबर्ट ग्रेस नामक एक सभासद ने हमें अपने मकान का एक कमरा दे दिया, तब सभा की बैठक वहां होने लगी। कभी-कभी ऐसा होता कि वाद-विवाद में प्रमाण देने को कोई-कोई सभासद अपने घर से पुस्तक लाते। इस पर मैंने सबसे प्रार्थना की कि प्रत्येक सभासद को अपनी पुस्तकें सभा भवन में रखनी चाहिए, जिससे वाद-विवाद करते समय उनका उपयोग हो सके और सभा के अन्य सदस्य भी उनका उपयोग कर सके। मेरी यह प्रार्थना सर्व-सम्मति से स्वीकार कर ली गई और कुछ समय बाद ही सभा भवन के कमरे का एक भाग पुस्तकों से भर गया, जो हालांकि संख्या में ज्यादा नहीं थी, किंतु बहुत उपयोगी थीं। जंटो के सभासदों के उपयोग के लिए इस प्रकार एक वर्ष तक पुस्तकें उपलब्ध रहीं, किंतु देखरेख में कुछ असुविधा से कुछ पुस्तकों की हानि हुई, इसलिए एक वर्ष के पश्चात् सभी सभासद अपनी-अपनी पुस्तकों को वापिस घर ले गए।

अब मैंने सार्वजनिक सेवा रूपी अपनी पहली योजना की ओर कदम बढ़ाया और यह योजना थी एक सब्सक्रिप्शन पुस्तकालय स्थापित करने की यानी चन्दा एकत्र करके एक पुस्तकालय की स्थापना करना। मैंने इसकी योजना बनाई, जिसे हमारे महान साहूकार ब्रॉकडेन ने प्रारूप दिया। नियम रखा गया कि हिस्सेदार को प्रारंभ में पुस्तकें खरीदने के लिए 2 पाउंड देने होंगे और फिर 50 वर्षों तक प्रति वर्ष 10 शिलिंग देते रहना पड़ेगा। उस समय फिलाडेल्फिया में बहुत कम लोग पुस्तक प्रेमी थे। ऐसे में जंटो में शामिल मेरे मित्रों की मदद से पांच महीने बाद अर्थात् सन् 1731 के नवंबर माह तक 50 लोग सदस्य बनें। इसके लिए मुझे भी काफी माथापच्ची करनी पड़ी। जहां तक हो सका, मैं अपना नाम जुबान पर नहीं लाया। मैं सबसे यही कहता कि यह कुछ मित्रों की योजना है और उन्होंने मुझसे अनुरोधपूर्वक कहा है कि मैं घूम-घूमकर पढ़ने-लिखने का शौक रखने वाले परिवार वालों को यह योजना

बताऊं। हमने कुछ समय पश्चात् एक चार्टर (पुस्तकालय की कंपनी का अधिकार पत्र) भी हासिल कर लिया। हिस्सेदारों की संख्या बढ़कर 100 तक जा पहुंची। यह सभी उत्तर अमेरिकी चंदा पुस्तकालयों की जननी थी जिसकी संख्या अब बहुत बढ़ गई है। यह अपने आप में एक महान कार्य है, जो उत्तरोत्तर विकसित हो रहा है। इन पुस्तकालयों ने अमेरिकियों की आम बोलचाल को सुधारा है, आम व्यापारियों एवं किसानों को अन्य देशों के अधिकतर सज्जन लोगों के समान बनाया और कुछ हद तक सामान्य रूप से अपनी प्राथमिताओं की रक्षार्थ सक्षम बनाया।

जो संस्मरण लिखे, उन्हें लिखने का मन्तव्य आरंभ में ही बता दिया है और इसलिए इसमें परिवार के ऐसे अनेक किस्से-कहानियां भी शामिल हैं, जिनकी संभवतः दूसरों के लिए कोई महत्त्व न हो। इन पत्रों में दी गई सलाह, सुझाव एवं मार्गदर्शन का पालन करने के कई वर्ष उपरांत यह सब लिखा और लोगों के लिए भी ऐसी ही अपेक्षा की गई। बड़े परिवर्तन के ये विषय विराम के कारण बने।

नोट्स ऑफ माई लाइफ के साथ मि. एबेल जेम्स का पत्र (पेरिस में) मिला। जिसमें लिखा था-

'मेरे प्रिय एवं सम्मानित मित्र; बहुत दिनों से तुम्हें लिखने की इच्छा थी किंतु अपने विचारों के साथ सामंजस्य नहीं बैठा सका था, क्योंकि यह पत्र शायद ब्रिटिश (सरकार) के हाथों लग सकता था, ऐसा न हो कि कोई मुद्रक या दूसरों के काम में हस्तक्षेप करने वाले पत्रों के किसी भाग को छाप दे और मेरे मित्र को पीड़ा पहुंचाएं अथवा मुझ पर पाबंदी लगा दे।'

'मेरी खुशी का ठिकाना नहीं है कि जब से मुझे तुम्हारे हाथों लिखे 23 ऐसे पृष्ठ मिले हैं, जिनमें तुम्हारे माता-पिता और तुम्हारे बेटे को मार्गदर्शन देते तुम्हारे जीवन का विवरण है, जो 1730 तक का है, जिसके साथ, तुम्हारे द्वारा लिखे नोट्स भी हैं, जिसकी एक प्रति इस उम्मीद के साथ यहां संलग्न है कि इनका कुछ-न-कुछ अभिप्राय अवश्य होगा। यदि तुम इसे बाद के वर्षों में भी लगातार लिखते रहे हो तो पहले और उसके बाद के भाग को एक साथ मिलाया जा सकता है और यदि अब यह जारी नहीं है, तो मुझे आशा है कि तुम बहुत जल्द इसे लिखना शुरू करोगे। जैसा कि उपदेशक कहते हैं कि जीवन अनिश्चितताओं से भरा है और यदि दयालु, सुहृदय और परोपकारी बेंजामिन फ्रेंकलिन अपने दोस्तों को छोड़ दे और दुनिया उस सुखद एवं हितकारी कार्य से वंचित रह जाए, वह कार्य जो कुछ लोगों के लिए नहीं, अपितु करोड़ों लोगों के लिए उपयोगी एवं मनोरंजक होगा तो क्या होगा? उस स्तर की प्रभावपूर्ण लेखों का युवा सोच से सहमत होना बहुत अच्छी

बात है और हमारे जन मित्र के जर्नल में मुझे यह कहीं भी अप्रभावी दिखाई नहीं दी। यह युवाओं को एक पत्रकार की तरह बेहतर और महान बनने की कोशिश करने का संकल्प लेने को प्रेरित करती है। जैसे कि यदि ये छप जाए (और मेरे विचार से यह सफल रहेगा) तो युवाओं को परिश्रम एवं युवा मन को मर्यादा का पालन करने को प्रेरित करेगा। इस तरह की आशीर्वाद से यह कितना महान कार्य होगा! मैं ऐसी किसी जीवित हस्ती को नहीं जानता और न ही उनमें अनेकों को एक साथ रखकर भी किसी में तुम्हारे जितनी क्षमता है, जो परिश्रम की उच्चतर भावना को प्रेरित करें और व्यवसाय, कमखर्ची और संयम की ओर अमेरिकी युवाओं का आरंभ में ध्यानाकर्षित करें। मैं सोचता हूं कि दुनिया में इससे अलग कोई इतना श्रेष्ठ गुणयुक्त कार्य नहीं होगा, बल्कि इतना अति महत्त्वपूर्ण अपने आप में एकमात्र और अद्वितीय है।'

पूर्ववर्ती पत्र और उसके साथ संलग्न सारांश को एक मित्र को दिखाया गया और उससे मुझे निम्नपत्र प्राप्त हुआ:

यह पत्र मि. बेंजामिन वॉघन ने 31 जनवरी, 1783 को पेरिस से लिखा था।

'मेरे अतिप्रिय महोदय; जबसे मैंने आपके जीवन की मुख्य घटनाओं के (मिनट्स) संक्षिप्त विवरण संबंधी आपके पृष्ठ पढ़े, जो आपके क्वेकर परिचितों ने आपके लिए प्राप्त किए थे, तो मैंने आपसे इन कारणों को दर्शाकर पत्र भेजने के लिए कहा था कि मैंने ऐसा क्यों सोचा कि इसे आपेक्षित रूप में पूरा करना और छापना उपयोगी होगा? कभी-कभी कुछ कारणों से इस पत्र को लिखने से रोका भी, किंतु मैं नहीं जानता कि इसकी कोई अपेक्षा थी, शायद खाली समय में होना होगा, परंतु इस समय मैं इसे लिख रहा हूं, कम-से-कम अपनी रुचि और सीखने के लिए। किंतु अपनी सीमाओं के कारण, मेरा ऐसा करना आपकी तरह के व्यक्ति को ठेस पहुंचा सकता है। मैं आपको केवल बताऊंगा कि मैं उस तरह के व्यक्ति को कैसे संबोधित करूंगा, जो आपकी ही तरह बहुत महान एवं अच्छा तो होगा, किंतु कम संकोची होगा। मैं उसे कहूंगा कि-'महोदय, मैं आपके जीवन के इतिहास कि लिए निम्न प्रयोजनों से अनुरोध करूंगा : आपका इतिहास इतना असाधारण है कि यदि आप उसे नहीं बताएंगे तो निश्चित रूप से कोई अन्य बताएगा और संभवत: दूसरों को हानि पहुंचाने में, चीजों को रखने की आपकी व्यवस्था, यह काम बेहतर करा सकती है। इसके अतिरिक्त यह आपके देश की आंतरिक परिस्थितियों को दर्शाएगा, जो सदाचारी एवं पुरुषोचित विचारयुक्त अधिवासियों को वहां बसने के लिए आमंत्रित करेगी और उनके द्वारा इस प्रकार की जानकारी को जानने की उत्कंठा और आपके सम्मान की सीमा, मैं नहीं समझता कि आपकी जीवनी के अलावा अन्य कोई कारगर विज्ञापन ज्यादा जानकारी देगा।

आपके साथ जो भी घटा, उसका संबंध भी नैतिक रीतियों तथा ऊंचा उठते लोगों की स्थिति से है और इस संबंध में, मैं नहीं समझता कि सीजर और टैसिटस की साहित्यिक रचनाएं मानवीय स्वभाव एवं समाज की वास्तविक निर्णायक के लिए ज्यादा रोचक हो सकती है। महोदय, किंतु मेरी दृष्टि में ये उन अवसर की तुलना में बहुत छोटे कारण हैं, जो आपका जीवन भावी महापुरुषों के निर्माण और निजी चरित्र की विशेषताओं को सुधारने के आपके 'आर्ट ऑफ वरच्यु' (जिसे आपने प्रकाशन हेतु डिजाइन किया है) के योग में तथा साथ-ही-साथ सामाजिक एवं घरेलू दोनों प्रकार के उल्लास के निर्माण में लगा है। महोदय, वे दो कार्य जिनकी ओर मैं संकेत कर रहा हूं, आदर्श शासन और स्वशिक्षा का उदाहरण प्रस्तुत करेंगे। विद्यालय और अन्य शिक्षण संस्थान निरंतर असत्य सिद्धांतों पर आगे बढ़ते हैं और असत्य उद्‌देश्यों को इंगित करते अकुशल तंत्र को दर्शाते हैं; किंतु आपका तंत्र सरल और उद्‌देश्य सत्यार्थ; और जबकि माता-पिता एवं युवा लोग जीवन की उचित दिशा में जाने को तैयार होने और आकलन करने के साधनों से वंचित रह जाते हैं। आपकी यह खोज अनमोल है कि कई लोगों में काम व्यक्ति की निजी शक्ति होती है। (The thing is in many a man's private Power) जीवन के काफी देर से निजी चरित्र पर पड़ने वाला प्रभाव न केवल जीवन में देर से पड़ा प्रभाव होता है, बल्कि अशक्त प्रभाव होता है। यह युवावस्था है, जिनमें हम अपने मुख्य व्यवहार और पक्षपात को स्थापित करते हैं। यह युवावस्था ही है, जब हम व्यवसाय, प्रवृत्तियों और वैवाहिक संबंधों को स्थापित करने की ओर प्रवृत्त होते हैं। इसलिए युवावस्था में दिशा दी जाती है; युवावस्था में ही भावी पीढ़ी को शिक्षा भी दी जाती है; युवावस्था में निजी एवं सार्वजनिक चरित्र व व्यक्तित्व का निर्धारण होता है और जीवन की अपेक्षाएं विस्तार पाती हैं, किन्तु युवावस्था से परिपक्वता तक, युवावस्था से ही जीवन योग्य व उचित होना चाहिए और विशेषकर, जब हम अपने पक्ष को प्रमुख लक्ष्यों की ओर अग्रसर करें। लेकिन आपकी जीवन केवल स्व-शिक्षा ही नहीं सिखाती, अपितु एक विवेकी व्यक्ति की शिक्षा प्रदान करती है और वह विवेकी व्यक्ति ज्ञान प्राप्त करेगा, अन्य विवेकी व्यक्ति के विस्तृत आचरण को देख अपने प्रगति पथ में सुधार करेगा और निर्बल ऐसी सहायताओं से वंचित क्यों रहें, जब हम देखते हैं कि हमारी मानवजाति, विशेषकर इस दिशा में समय से दूर रहकर बिना पथ प्रदर्शक के अंधेरे में भटक रही है? महोदय! आप बच्चों और बड़ों दोनों को यह दिखाएं कि कितना बेहतर किया जा सकता है और सभी विवेकशील मनुष्यों को अपने जैसा बनने को तथा अन्यों को विवेकशील बनने का आमंत्रण दें। जब हम देखते हैं कि मानव जाति के लिए राजनेता और

सैनिक कितने निर्दयी हो सकते हैं तथा विवेकहीन प्रसिद्ध लोग उनके परिचित कैसे हो सकते हैं। यह शांतिप्रद, सहिष्णु आचार-व्यवहार के उदाहरणों की बहुतायत को देखना और जानना कि वृहद व घरेलू, ईर्ष्यालु किंतु फिर भी अच्छी प्रकृति का होना कैसे अनुरूप है, शिक्षाप्रद होगा।

वे छोटी-छोटी निजी घटनाएं, जो आपको इस संबंध में बताती होंगी, अत्यधिक उपयोगी होंगी, चूंकि हम सामान्य दिनचर्या में दूरदर्शिता के नियमों को सबसे ऊपर चाहते हैं और आप इनमें कैसे प्रतिक्रिया करते हैं, यह देखना जिज्ञासापरक होगा। अब तक यह जीवन की कुंजी की तरह होगा और कई चीजों को स्पष्ट करेगा कि सभी व्यक्तियों को एक बार उन्हें यह बताना ही होगा, उन्हें दूरदर्शी दृष्टिकोण अपनाकर विवेकशील बनने का अवसर देना होगा। स्व-अनुभवों को पाने का सबसे आसान तरीका है कि दूसरे लोगों की घटनाओं को रोचक तरीके से हमारे सामने प्रस्तुत किया जाए और यह आपकी लेखनी से होना निश्चित है। हमारी घटनाएं एवं व्यवस्था महत्त्वपूर्ण या सरल-सुगम होगी, जो निष्प्रभावी नहीं होगी तथा मुझे विश्वास है कि आपने उन्हीं उसी अपूर्व रचना शक्ति के साथ लिया है, जैसे कि राजनीति या दर्शनशास्त्र में विचार-विमर्श के दौरान करते हैं और मानव जाति की अपेक्षा अनुभवों और पद्धति (उसके महत्त्व और ज्ञान त्रुटियों) से ज्यादा बहुमूल्य क्या है?

'कुछ व्यक्ति अंधेरे में ही धर्मपरायण बने रहें, तो कुछ ने बेहतर ढंग से विचार किया तथा कुछ अन्य लोग बुरे उद्देश्यों में लगे रहे; किन्तु महोदय, आपके बारे में मैं निश्चिंत हूं कि आपकी छत्रछाया में तत्क्षण ज्ञान, व्यावहारिकता एवं अच्छाई ही मिलेगी, आपके बारे में आपका विवरण ही दर्शाता है कि आपके अपने (व्यक्तित्व एवं निजी जीवन) मूल स्थान को लेकर जरा भी संकोच नहीं है। जैसे कि आपने साबित किया कि सबसे महत्त्वपूर्ण चीज, सभी मूल स्थानों से बढ़कर है खुशी, प्रसन्नता, विवेक या महानता। बिना साधनों के साध्य नहीं होता, इसलिए महोदय हम पाएंगे कि चाहे आपने ऐसी योजना बनाई हो, जिसके द्वारा आप बड़े बनते हैं, किन्तु इसी समय हम देख सकते हैं कि हालांकि घटना प्रशंसापूर्ण है, लेकिन उद्देश्य इस प्रकार है जैसे विवेक उन्हें बना सकता है और यह स्वभाव, विवेक, विचार और प्रवृत्ति पर निर्भर करता है। दर्शाई गई अन्य बात, विश्वपटल पर अपने आने के समय की प्रतीक्षा करते हर व्यक्ति का सुंचरित्र है। हमारी संवेदनाएं उस क्षेत्र से घनिष्ठ तौर पर जुड़ी रहती हैं। हम यह भूलने को तत्पर रहते हैं कि उस क्षण के पश्चात् अन्य क्षण भी आने को हैं तथा उसी के अनुसार, वह व्यक्ति अपने आचरण को स्थिर करता है, जो उसके समग्र जीवन के अनुरूप हो। आपके गुण-विशेषताएं आपके जीवन पर लागू हुई हैं और यह मूर्खतापूर्वक अधीरता या

पश्चाताप सहित दु:खी होने की बजाय इसको गुजरते हुए प्रत्येक समय प्रसन्नता एवं आनंद सहित उत्साहित हुआ है। ऐसा आचरण उनके लिए आसान होता है, जो सदाचार एवं प्रभाव बनाते हैं और उन अन्य महापुरुषों के उदाहरणों से अनुग्रहित होते हैं, जिनमें प्राय: धैर्य एवं महागुण होता है। महाशय! आपको क्वेकर पत्र लेखन ने (यहां के लिए दोबारा मैं अपने पत्र के विषय को डॉ. फ्रैंकलिन को सदृश कर सोचता हूं) आपकी कमखर्ची, परिश्रम और संयम की प्रशंसा की है, जिसे उसने समस्त युवाओं के लिए एक आदर्श माना है, किंतु यह एक बात है कि उसने आपकी विनम्रता और निस्वार्थता को भुला दिया, जिसके बिना आपके अपनी उन्नति के लिए कभी प्रतीक्षा नहीं की या कठिन लक्ष्य में अपनी परिस्थितियों को सहज पाया, जो कीर्ति की कमी को दर्शाने और हमारे विचारों को विनियमित करने के महत्त्व का एक सुदृढ़ सबक है। यदि वह पत्र लेखक मेरी तरह ही आपके मान-सम्मान की प्रकृति को जानता होता, तो वह ऐसा कहता। आपके पूर्ववर्ती रचनाएं एवं प्रयास आपकी जीवनी और आर्ट ऑफ वरच्यु (सदाचार की कला) की ओर ध्यान आकर्षित करेंगे तथा बदले में आपकी जीवनी व सदाचार की कला उनकी ओर ध्यानाकर्षित करेगी। यह एक विविध चरित्र पर महत्त्वपूर्ण एवं लाभदायक उषा स्थिति है, जो उससे संबंधित समस्त तत्वों को महत्त्वपूर्ण भूमिका हेतु साथ उपस्थित करता है और यह काफी उपयोगी है, क्योंकि अपने उद्देश्यों एवं चारित्रिक गुणों को सुधारने के उद्देश्य से संभवत: लोगों को उतना लाभ मिलता है, जितना वे उसे करने के प्रति अभिलाषा या झुकाव रखते हैं। किन्तु महोदय, यहां निष्कर्ष स्वरूप एक बात पता चलती है कि जो आपके जीवन के उपयोग को केवल एक जीवनी के रूप में दर्शाएगा। लिखने का यह तरीका प्रचलन से थोड़ा बाहर हुआ लगता है, किंतु फिर भी काफी उपयोगी है और इसकी आपकी नमूना प्रति विशेष तौर पर काम में आने वाली है, जो कि विभिन्न प्रकार के प्रचलित गलाकाट स्पर्धा में शामिल कपटी, विवेकशून्य वैरागी, स्वयं को अत्यंत दु:ख देने वाले या निरर्थक साहित्यिक खिलवाड़ करने वाले लोगों से तुलना का विषय बनेगी। यदि यह आपको इसी प्रकार की रचनाएं ज्यादा लिखने को बढ़ावा देती है और अधिक लोगों को ऐसा उल्लेखनीय जीवन जीने को प्रेरित करेगी, जिनके बारे में लिखा जाए, ऐसी सभी प्लूटार्च जीवनियों को एक साथ प्रस्तुत करना सर्वथा उपयोगी होगा, किन्तु स्वयं को उस चरित्र में उतारने के प्रयास में थकने के कारण, जिसकी हर एक विशेषता दुनिया में केवल एक ही व्यक्ति पर सही बैठती है, उसकी सराहना उसे दिए बिना, मैं डॉ. फ्रैंकलिन, आपके यथोचित व्यक्तित्व को मेरे व्यक्तिगत निवेदन सहित, यह पत्र समाप्त करूंगा। मेरे प्रिय महोदय! मैं उत्साहपूर्वक अभिलाषी

हूं कि आप दुनिया को अपने खरे व्यक्तित्व से चिह्नित करें, वरन् लोगों के लड़ाई-झगड़े इसे कपट या अपयश की ओर ले जाएंगे। आपकी बड़ी आयु, आपके व्यक्तित्व की सजगता और आपके सोचने का असाधारण तरीका, यह सब कुछ ऐसा है कि आपके जीवन के तत्वों या मस्तिष्क की समझ के विषय में केवल आप ही कुशल एवं प्रवीण हो सकते हैं, अन्य कोई नहीं। इस सबके बावजूद, मौजूद बात की महान परिवर्तन (राज्य-परिवर्तन) हमारा ध्यान अनिवार्य रूप से इसके लेखक की ओर परिवर्तित करेगा और जब विवेक सभ्यता सिद्धांत इसमें महत्त्वाकांक्षी हुए, तो यह दर्शाना ज्यादा महत्त्वपूर्ण होगा कि वास्तव में इनका प्रभाव पड़ा है और चूंकि आपका अपना व्यक्तित्व ही सूक्ष्म परीक्षण करने के लिए प्रमुख होगा। (चाहे आपके विशाल एवं उभरते देश के लिए हो या साथ-ही-साथ इंग्लैंड एवं यूरोप पर भी इसके प्रभाव के लिए) यह उचित है कि यह ससम्मान और सनातन रहना चाहिए। मानवीय खुशी की उन्नति के प्रयोजन की खातिर, मैंने सदैव यह बनाए रखा कि यह सिद्ध करने के लिए आवश्यक है कि मनुष्य वर्तमान में ही एक बुरा और घृण ास्पद प्राणी नहीं है, बल्कि अभी यह भी सिद्ध किया जाना बाकी है कि एक अच्छा प्रबंधन तंत्र उसमें काफी हद तक सुधार ला सकता है और लगभग काफी हद तक इसी कारण से मैं निर्धारित अवधारणा को जानने के लिए व्याकुल हूं कि मनुष्य जाति में विभिन्न व्यक्तियों के बीच कुछ साफ-सुथरे चरित्र भी रहते हैं। क्षणभर के लिए निरपवाद रूप में सभी प्राणी क्रोध और निराशाभाव से समर्पित होंगे, अच्छे लोग प्रयासों को विराम दे देंगे, जो निराशा भाव माने जाएंगे और संभवत: जीवन संघर्ष में अपने-अपने हिस्सों को हासिल करने पर विचार करें या मुख्य तौर पर अपने लिए कम-से-कम सुखकारी बनाएं। मेरे प्रिय महोदय! तो आप इस काम को तेजी से अपने हाथों में लें, जैसे आप अच्छे हैं, उसी तरह अच्छा दिखाओ; संयमी हैं तो संयमी दिखाओ और सबसे ऊपर स्वयं को वह साबित करो; जिसने शैशवावस्था से ही न्याय, स्वतंत्रता और मेल-मिलाप को इस प्रकार पसंद किया; जिसने इसे आपके लिए व्यावहारिक तौर पर स्वाभाविक एवं युक्तिसंगत बनाया, जैसा कि हमने आपको आपके जीवन में पिछले 17 वर्षों में करते देखा। अंग्रेज लोगों को ऐसा बनाने के लिए सोचेंगे तो वे आपके देश की भलाई के बारे में सोचने के करीब पहुंचेंगे और जब आपके देशवासी को उनकी ही भलाई के बारे में सोचता पाएंगे तो वे इंग्लैंड की बेहतरी के लिए सोचने के करीब पहुंच पाएंगे। अपने दृष्टिकोण को और दूर तक विस्तृत करो, केवल अंग्रेजी भाषियों तक सीमित न रहो। बल्कि स्वभाव और राजनीति में कई बिंदुओं पर समझौता करने के बाद, समूची मानव जाति की बेहतरी के लिए सोचें। चूंकि मैंने लाइफ इन

क्वेश्चन का कोई भाग नहीं पढ़ा है, किंतु केवल उस पात्र को जानता हूं, जो जिया है। मैंने संयोग से थोड़ा-बहुत लिखा है। परंतु मुझे यकीन है कि मैंने जीवन और निबंध की ओर संकेत किया। अतः यदि आप बताए गए कई दृष्टिकोण से इन प्रदर्शनों के प्रति उपयुक्त उपाय करें तो वह अनिवार्य तौर पर मेरी अपेक्षाओं को कहीं ज्यादा प्रमुखता से पूरा करेगा। तो क्या वे पूरी तरह से असफल साबित हो जाएं, जिनसे तुम्हारे आशाओं को दृढ़विश्वास की अपेक्षा है। तुम मानव मस्तिष्क के रुचिकर भागों को प्रारूप दे चुके होंगे और जो कोई आनंद की अनुभूति दे, वह मनुष्य के प्रति निश्चल होता है, इस विचार ने जीवन के निष्पाप पहलू में बहुत कुछ जोड़ा है अन्यथा उत्कंठा से अत्यधिक अंधकार तथा पीड़ा से अत्यधिक अनिष्ट मिलता है, इसलिए इस आशा में कि आप इस पत्र के माध्यम से की गई प्रार्थना को सुनोगे। मेरे प्रिय महोदय! मैं निवेदन सहित पत्र के नीचे अपना नाम लिख रहा हूं।'

'हस्ताक्षर, बेंज वॉगन'

मेरे जीवन का विवरण, 1784 में पेरिस के निकट पेस्सी में जारी रहा। इस पत्र को प्राप्त हुए कुछ समय हो चुका है, किंतु अति व्यस्त रहने के कारण अब तक मैं उस निवेदन का पालन नहीं कर पाया हूं, जो उसमें वर्णित है। यदि मैं घर पर अपने दस्तावेजों के बीच होता तो मैं भी इन्हें कहीं बेहतर कर पाता, जो मेरे स्मरणशक्ति को प्रेरक करने में सहायता करते और तारीख आदि का पता लगाने में मदद करते, किंतु मेरा वापिस लौटना अनिश्चित था और अभी तक केवल थोड़ी ही फुर्सत मिली है; फिर भी मैं जो कुछ भी याद करने का प्रयास कर लिख सकता हूं वह करूंगा; यदि मैं घर जाकर रह सका तो इसे वहां सही और सुधारा जा सकेगा।

यहां मेरे पास कोई ऐसी कॉपी भी नहीं है, जिस पर पहले से ही कुछ लिख रखा हो। मैं नहीं जानता हूं कि फिलाडेल्फिया सार्वजनिक पुस्तकालय स्थापित करने के पीछे मेरे जो उद्देश्य हैं वे लिखे हैं या नहीं, जो एक छोटी-सी शुरुआत से एक इतना बड़ा विचार बन चुका है। हालांकि मुझे उस लेन-देन (1730) के आसपास के समय को कुछ तो याद है। इसलिए मैं उसके उल्लेख से ही यहां शुरुआत करता हूं, जो यदि पहले ही दिया जा चुका है, ऐसा लगे तो उसे बाहर निकाला जा सकता है।

जिस समय पेंसिलवेनिया में मैंने खुद को स्थापित किया, तब वहां बोस्टन के दक्षिण भाग की किसी कॉलोनी में किताबें बेचने की कोई अच्छी दुकान नहीं थी। न्यूयॉर्क और फिलाडेल्फिया में मुद्रक वस्तुतः स्टेशनर ही थे, जो प्रायः कागज इत्यादि, पंचांग, बैलेड (रोमांचक पद्य) तथा सामान्य स्कूली

किताबें ही बेचा करते थे। जो पढ़ने में रुचि रखते थे, वे इंग्लैंड जाने वालों से पुस्तकें मंगवाने पर निर्भर रहते थे। जंटो के सदस्यों के भी कुछेक ऐसे ही संपर्क थे। हमने वह एलहाउस छोड़ दिया, जहां हम पहले मिले थे और अपने क्लब के लिए एक नया कमरा किराए पर ले लिया। मैंने प्रस्ताव रखा कि हम सभी को उस कमरे में अपनी पुस्तकें लानी चाहिए; जहां न केवल हमारी बैठकों में हम उन पर तुरंत विचार-विमर्श कर पाएंगे, अपितु इसका सभी को एक समान लाभ यह होगा कि यदि कोई घर ले जाकर पढ़ना चाहें तो वह भी वहां से किताबें ले जा सकेगा। ऐसा ही हुआ और हममें कभी-कभी वाद-विवाद भी हुआ।

इस छोटे से संग्रह का लाभ मानकर, मैंने ज्यादा सामान्य तरीके से पुस्तकों से ज्यादा लाभ देने का प्रस्ताव रखा, जो एक सार्वजनिक अंशदान पुस्तकालय (पब्लिक सब्सक्रिप्शन पुस्तकालय) आरंभ करने का था। मैंने आवश्यक योजना एवं नियमों की रूपरेखा तैयार की और चार्ल्स ब्रोकडेन नामक एक कुशल अभिहस्तांरक (कन्वेयन्सर) ने ग्राहकी लेने संबंधी समस्त नियमों को अनुबंध अंतर्नियमों (आर्टिकल्स ऑफ एग्रीमेंट) के रूप में लिखा। नियम यह रखा कि हर हिस्सेदार को प्रारंभ में पुस्तकें खरीदने के लिए 2 पाउंड देने होंगे और फिर प्रतिवर्ष 10 शिलिंग देते रहना पड़ेगा। उस समय फिलाडेल्फिया में ऐसे बहुत कम लोग थे, जो पुस्तक प्रेमी हों और उसके लिए कुछ खर्च करें, अधिकतर लोग निर्धन थे और व्यय नहीं कर सकते थे। बड़ी मेहनत से पांच महीने के पश्चात् 50 से अधिक नाम इकट्ठे हुए, जिनमें अधिकतर व्यापारी थे और नियमानुसार पहले 40 शिलिंग और प्रतिवर्ष 10 शिलिंग देने को तैयार थे। हमने इस छोटी-सी राशि से शुरुआत की। पुस्तकें मंगवाई, ग्राहकों को पुस्तकें देने के लिए सप्ताह में एक बार पुस्तकालय खुलता और इस वचन पत्र (प्रॉमिसरी नोट) के साथ पुस्तक दी जाती कि पुस्तक न लौटाने पर उन्हें दोगुनी कीमत चुकानी पड़ेगी। इस संस्थान की उपयोगिता को देख इस ढंग के और भी कई पुस्तकालय फिलाडेल्फिया और उसके अन्य पार्श्ववर्ती नगरों में स्थापित होने लगे। अनुदान मिलने से पुस्तकालय बढ़ने लगे, पढ़ना एक फैशन बन गया और चूंकि लोगों के पास पढ़ने के अलावा मनोरंजन का कोई जनसाधन नहीं था, इसलिए वे पुस्तकों से परिचित हो गए तथा कुछ ही वर्षों में यात्रियों ने यह कहना शुरू कर दिया कि अन्य देशों की अपेक्षा फिलाडेल्फिया और इसके निकटवर्ती नगरों के निवासी अधिक ज्ञान-संपन्न और प्रवीण प्रतीत होते हैं।

जब हम उपरोक्त वर्णित अंतर्नियमों पर हस्ताक्षर करने वाले थे, जो हमें हमारे वारिसों आदि को 50 वर्षों के लिए अनुबंध में बांधने वाले थे, तो

दस्तावेज लिखने वाले ब्रॉकडेन ने हमें कहा–'आप लोग युवा हैं, किंतु यह शायद ही संभव हो कि तुममें से कोई प्रपत्र में लिखी शर्तों के समाप्त होने तक जीवित रहे।' हालांकि हममें से कई लोग अब भी जीवित हैं, किंतु एक निगमित चार्टर के द्वारा कुछ वर्षों के पश्चात् यह प्रपत्र शून्य यानी अमान्य हो गया और कंपनी को स्थायित्व मिल गया।

हिस्सेदारी (सब्सक्रिप्शन) के अनुरोध में सामने आई आपत्तियों और प्रतिरोध से किसी उपयोग परियोजना के प्रस्तावक के रूप में किसी व्यक्ति को सामने रखने की अनुपयुक्तता को मैं बहुत जल्द समझ गया कि जो किसी व्यक्ति के साथियों की अपेक्षा असली प्रतिष्ठा को तब कुछ हद तक बढ़ा सकता है, जब किसी परियोजना को पूरा करने के लिए उसे उनकी सहायता की जरूरत पड़ती है। इसलिए जहां तक हो सका, मैं अपना नाम सामने नहीं लाया। मैं सबसे यही कहता कि यह कुछ मित्रों की योजना है और उन्होंने मुझे अनुरोधपूर्वक कहा है कि मैं घूम-घूमकर पढ़ने-लिखने का शौक रखने वालों को यह योजना बताऊं। इस तरह से मेरा काम ज्यादा सरलता से चलता रहा और उसके बाद मैंने कई अवसरों पर इसे आजमाया तथा मेरी निरंतर सफलता में इसे हार्दिक रूप से उपयुक्त माना। आपके मिथ्या अभियान का जरा-सा त्याग बाद में पर्याप्त प्रतिफल देगा। यदि यह जरा-भी अनिश्चित रहा तो आपसे भी ज्यादा कोई अहंकारी इसका दावा करने को प्रेरित होगा और तब प्रतिस्पर्धी भी वे लाभ चुनकर उन्हें उनके वास्तविक स्वामी के पास रख देगा और आप बाहर ही रह जाएंगे।

इस पुस्तकालय ने निरंतर अध्ययन से मुझे ज्ञानवर्धन का साधन दिया, जिसके लिए मैंने रोजाना एक या दो घंटे निकाले और इस तरह से उस उच्च शिक्षा के अभाव की कुछ हद तक भरपाई की, जो कभी मेरे पिता मुझे देना चाहते थे। मुझे केवल पढ़ने का शौक ही रह गया था। मैं किसी प्रकार के खेल-मनोरंजन आदि में समय नहीं गंवाता था और मेरे व्यवसाय में मेरा उद्योग ही निरंतर अथक रूप में जारी रहा, जो कि अनिवार्य भी था। मैंने अपने छापेखाने के लिए उधार लिया था; मैं युवा परिवार शिक्षा की राह पर था और मुझे अपने दो व्यावसायिक प्रतिद्वंद्वियों से मुकाबला करना था, जो मुझसे पहले इस जगह पर काम कर रहे थे। तथापि, मेरी स्थितियां निरंतर दिन-प्रतिदिन आसान होती गई। कम खर्च की मेरी आदत वैसी ही बनी रही और बचपन में मेरे पिता जो निर्देश देते थे, बोला करते थे–

"Seets thou a man diligent in his calling, he shall stand before kings, he shall not stand before mean man."

मैंने, तब से उद्योग को धन और विशिष्टता पाने का साधन मान लिया, जिसने मुझे प्रेरित किया, हालांकि मैंने नहीं सोचा था कि मुझे कभी सचमुच

राजाओं से आगे खड़ा होना है, परंतु यह तब से हुआ है, मैं पंचों से आगे खड़ा हुआ और यहां तक कि डेनमार्क के राजा के साथ मुझे रात्रिभोजन करने का मौका मिला।

हमारे यहां एक अंग्रेजी लोकोक्ति है 'He that world thrive, must ask his wife'। यह मेरे लिए सौभाग्य था कि मेरी पत्नी भी परिश्रमी और कम खर्चीली थी। वह खुशी से मेरे कामों में हाथ बंटाती, पम्फ्लेट को मोड़ती व सिलाई करती, दुकान में हाथ बंटाती, कागज निर्माताओं के लिए पुराने लिनेन के टुकड़े खरीदती आदि-आदि। हमने बेकार का कोई नौकर नहीं रखा था, हमारी टेबल सादी व सरल थी, फर्नीचर सस्ता था। जैसे कि कई वर्षों तक मैं नाश्ते में केवल दूध और ब्रेड खाता था, चाय नहीं पीता था। मेरा नाश्ता दो आने के कांसे के चम्मच और मिट्टी के बर्तन में होता था। किंतु देखो, परिवार में वैभव कैसे प्रविष्ट होता है और विपरीत विचार होते हुए भी कैसे बढ़ता जाता है। एक दिन मुझे मेरी पत्नी ने नाश्ता करने को बुलाया तो मैंने देखा कि उसने मेरा नाश्ता चांदी के चम्मच के साथ चीनी मिट्टी के कटोरे (चाइना बाउल) में रखा है। मुझे इसकी खबर भी न थी कि मेरी पत्नी ने मेरे लिए कब ये दोनों वस्तुएं खरीदीं और उनकी कीमत के बदले 23 शिलिंग जैसी मोटी रकम कैसे चुकाई। उसने इतना अधिक व्यय करने का कारण यह बताया कि 'मेरे पड़ोसियों की तरह मेरा पति भी चांदी के चम्मच और चीनी मिट्टी के बर्तन में नाश्ता करने नहीं है, यही सोचकर मैंने इन्हें खरीदा है।' हमारे घर में चांदी और चीनी के बर्तन पहले-पहल इस प्रकार आए। फिर जैसे-जैसे हमारी आर्थिक स्थिति अच्छी होती गई, वैसे-वैसे ये भी बढ़ते गए और अंत में सैकड़ों पाउंड के हो गए।

मुझे पादरी संघ (प्रेस्बीटेरियन) के तौर पर धार्मिक शिक्षा मिली और यद्यपि उस विश्वास के कुछ हठधर्म सिद्धांत, जैसे कि ईश्वर की अनंत आज्ञा, चयन, परित्याग आदि अबोधगम्य रूप से मेरे सम्मुख आए, अन्यों पर संदेह रहा और मैंने पंथ की जनसभाओं में बहुत पहले ही जाना छोड़ दिया, क्योंकि रविवार को मैं बैठकर पढ़ा करता था, इसलिए हमेशा धर्म सिद्धांतों पर चिंतन हुआ करता था। जैसा कि मैंने ईश्वर के अस्तित्व, उसके द्वारा दुनिया को बनाने, उसकी कृपा से उसे चलाने, ईश्वर की सर्वाधिक कृपायुक्त सेवा कार्य मानवमात्र का भला करना है; हमारी आत्मा अजर-अमर है; हर अपराध का दंड मिलेगा और सद्कर्मों का पुण्य, चाहे इस दुनिया में मिले या मृत्योपरांत; मैंने इन बातों पर कदापि संदेह नहीं दिखाया। मैंने हर धर्मों के प्रधान एवं मूलभूत तत्त्वों का सम्मान किया, जो भी हमारे देश में मरते और उनमें पाए जाते हैं। मैंने उन सभी का सम्मान किया, हालांकि सम्मान का स्तर भिन्न-भिन्न

रहा, जो कि मैंने अन्य विचारों के साथ कम या ज्यादा मिला पाया, जो कि प्रेरणा, प्रोत्साहन या नैतिकता की पुष्टि करने के किसी प्रवृत्ति के बिना मुख्य तौर पर हमें बांटने का काम करते हैं और हमें परस्पर प्रतिकूल (अमित्र) बनाते हैं। इस विचार के साथ सबके प्रति श्रद्धा रही कि बुरे का भी कुछ सुप्रभाव पड़ता है, इसी ने मुझे उन समस्त तर्कों को अपेक्षित करने को प्रेरित किया, जो कि सद्‌विचार को कम करने को प्रवृत्त हो सकते थे एवं अन्य उसके अपने ही धर्म के हो सकते थे। जैसे-जैसे हमारे प्रांत में आबादी बढ़ी, तो प्रार्थना के नए स्थानों की लगातार आवश्यकता बढ़ी और प्रायः स्वैच्छिक अंशदानों से बनाए गए धर्म चाहे कोई भी रहा हो। ऐसे उद्देश्य हेतु अंशदान देने से मैंने कभी मना नहीं किया।

हालांकि मैंने शायद ही कोई सार्वजनिक प्रार्थना सभा में हिस्सा लिया हो, किंतु मुझे उसकी मर्यादा में अब भी सम्मति थी और उपयुक्त आचरण करने पर उनके महत्त्व का भी पक्षधर था। फिलाडेल्फिया में केवल पादरी संघ के मंत्रीगणों या सभाओं में नियमित रूप से मैंने अपना वार्षिक चंदा दिया। वे प्रायः मित्रभाव से मुझसे मिलते और उनके सार्वजनिक कार्यों में भाग लेने के लिए धीरे से झिड़कते और मैं जब-तब कभी लगातार पांच रविवार ऐसा कर लेता। वह मेरी दृष्टि से एक अच्छे प्रवचनकर्ता रहे थे। संभवतः मैं इसे जारी रख सकता था, तो भी रविवार का दिन मेरे लिए पढ़ने का आनंद उठाने का दिन था, किंतु उनके प्रवचन एवं भाषण या तो मुख्य तौर पर खंडन-मंडन करने वाले तर्क थे या फिर हमारे पंथ के असाधारण सिद्धांतों की व्याख्या, और यह सब मेरे लिए अत्यंत नीरस, अरुचिकर और अशिक्षाप्रद थे। चूंकि मैं एक भी नैतिक सिद्धांत मन में बैठाने या बलपूर्वक लागू करने वाला नहीं था। उनका उद्देश्य हमें अच्छा नागरिक बनाने की बजाय पादरी यानी प्रेस्बीटेरियन्स बनाना लगता था।

'यदि कोई सदाचार हो या इन चीजों पर कोई स्तुति, विचार हो तो आखिरकार भातृभाव, कुछ भी चीज सत्य, निष्कपट, न्यायनिष्ठ, विशुद्ध, स्नेहशील या सद्‌प्रतिवेदन की है।'

और इस गद्य पर उपदेश में मैंने यह कल्पना की कि हम कुछ नैतिकता को प्राप्त करने का अवसर गंवा नहीं सकते। किंतु जैसा कि धर्मप्रचारक का आशय था, उन्होंने स्वयं को केवल पांच बिंदुओं तक सीमित रखा, जैसे कि– 1. शनिवार या रविवार को पवित्र विश्राम (सैबथ) दिवस रखो, 2. पवित्र धर्मग्रंथ पढ़ने में कर्त्तव्यपरायण बने रहो, 3. यथोचित रूप से सामूहिक उपासना में शामिल हों, 4. संस्कार के भागीदार बनो, 5. ईश्वर के धर्माध्यक्षों का आदर करो।

ये सभी अच्छी चीजें हो सकती थीं, किंतु ये उस तरह की अच्छी चीजें नहीं थीं, जैसी कि मैंने उस गद्य से अपेक्षा की थी। उनके किसी के भी साथ सर्वदा बैठक कर मैं निराश ही हुआ और मुझमें घृणा भाव आ गया फिर मैं किसी प्रवचन में शामिल नहीं हुआ। कुछ वर्ष पूर्व (शायद 1728 में) मैंने अपने निजी उपयोग के लिए एक छोटी उपासना पद्धति या पूजा विधि रचनाबद्ध की थी, जिसका शीर्षक था 'आर्टिकल ऑफ बिलीफ एंड एक्ट्स ऑफ रिलीजियन'। मैं दोबारा इसका पालन करने लगा और सार्वजनिक प्रार्थना सभाओं को तिलांजलि दे दी। मेरा यह आचरण दोषपूर्ण कहा जा सकता था, इसलिए मैंने अपनी सफाई देने का कोई बहाना बनाए बिना इसे छोड़ दिया, क्योंकि अभी मेरा उद्देश्य तथ्यों को जोड़ना था, न कि उनके लिए क्षमा मांगना।

इसी अवधि में, मैंने स्वयं नीति निपुण होने का विचार करके एक दूसरी निर्भीक एवं दुर्गम योजना निश्चित की। किसी भी समय, बिना कुछ अपराध किए और संगति एवं स्वाभाविकता से अपराध करने को मन प्रवृत्त है, नहीं करने की मेरी धारणा थी। मैं इन सभी पर प्रभावी रहूंगा, जो मुझे इस ओर अग्रसर करें। चूंकि मैं ऐसा सोचता था कि मुझे पता है कि क्या गलत है और क्या सही। अथवा जानता हूं कि मेरी धारणा ऐसी ही थी कि हमेशा अच्छाई करूं और बुराई से दूर रहूं। इससे कुछ हानि होगी, ऐसा मुझे कभी नहीं लगा। किंतु थोड़े ही समय बाद मुझे ज्ञात हुआ कि अपनी धारणा से अधिक कठिन काम मैंने अपने सिर पर लिया है। जब इस प्रकार के अपराध में सावधान रहने की ओर मेरा ध्यान आकर्षित होता तो मैं किसी दूसरे प्रकार के अपराध में फंस जाता। पूरी बात को जानने-समझने में बुद्धि कुछ काम न करती। आखिरकार मैंने तय किया कि पूरी तरह सदाचारी होना ही खुद के लिए फायदे की बात है। किंतु मन में इस तरह का विश्वास, खुद को भूल करने से बचने के लिए पर्याप्त नहीं हो सकता है और हमेशा एक ही रीति से चाल चलने की प्रवृत्ति छोड़नी ही चाहिए और सद्प्रवृत्तियों को ग्रहण व स्थापित करना चाहिए, इससे पहले कि हम हमेशा एक ही तरह की रीति से चाल चलने को अपने को सद्गुण और प्रतिकूल औचित्य पर निर्भर हो जाएं। इसी उद्देश्य हेतु, इसी धारणा को पूरा करने के लिए मैंने निम्न विधि सुनिश्चित की-

नैतिक सद्गुणों की विभिन्न गणनाएं करते हुए मुझे अपनी पाठ्य सामग्री को देखना पड़ा; मैंने अनुसूची (कैटेलॉग) को लगभग असंख्य पाया, क्योंकि विभिन्न लेखकों ने कम या ज्यादा विचारों को एक ही नाम से शामिल किया था। उदाहरण के लिए, मिताहार खाने-पीने की कुछ सीमाओं तक परिसीमित था, जबकि अन्यों द्वारा यह हर अन्य सुख, अभिरुचि, प्रवृत्ति या भावावेश, शारीरिक हो या मानसिक, यहां तक कि हमारी लोलुपता एवं महत्त्वाकांक्षा

तक विस्तृत था। स्पष्टता एवं पारदर्शिता की खातिर ज्यादा नाम उपयोग करने के लिए मैंने स्वयं को प्रस्तावित किया था। कम नामों में ज्यादा विचारों की अपेक्षा ज्यादा नामों में हर किसी नाम से कम विचार जुड़े थे। मैंने सदाचार के 13 नामों को जोड़ा, जो मुझे उस समय अनिवार्य या अपेक्षित लगे और हर किसी से एक बोध ज्ञान, नीतिवचन (उपदेश या निर्देश) जुड़ा था, जो मेरे द्वारा दिए अर्थ को पूर्णतया अभिव्यक्त करता है। एक ही समय पर एक ही सद्‌गुण पर लक्ष्य देकर उसमें दृढ़ हो जाने पर दूसरे को ग्रहण करने का निश्चय किया। प्रत्येक सद्‌गुण का नाम अपने नीतिवचन सहित नीचे दिया गया है–

1. **मिताहार (टेम्पेरेंस)**– भोजन इतना नहीं करना कि सुस्ती आ जाए, पानी इतना नहीं पीना जिससे सिर फिर जाए।
2. **मौन (साइलेंस)**– दूसरों को अथवा स्वयं को लाभ पहुंचाएं, इससे ज्यादा नहीं बोलना। निरर्थक बातचीत से दूर रहना।
3. **व्यवस्था (ऑर्डर)**– अपनी प्रत्येक वस्तु को उसके योग्य स्थान पर रखना और अपना प्रत्येक कार्य नियमित समय पर करना।
4. **निश्चय (रिजोल्यूशन)**– आपको जो कुछ करना आवश्यक हो, उसे करने का निश्चय करना। जो कुछ करने का निश्चय कर लिया हो, उसको अवश्य करना।
5. **मितव्यय (फ्रूजेलिटी)**– दूसरों का या अपनी भलाई के लिए व्यय करने के अतिरिक्त व्यय न करना, अर्थात् पैसों को व्यर्थ न उड़ाना।
6. **उद्योग (इंडस्ट्री)**– समय को व्यर्थ न गंवाना। हमेशा कुछ उपयोगी काम में लगे रहना, व्यर्थ के सभी काम छोड़ देना।
7. **शुद्ध भाव (सिन्सियेरिटी)**– दूसरों को कोई हानि पहुंचे, ऐसा धोखा न देना। निश्चल (निर्दोष) एवं न्याय रीति से विचार करना और यदि बोलें तो भी इसी रीति से बोलना।
8. **न्याय (जस्टिस)**– दूसरों को लाभ पहुंचाने का जो अपना कर्त्तव्य है, उसे न भूलना तथा जो नहीं करने का कर्त्तव्य है, उसे करके किसी को कष्ट न देना।
9. **क्षमा (मॉडरेशन)**– सीमा से बाहर नहीं जाना। यदि किसी ने तुम्हारी हानि की हो, तो जो तुम्हारे मन को जंचे इतना अधिक बदला नहीं लेना।
10. **स्वच्छता (क्लीनलिनेस)**– शरीर, कपड़े और घर अस्वच्छ न रहने देना।
11. **शांति (ट्रानक्विलिटी)**– निरर्थक विषयों में या साधारण अथवा अनिवार्यतः अकस्मात से किसी की बुराई न करना।

12. **शुद्धता (चेस्टिटी)**– हृदय को हमेशा पवित्र रखना, किंतु कभी भी किसी के स्वास्थ्य, कमजोरी, कष्ट, शांति या मान-सम्मान के लिए कोई कुविचार अपने मन में न लाना।
13. **नम्रता (ह्यूमिलिटी)**– जीसस और सोक्रेटस (ईसा मसीह और सुकरात) का अनुसरण करना।

मेरा इरादा इन सभी सद्‌गुणों को पाना और आत्मसात करना है। मैंने फैसला किया कि सभी को एक साथ ग्रहण करने पर अपना ध्यान न लगाना ठीक नहीं होगा, बल्कि एक बार में केवल एक को ही हासिल करना चाहिए और जब उस एक में पारंगत हो जाऊं तो दूसरे पर जाऊं तथा इसी क्रम में आगे बढ़ता रहूं, जब तक कि समस्त 13 सद्‌गुण ों को हासिल न कर लूं और संभव है कि पिछले की सफल प्राप्ति अगले अन्य सद्‌गुणों की प्राप्ति में सहायक बनें, इसलिए मैंने इन्हें इस क्रम में रखा, जैसे वे ऊपर दिखते हैं। सबसे पहले मिताहार, क्योंकि यह सिर की शीतलता (प्रशांति) एवं निर्मलता को बचाता है, जो कि अत्यंत आवश्यक है, जिसमें निरंतर सतर्कता रखी जानी होती थी और पुरानी आदतों के प्रति आकर्षित होने से रोकने के लिए सजग पहरेदारी बनाए रखनी थी एवं निरंतर मिताहार पर बल देना था। यदि इसे पा लिया गया और आत्मसात कर लिया गया तो मौन को आत्मसात करना ज्यादा सरल होगा तथा इसी समय ज्ञान प्राप्ति की मेरी चाह, जो मैंने सद्‌गुण में सुधारी थी और उस पर बातचीत में विचार किया, उसे जुबान की बजाय कानों के प्रयोग से पाया एवं इसलिए उस प्रवृत्ति को तोड़ना चाहता था, जिस निरर्थक बातों, खोखलेपन और मसखरेपन में मैं पड़ रहा था, जिसने मुझे साधारण चीज के बीच में स्वीकार्य बनाया, मैंने उस मौन को दूसरा स्थान दिया। यह और इससे अगला कदम, व्यवस्था से मुझे अपेक्षा है कि यह मेरी परियोजना एवं मेरे अध्ययन के प्रति मुझे ज्यादा समय देगा। एक बार निश्चय करने की आदत पड़ जाए तो यह शेष सभी सद्‌गुणों की प्राप्ति में किए जाने वाले मेरे प्रयासों में मुझे अडिग रखेगा; मितव्यतता (फिजूलखर्ची न करना) तथा उद्योग (समय का परिश्रम सहित सद्‌पयोग) मुझे मेरे बकाया कर्ज से मुक्ति दिलाएगा तथा शुद्ध भाव व न्याय इत्यादि के अभ्यास को ज्यादा सरल बनाएगा और इसके पश्चात् इन्हें आत्मसात कर निश्चित तौर पर पाइथागोरस के स्वर्णिम पदों की सलाह के अनुसार इनका प्रतिदिन परीक्षण करना अनिवार्य होगा, जिसके लिए मैंने निम्न विधि तैयार की थी।

मैंने एक पुस्तिका (नोट बुक) बनाई, जिसमें हर सद्‌गुण के लिए एक

अलग पृष्ठ रखा। प्रत्येक सद्‌गुण के लिए एक प्रारूप बनाकर उस पर लाल व काली स्याही से ऐसे चिह्न निश्चित कर दिए थे, जिन पर से प्रतिदिन के अपराधों की गणना सरलता से हो जाया करती थी। हर पृष्ठ में सात कॉलम थे, सप्ताह के हर दिन के लिए एक, जिसमें हर कॉलम में उस दिन के लिए एक अक्षर (लेटर) होता। मैं इन कॉलम्स पर 13 लाल लाइनों से निशान लगाता, हर लाइन के शुरू में किसी सद्‌गुण के प्रथम अक्षर से अंकित करता, जिस लाइन पर और उपयुक्त कॉलम में, मुझे काला निशान लगाना होता, जिससे परीक्षण के उपरांत मुझे उस दिन किए अपराध की गणना सरलता से हो जाती थी।

फ्रैंकलिन की नोटबुक के एक पृष्ठ का नमूना

मिताहार

इतना भोजन नहीं करना, जिससे सुस्ती आ जाए और इतना पानी नहीं पीना, जिससे सिर फट जाए

	रवि	**सोम**	**मंगल**	**बुद्ध**	**गुरु**	**शुक्र**	**शनि**
मिताहार							
मौन	*	*		*		*	
व्यवस्था	*	*			*	*	*
निश्चय		*				*	
मितव्यय		*				*	
उद्योग			*				
शुद्धभाव							
न्याय							
क्षमा							
स्वच्छता							
शांति							
शुद्धता							
नम्रता							

इसी प्रकार क्रमानुसार दूसरे सद्‌गुणों के लिए भी मैंने पृष्ठ बना रखे थे। एक पूरे सप्ताह तक मैं एक सद्‌गुण पर खास ध्यान केंद्रित करता था। जैसे कि पहले सप्ताह मिताहार के विरुद्ध मैंने हर संभव अपराध न करने पर ध्यान रखा, जबकि अन्य सद्‌गुणों को साधारण माना, केवल उस दिन के अपराधों पर हर शाम को निशान लगाता। इस तरह, यदि पहले सप्ताह में मैंने अपनी

पहली लाइन, मिताहार पर कोई निशान नहीं लगाता तो मान लेता कि उस सद्‌गुण की आदत/प्रवृत्ति काफी मजबूत है और यदि इसके विपरीत स्थिति हो तो कमजोर, फलतः अगले सद्‌गुण सहित इस पर भी मुझे ज्यादा ध्यान देता होता तथा जिससे अगले सप्ताह दोनों लाइनों पर कोई निशान न लगने पाए। इस प्रक्रिया के पूरा होने में सद्‌गुणों की संख्या 13 होने से पूरे वर्ष में चार बार प्रत्येक सद्‌गुण का नंबर आता। प्रतिदिन दिन-भर के काम याद कर रात्रि को मैं सद्‌गुण का पृष्ठ भरता और यदि किसी सद्‌गुण में कोई अपराध हो जाता—त्रुटि रह जाती तो वह दिखाने को काले निशानों के चिह्न लगा देता। खेत को यदि नींदना (खर-पतवार उखाड़ना) हो तो खड़ी हुई टेढ़ी घास को एक ही बार उखाड़ने से कुछ लाभ नहीं होता, जिसकी जड़ें काफी नीचे मजबूती से जमी होती हैं, बल्कि एक बार में एक क्यारी लेकर पहले अच्छी तरह उसकी निराई करने के बाद ही दूसरे का काम हाथ में लिया जाए तो बराबर साफ हो जाएगी। इसी तरह सभी सद्‌गुणों को एक साथ ग्रहण नहीं किया जा सकता। लेकिन आरंभ में एक गुण को लिया जाए और जब वह आदत पड़ जाए तो दूसरे को लिया जाए। इस प्रकार से सभी सद्‌गुण अच्छी तरह से ग्रहण किए जा सकते हैं। वास्तव में रोज परीक्षण कर 13 सप्ताह के बाद एक साफ-सुथरी पुस्तिका देख मुझे प्रसन्न होना था।

इस छोटी-सी पुस्तिका के उद्देश्य वाक्य (मोटो) के लिए मैंने एडिसन की काटो से निम्न पंक्तियां ली थीं—

'करूंगा मैं उसे धारण, यदि कोई शक्ति है हमसे ऊपर
और सर्वत्र प्रकृति की प्रचंड ध्वनि देती है सुनाई
उसकी रचनाओं के माध्यम से, वह सदाचार से ही आनंदित होगा
और उसे जिसके जो आनंद मिलेगा, वह अवश्य खुशी ही होगी।'

ईश्वर को सदाचार का स्रोत होना है, यह विश्वास कर मैंने इसे पाने के लिए उसकी सहायता की याचना के लिए इसे उपयुक्त एवं अनिवार्य समझा। इसके लिए मैंने एक छोटी-सी प्रार्थना की रचना की, जो रोजाना उपयोग के लिए मेरी परीक्षण तालिका में सबसे आगे जुड़ी—

'हे सर्वशक्तिमान परमेश्वर! कृपालु परमपिता! दयालु पथप्रदर्शक! मुझमें मेरी उस प्रज्ञा का संवर्धन करो, जो मेरे सच्चे हितों को खोजे। वह प्रज्ञान जो दिखाए, उसे करने के लिए मेरे संकल्प को दृढ़ करो। आपकी अन्य संतानों के माध्यम से मेरी सहायता सेवाओं को स्वीकारो, क्योंकि उनका मेरे प्रति निरंतर अनुग्रह ही मेरी शक्तियों का एकमात्र प्रतिफल है।'

कभी-कभी मैंने एक छोटी प्रार्थना का भी उपयोग किया, जो थॉम्पसन

की कविताओं से ली थी, जैसे–

'हे प्रकाश और जीवन देने वाले, तू परमेश्वर है,
मुझे सिखाओ कि क्या अच्छा है, मुझे स्वयं सिखाओ,
मूर्खता, अभिमान एवं दुर्गणों से मुझे बचाओ,
रक्षा करो हर नीच कर्म से और भर दो मेरी आत्मा को
ज्ञान, सचेतन शांति और शुद्ध सदाचारण से
पवित्रता, अस्तित्व और अक्षुण्ण आनंद से।'

व्यवस्था रखने के सद्‌गुण को पाने के लिए किस समय, क्या काम करना चाहिए, इसका निश्चय करके उसके अनुसार चलना चाहिए। प्रतिदिन के चौबीस घंटे किस प्रकार व्यतीत करने हैं, इसके लिए मैंने निम्न योजना बनाई और यथासंभव इसके अनुसार ही चलने लगा–

योजना

समय	**घंटे**	**कर्म**
प्रातःकाल (प्रश्नः आज मैं क्या सद्‌कर्म करूंगा?)	5 से 7	उठना, शौच, स्नान आदि कृत्यों से निवृत्त होकर प्रार्थना करना। आज का कार्यक्रम निर्धारित करना और आज के सद्‌गुणों का विचार करके उन पर अभ्यास एवं नाश्ता।
	8 से 11	कार्य करना
दोपहर	12 से 1	पढ़ना या हिसाब की जांच करना और भोजन करना
	2 से 5	कार्य करना
संध्याकाल (प्रश्न : आज मैंने कौन-सा सद्‌कर्म किया है?)	6 से 9	सब वस्तुओं को यथास्थान रखना। रात्रिभोजन, संगीत या मनोरंजन अथवा बातचीत। सारे दिन के कार्यों के गुण-दोष का हृदय से विवेचन।
रात्रि	10 से 4	निद्रा

इस योजना का पालन मैंने स्व-परीक्षण के लिए किया और बिना किसी असुविधा के कभी-कभी कुछ अंतराल के साथ भी इसे लगातार किया। यह योजना ऐसी है कि प्रत्येक मनुष्य के अनुकूल हो सके, ऐसा भी नहीं कहा जा सकता। इसके फलस्वरूप मैं यह जानकर हैरान था कि मुझमें मेरी सोच से भी ज्यादा त्रुटियां थीं, किंतु उन्हें समाप्त होता देख मुझमें संतुष्टि थी। कभी-न-कभी तो मुझे अपनी यह पुस्तिका बदलनी थी, क्योंकि पुरानी गलतियों के कारण कागज पर पड़े निशानों को हटाकर नए रूप में नए के लिए जगह

बनानी थी, क्योंकि गलतियों से कॉपी भर चुकी थी। इसके नए रूप में बदलने वाली परेशानियों से बचने के लिए मैंने अपनी तालिकाओं एवं निर्देशों को एक स्मरण पुस्तिका (मेमोरेंडम बुक) की आइवरी लीव्स पर हस्तांतरित कर दिया, जिस पर लाल रंग से खींची लाइनों ने त्रुटियों के निशानों को ज्यादा टिकाऊ बना दिया और उन लाइनों पर मैंने अपनी त्रुटियों को काले सीसे की पेंसिल से चिह्नित किया, जिन्हें मैं गीले स्पंज से आसानी से मिटा भी सकता था। कुछ समय बाद मैं साल में एक कोर्स ही करने लगा और उसके बाद कई वर्षों में एक, कुछ समय के पश्चात् उन सभी को पूरी तरह मिटा देना पड़ा। चाहे मैं समुद्री यात्रा पर होता अथवा व्यापार के सिलसिले में विदेश में, जिसमें अनेक कार्यों से विघ्न पड़ता हो, किंतु मैं अपनी यह पुस्तिका हमेशा अपने साथ रखता था।

व्यवस्था की मेरी योजना ने मुझे सर्वाधिक परेशान किया और मैंने पाया कि चाहे यह व्यवहार योग्य हो सकती है, जहां किसी व्यक्ति का व्यवहार ऐसा था, जैसा कि वह उसके समय की व्यवस्था को त्याग कर दे, जैसे कि दिहाड़ी मजदूर मुद्रक को उसके मालिक द्वारा पूर्णतः निगरानी करना संभव नहीं था, जो प्रायः लोगों से मिलता-जुलता रहता था और अकसर अपने व्यवसाय के लोगों से व्यावसायिक कार्यकाल में ही मिलता। अतः चीजों, कागज आदि को व्यवस्था से ही सही जगह पर रखा जाता है, किंतु मुझे इसे अपनाने में कठिनाई हुई। मैं पहले-पहल इसका अभ्यस्त नहीं था और अच्छी स्मरणशक्ति होने के बाद भी मैं अपेक्षित तरीकों को अपनाने में होने वाली इतनी असुविधा से परिचित नहीं था, इसलिए इस बात में ध्यान केंद्रित करने में काफी पीड़ादायी अनुभव दिया और उसमें मेरी त्रुटियों ने मेरा काफी उत्पीड़न किया कि मैं बहुत कम आगे बढ़ पाया और ऐसे में कितनी बार पूर्वास्थिति में लौटा कि मैंने इस कोशिश को लगभग छोड़ने का मन बना लिया था तथा स्वयं को एक ऐसा दोषपूर्ण व्यक्ति मानने लगा, जैसे कि मेरा पड़ोसी था, जो लुहार से कुल्हाड़ी खरीदने पर उसके धार जैसी चमक पूरी कुल्हाड़ी में चाहता है। लुहार ने सहमति दी कि यदि वह आग को तेज करने वाले पहिए को घुमाए तो वह इसे बेहतर चमक दे देगा। उसने पहिया घुमाया, जबकि लुहार ने कुल्हाड़ी का चौड़ा भाग पत्थर पर बलपूर्वक दबाए रखा। इस काम में वे बहुत थक गए। वह व्यक्ति पहिया छोड़कर बार-बार यह देखने आ जाता कि काम कैसा चल रहा है और काफी देर बाद भी उसे अपनी कुल्हाड़ी की चमक वैसी-की-वैसी ही मिली। लुहार बोला-'अभी नहीं और घुमाओ, और घुमाओ, अभी यह धब्बेदार ही है। हम इसे बहुत जल्द ही चमकदार कर लेंगे।' वह व्यक्ति बोला-'हां, लेकिन मैं सोचता हूं कि मुझे

धब्बेदार कुल्हाड़ी पसंद है।'

मेरा विश्वास है कि ऐसा ही कई लोगों के साथ होगा कि ऐसे ही उद्देश्यों की खातिर मैंने जिन्हें नौकरी पर रखा था, उन्हें दुर्गुण और सद्‌गुण के अन्य दृष्टिकोण में सद्‌गुण को आत्मसात करने तथा दुर्गुण को त्यागने में कठिनाई हुई होगी और उन्होंने संघर्ष छोड़कर किसी उद्देश्य में यही निष्कर्ष लिया होगा कि 'धब्बेदार कुल्हाड़ी बेहतर थी'। जिन्होंने कभी-कभी इसे कारण माना, उसी ने समय-समय पर मुझे सुझाया कि ऐसी चरम अवस्था, जो मैंने अपने लिए बलपूर्वक प्राप्त की थी, उनके नीति वचनों में एक प्रकार का अहं भाव हो सकता है, जो यदि ज्ञात होता तो मैं हंसी का पात्र बनता कि एक उपयुक्त पात्र ईर्ष्या व घृणा होने का कष्ट उठाकर भी सामने आ सकता है और परोपकारी मनुष्य को स्वयं में कुछ त्रुटियों (कदाचार) को रहने देना चाहिए, जिससे उसके मित्र उसके समर्थक बने रहें।

वास्तव में, व्यवस्था के मामले में मैंने स्वयं को बहुत खराब एवं बिगड़ा हुआ पाया और अब जबकि मैं वृद्ध हो चला हूं, याददाश्त क्षीण हो चुकी है, जिसकी आज मुझे हृदय से आवश्यकता है। किंतु कुल मिलाकर यद्यपि मैं पूर्णता (निर्दोषता) को कभी पूरी तरह पा नहीं सका, जिसे पाने की मुझमें गहन अभिलाषा थी, लेकिन मैं इस पूर्णता से काफी दूर रह गया। अपने अथक प्रयासों से, फिर भी मैं एक बेहतर और खुश इंसान हूं। अन्यथा यदि मैंने ऐसा न किया होता तो मैं भी उन्हीं लोगों की तरह हो गया होता, जो मुद्रित (छपी हुई) प्रतियों की नकल कर सही लिखना चाहते हैं, किंतु फिर भी वे उन प्रतियों से श्रेष्ठ लिखने की अपेक्षा तक नहीं पहुंच पाते हैं। यद्यपि प्रयास के स्वरूप उनका कौशल निखर जाता है– अच्छा, स्पष्ट एवं पठनीय हो जाता है।

यह विवरण 79 वर्ष की अवस्था में लिखा गया है। इतनी आयु तक ईश्वर की कृपा से इस छोटी-सी योजना के कारण मैंने हमेशा सुख भोगा है। इसी से यह बात अपने वंशजों को बतला देना मैं उचित समझता हूं। अब मेरे बाकी बचे जीवन में कौन-कौन-सी विपत्तियां आएंगी, यह तो ईश्वर ही जाने। कदाचित विपत्तियां आ जाएंगी तो मैं अपने अभी तक भोगे हुए सुख के चितवन से, ईश्वर के अधीन होकर उन्हें सहन कर सकूंगा। मेरा लंबे समय से बना हुआ स्वास्थ्य और शक्ति-संपन्न शरीर मिताहार के कारण ही है। मैं छोटी आयु में पैसा इकट्ठा करके अच्छी स्थिति वाला हुआ और दूसरों को ऐसा ज्ञान दे सकूं, ऐसा उपयोगी नागरिक बन गया। विज्ञ-समुदाय में मैं जो थोड़ा-बहुत यश अर्जित कर सका, यह मेरी आलोचनात्मक और प्रयत्नशील प्रकृति के कारण मेरे देशवासियों का मुझ पर विश्वास तथा मुझे मिले हुए सम्मानयुक्त ओहदा मेरे शुद्ध भाव और न्याय के कारण है। मेरा स्वभाव शांत

और हंसमुख है। बहुत से लोग मेरी संगति में रहने की इच्छा रखते हैं और छोटे-से-छोटा बालक भी मुझे चाहता है। इसका कारण वे सब सद्गुण हैं, जिन्हें मैं बहुत ही अपूर्ण रीति से ग्रहण कर सका। इसलिए मुझे उम्मीद है कि मेरे कुछ वंशज इसका अनुसरण कर सकते हैं और इसका लाभ उठा सकते हैं।

यहां ध्यान देना होगा कि यद्यपि मेरी योजना पूरी तरह धर्मरहित नहीं थी, वह इसमें था, किंतु इसमें किसी मत विशेष के सिद्धांतों की छाप नहीं थी। मैंने सोच-समझकर उन्हें बाहर रखा था। अपनी रीति की श्रेष्ठता एवं उपयोगिता को पूरी तरह हासिल करने के लिए तथा यह सोचकर की कि वह सभी धर्मों के अनुयायियों के लिए उपयोगी होगा। मैं इसे कभी-न-कभी प्रकाशित करना चाहता था। इसमें ऐसा कुछ न था, जो किसी व्यक्ति, किसी पंथ को मेरे विरुद्ध करे या उसके विरुद्ध हो। मैं हर सदगुण पर एक छोटी टिप्पणी लिखना चाहता था, जिसमें मैं इसे अपनाने के लाभ बताता और इसके विपरीत दुर्गुण पर चलने की हानियां तथा मैं अपनी पुस्तक को 'सद्गुणी होने की कला'[7] (आर्ट ऑफ वर्च्यु) नाम देता था, क्योंकि इसमें सद्गुण पाने के उद्देश्य एवं विधि वर्णित होते, जिसने केवल धार्मिक उद्देश्यों की तरह अच्छा होने से इसे अलग किया होता, किंतु उद्देश्यों को नहीं बताती और न ही उनकी ओर निर्देश देती। किंतु यह मौखिक परोपकार के ईश्वरीय संदेशवाहक के समान है, जिसने नग्नता एवं भूखों को यह दिखाए बिना कि वे कहां से कपड़े या भोजन पा सकते हैं, उन्हें पेट भरने और तन ढकने का उपदेश दिया।

-जेम्स द्वितीय 15, 16

किन्तु ऐसा हुआ कि इस टीका-टिप्पणी को लिखने और छापने की मेरी इच्छा कभी पूरी नहीं हुई। वास्तव में, 'उसमें डालने के लिए मैंने समय-समय पर संवेदनाओं, तर्क आदि संबंधी छोटे-छोटे संकेत अवश्य लिखे थे, जिनमें से कुछ अब भी मेरे पास है, किंतु जीवन के उन शुरुआती दिनों में अपने व्यवसाय और उसके बाद नागरिक विषयों पर ध्यान लगाने के कारण इसे छोड़ना पड़ा, किंतु यह मेरे मन-मस्तिष्क से एक बृहद एवं महान योजना के रूप में जुड़ चुकी थी, जिसे कार्यरूप देने के लिए दक्ष व्यक्ति की आवश्यकता थी और जो मेरे बिना इस काम को लगातार करता, लेकिन यह अभिलाषा अधूरी ही रह गई।

इस खंड में इस सिद्धांत को स्पष्ट एवं लागू करने वाली मेरी योजना

---

7 सद्गुण की तरह कोई भी मनुष्य के भाग्य को नहीं बना सका।

-(मार्ग. नोट)

थी कि भ्रष्ट क्रियाएं पीड़ादायक नहीं होती, क्योंकि उन्हें भुला दिया जाता है। इसलिए मनुष्य का स्वभाव अकेला विचारता है कि हर उस व्यक्ति की रुचि सदाचारी हो, जो इस दुनिया में सुखी होने की इच्छा रखता है और इस परिस्थिति से जहां (दुनिया में हमेशा कई अमीर व्यापारी, सम्मानित व्यक्ति, राजनेता व राजकुमार होते हैं, जिन्हें अपने कार्यों के प्रबंधन के लिए सदाचारी लोगों की जरूरत पड़ती है और ऐसे लोग विरले होते हैं), मुझे युवाओं को यह विश्वास दिलाने का प्रयास करना चाहिए कि सत्यनिष्ठा और खरेपन के अलावा कोई भी गुण ऐसा नहीं, जो गरीब व्यक्ति का भाग्य संवार दे।

सद्‌गुणों की मेरी सूची में पहले 12 सद्‌गुण ही शामिल थे, लेकिन मेरे एक क्वेकर मित्र ने मुझे बताया कि मुझे प्राय: बहुत घमंडी समझा जाता था और वह घमंड स्वयं निरंतर बातचीत से नजर आता था कि किसी बिंदु पर विचार-विमर्श करते समय सही बात होने पर भी मैं राजी नहीं होता था, बल्कि अपनी चलाने वाला और धृष्टतापूर्ण था, जिस पर वह मुझे कई उदाहरण देकर संतुष्ट करता था। इस पर मैंने अपने दुर्गुणों को दूसरों के बीच दूर करने का भरसक प्रयास किया और अपने सद्‌गुणों की सूची में नम्रता को शामिल किया और इस शब्द को स्पष्ट रूप में परिभाषित किया।

इस सद्‌गुण के यथार्थ को पाने में प्राप्त सफलता पर मैं गौरवांवित नहीं हो सकता, किंतु इसके सामने आने से मुझे अभी बहुत कुछ करना था। मैंने दूसरों की भावनाओं से सभी सीधे विरोधाभासों और मेरे स्वयं के सभी सकारात्मक दावों से बचने का नियम बना लिया। मैंने स्वयं को भी सीमित एवं प्रतिबंधित कर लिया और जंटो मंडली के पुराने नियमों को मानने लगा, जिसकी भाषा में हर शब्द या भाव का जैसे कि निश्चित तौर पर, नि:संदेह आदि, का एक निर्धारित मतंव्य होता था। मैंने उन्हें स्वीकारा, अपनाया, मन से ग्रहण किया। मैंने..., मुझे ऐसा लगता है..., ऐसा हो सकता है..., मैंने ऐसा सोचा है कि..., आदि को इसका हिस्सा बना लिया। जब कोई अपनी किसी ऐसी बात को मनवाने पर जोर देता, जिसे मैं गलत समझता, तो मैं स्वयं को उसकी बात का खंडन करने से रोक लेता और तुरंत उसके सुझाव के संबंध में कुछ युक्तिहीन या बेतुकी बात कहता तथा जवाब में कहा कि... प्रतीत होता है कि कुछ मामलों एवं स्थितियों में इसकी राय सही होगी, लेकिन अभी के मामले में मुझे यह कुछ अलग लगती है या कुछ भिन्न नजर आती है आदि...। अपने व्यवहार में इस बदलाव का लाभ मैंने बहुत जल्दी पाया। जिस भी बातचीत में मैं शामिल होता, वह ज्यादा सुखद रहती। जिस विनम्र तरीके से मैं अपनी राय व्यक्त करता, उसकी सुलभ प्रतिक्रिया में कम विरोध नजर आता था। जब मैं स्वयं को गलत समझता तो मुझे कम संताप होता और इसलिए

में उन्हें उनकी गलतियों को मानने और छोड़ने के लिए सरलता से सफल हो जाता तथा सही होने पर उन्हें मेरे साथ सहमत होने को तैयार कर लेता।

इस विधि से, जिसमें मैंने सबसे पहले कुछ विरोधात्मक प्रवृत्ति का त्यागकर स्वाभाविक झुकाव की रीति को अपनाया, कुछ समय बाद मेरे लिए अत्यंत सरल हो गई और एक आदत बन गई कि इन गुजरे 50 वर्षों में किसी ने भी मुझसे हठधर्मिता के बारे में सुना हो। सत्यनिष्ठ चरित्र के पश्चात् मैं सोचता हूं कि यह गहन आभार था, जब मैंने नए संस्थानों का प्रस्ताव रखा या पुरानों में सुधार की बात उठाई तो वह नकारी नहीं गई। जब मैं लोक परिषदों का सदस्य बना तो भी काफी प्रभावी रहा, हालांकि न तो मैं अच्छा प्रवक्ता था और न ही भाषण में निपुण था। शब्द चयन में झिझक रहती थी, भाषा की सटीकता प्राय: सही होती भी, तो भी मैं अपनी बात को अकसर अभिव्यक्त कर देता था।

वास्तव में, शायद हमारे स्वाभाविक भावों में कोई ऐसा नहीं था, जो अहंकार का सख्ती से दमन करे। उसका स्वरूप बदल दे, उससे संघर्ष करे, उसे पराजित करे, उसे कुचल दे, उसे इतना नष्ट कर दे कि संतुष्टि हो। किंतु यह आज भी जीवित है और कभी-न-कभी तो चोरी-छिपे सिर उठाएगा और अपना रूप दिखाएगा; शायद इसी इतिहास में आप उसे देख पाएंगे। जब यदि मैं उसे समझ सका और उस पर पूरी तरह विजय पा सका तो संभावित रूप से मुझे अपनी विनम्रता पर गर्व होना चाहिए।

(पैसी में इतना लिखा है, 1784)

('अगस्त, 1788, अब मैं घर को पत्र लिखना चाहता हूं, किंतु मुझे अपने कागजातों से किसी प्रकार की मदद की अपेक्षा नहीं है, क्योंकि उनमें से कई तो युद्ध के दौरान खो चुके हैं। फिर भी मुझे कुछ कागजात मिले हैं, जिनका उल्लेख नीचे किया गया है।')[8]

ऊपर मैंने एक बड़ी और विस्तृत परियोजना (प्रोजेक्ट) का उल्लेख किया है, जो मुझे मिली थी। यहां उसके उद्देश्यों एवं उसका कुछ विवरण देना प्रासंगिक लगता है। यह निम्न नोट्स सबसे पहले मेरे दिमाग में आया और अकस्मात ही सुरक्षित रह गया, जो इस प्रकार है–

19 मई, 1731, मेरे पठनीय इतिहास पर एक अवलोकन, यह पुस्तकालय में है

'विश्व के बड़े-बड़े कार्य, युद्ध, राजनीतिक उथल-पुथल आदि पक्षाभिमान से होते हैं और प्रभावित होते हैं।'

---

8 यह बस एक जरा-सा नोट भर है– बी.

‘इन भिन्न-भिन्न पक्षों का उद्देश्य अपना तात्कालिक स्वार्थ-सघन करने का होता है या जिन्हें वे ऐसा मानते हैं, उनमें होता है।’

‘भिन्न-भिन्न पक्षों के भिन्न-भिन्न उद्देश्यों से भ्रम हो जाता है।

‘सभी पक्षों का लक्ष्य सामान्य भलाई की ओर होता है, किंतु पक्ष के प्रत्येक मनुष्य का लक्ष्य अपने किसी स्वार्थ विशेष की ओर होता है।’

‘जैसे ही पक्ष की सामान्य धारणा पूरी होती है, तभी उस पक्ष का प्रत्येक मनुष्य अपनी व्यक्तिगत धारणा साधने पर उतारु हो जाता है, जो दूसरों का विरोध करते हैं। उस पक्ष को उप-पक्षों में बांट देते हैं और इस प्रकार अधिक भ्रम हो जाता है।’

‘बाहर चाहे लोग जो कुछ भी कहें, तो भी भीतर से अपने देश के कल्याण के लिए परिश्रम करने वाले बहुत थोड़े मनुष्य होते हैं और चाहे उनका दिखावा देश का सही अर्थों में कल्याण करे, तो भी वे अपने और देशहित को मुख्यतः एक ही मानते हैं और काम करते समय उसे परोपकार नहीं मानते हैं।’

‘किंतु कुछ विषयों में, लोग अब भी मानवता की भलाई की दृष्टि से काम करते हैं।’

‘अब मुझे लगता है कि देश के सभी अच्छे और सद्गुणी मनुष्यों को साथ लेकर नियमपूर्वक एक धर्मनिष्ठ संयुक्त दल (यूनाइटेड पार्टी फॉर वर्च्यु) बनाने का यह एक महान अवसर है, जो उपयुक्त आदर्शों एवं अच्छे नियमों से संचालित हो। साधारण मनुष्य साधारण नियम को जितनी एकता से मानते हैं, उनकी अपेक्षा ऐसे अच्छे मनुष्य उन नियमों को अधिक एकता से मानेंगे।’

‘मैं अभी सोचता हूं कि इसके बारे में जो भी सुयोग्य व्यक्ति विधि से प्रयास करे, वह ईश्वर को प्रसन्न करे और सफलता पाने में असफल नहीं हो सकेगा।’

– **बी.एफ.**

यह विचारणीय योजना पर्याप्त समय मिलने पर ही आरंभ की जानी चाहिए, यह सोचकर ही इस संबंध में समय-समय पर मुझे जो भी विचार सूझे, मैं उन्हें कागज के टुकड़ों पर लिखता रहा, परंतु बाद में उनमें से बहुत से कागज खो गए। धर्मावलंबियों का मंडल खड़ा करने की अपनी योजना पर मैंने कई तरह से विचार किया था और मंडली के लिए सोचे हुए सिद्धांत, जिस कागज के टुकड़े पर लिखे थे, वह टुकड़ा मौजूद था, जिसकी विषय-वस्तु प्रत्येक प्रसिद्ध धर्म के लिए अनिवार्य तत्व है और उस पर हर चीज से मुक्त है, जो किसी भी धर्मावलंबी को बुरी लग सकती है। सब धर्मों के सामान्य मत को लेकर इन सिद्धांतों की रचना की गई है–

(1) ईश्वर एक है और वही सृष्टि को उत्पन्न करने वाला है।

(2) ईश्वर अपनी इच्छानुसार प्रजापालन की दीर्घ दृष्टि से संसार को चलाता है।

(3) आराधना, प्रार्थना और उत्सव से ईश्वर की भक्ति करनी चाहिए।

(4) परंतु, ईश्वर को सबसे अधिक जो भक्ति पसंद है, वह प्राणी मात्र का उपकार करना है।

(5) आत्मा अमर है।

(6) ईश्वर सांसारिक जीवन में या इसके पश्चात् सद्‌गुण का पुरस्कार और दुर्गुणों के लिए दंड देगा।[9]

प्रारंभ में मेरे विचार थे कि किसी पंथ या मत को आरंभ कर सबसे पहले युवाओं एवं सफल व्यक्तियों में उसका प्रचार-प्रसार करना चाहिए। उसकी दीक्षा लेने वाले हर व्यक्ति को केवल उस पंथ में ही उसकी स्वीकृति नहीं देनी चाहिए, अपितु स्वयं भी ऊपर बनाए गए 13 सद्‌गुण युक्त योजना का 13 सप्ताह तक परीक्षण एवं अभ्यास करना चाहिए। प्रारंभ में इस मंडली को समाज से गुप्त रखने का विचार था और तब तक गुप्त रखा जाना चाहिए, जब तक जो लोग वास्तव में योग्य हों, उन्हीं के प्रवेश के अनुरोध पर विचार न हो। पंथ का प्रत्येक सदस्य अपने परिचितों में मेधावी एवं उपयुक्त युवाओं की खोज करें, जिनके माध्यम से दूरदर्शिता एवं सजगता से इस योजना का उत्तरोत्तर संचार हो। प्रत्येक सदस्य जीवन में दूसरों के हितों, व्यवसाय एवं विकास को बढ़ाने हेतु परामर्श एवं सहयोग देने के लिए परस्पर एक-दूसरे के साथ बने रहे। इसी विशेषता के कारण मंडली का नाम 'शांति और स्वतंत्रता की मंडली' (दि सोसायटी ऑफ दि फ्री एंड इजी) रखने का विचार था, जो सद्‌गुणों के सामान्य व्यवहार एवं पालन से युक्त हो और विशेष तौर पर परिश्रम एवं फिजूलखर्ची के अभ्यास द्वारा दुर्गुणों के नियंत्रण से मुक्त हो; ऋणमुक्त हो; जो ऋणदाताओं से दासता पीड़ित लोगों एवं बंधनग्रस्त लोगों को सामने लाए।

मैं अपनी योजना के बारे में केवल इतना ही बता सकता हूं कि सिवाय इसके कि मैंने इसके अलग-अलग भागों की चर्चा अपने दो युवा मित्रों से की, जिन्होंने इसे बड़े जोश एवं उत्साह से पसंद किया, परंतु उसको कार्यरूप नहीं मिल सका। उस समय संकीर्ण परिस्थितियों एवं अपने काम में मुझे इतने परिश्रम करने की आवश्यकता थी कि आगे के लिए मैंने उसका चलाना स्थगित रखा।

---

9 यदि यह तथ्य सही है कि फ्रैंकलिन इस समय अधेड़ावस्था में थे, तो वह संभवत: मठ संघ के संस्थापक रह चुके होंगे।

पीछे अपने अनेक घरेलू एवं राजकीय कर्त्तव्यों के कारण इच्छा रहते हुए भी समय-समय पर जब भी अवसर आया, तो मुझे उसे स्थगित ही करना पड़ा। अब मैं इतना वृद्ध हो गया हूं कि मुझमें ऐसे काम के लिए पर्याप्त क्षमता एवं शक्ति नहीं बची है। किंतु अब भी मेरी यह धारणा है कि यह योजना एवं व्यावहारिकता योजना जैसी है और यदि उस पर अमल किया जाता तो बड़ी संख्या में अच्छे नागरिकों को साथ लेकर बनाई गई यह योजना बहुत उपयोगी साबित हो सकती थी, क्योंकि हमेशा से यह मानता रहा हूं कि सहनशील गुणयुक्त व्यक्ति काम कर बड़े बदलाव ला सकता है। यदि वह एक अच्छी योजना बनाए और सभी प्रकार के ऐसे मनोरंजक एवं अन्य साधनों को त्याग दे, जो उसको दिग्भ्रमित करें, तो वह लोगों के बीच महान कार्य कर सकता है तथा उसी योजना को अपने एकमात्र अध्ययन एवं व्यवसाय में उपयोग कर सकता है।

सितंबर 1732 ईस्वी में मैंने पहली बार रिचर्ड सॉन्डर्स के नाम से 5 पेंस मूल्य का अपना पहला पंचांग प्रकाशित किया, जो लगभग 25 वर्षों तक निरंतर 'दीनबंधु रिचर्ड का पंचांग' (पुअर रिचड्र्स अल्मानक) शीर्षक से छपता रहा। मैंने इसे रोचक व उपयोगी बनाने का भरसक प्रयास किया और बहुत जल्दी ही इसकी इतनी मांग बढ़ी कि मैंने इससे काफी लाभ कमाया। 25 वर्षों तक बराबर उसकी लगभग 10000 प्रतियां छपती रहीं। यह प्रांत में प्राय: रुचि से पढ़ा जाता है और इसके बिना पास-पड़ोस के लोगों को कमी का अहसास होता, यह देखकर मैंने इसे आम लोगों के बीच सलाह-निर्देशों के प्रचार-प्रसार का एक उपयुक्त साधन माना, जो कोई अन्य पुस्तकें नहीं खरीदते थे। इसलिए मैंने कैलेंडर के दिनों के बीच में मौजूद सभी छोटी-छोटी जगहों पर कहावतों और वाक्यों को लिख दिया। विशेषकर उद्योग (परिश्रम) एवं विवेकशीलता संबंधी, जो सुख व समृद्धि के साधन हैं और फलस्वरूप सद्‌गुण प्रदान करते हैं। नि:संदेह जरूरतमंद व्यक्ति को हमेशा ईमानदारी से काम करना ज्यादा कठिन होता है, जिसे यहां कहावत स्वरूप लिखा गया कि 'खाली बोरा सीधा खड़ा नहीं हो सकता'।

युगों एवं देशकाल की प्रज्ञान (विवेकपूर्ण उक्ति) युक्त इन बोधजनक कहावतों को संकलित किया और 1757 के पंचांग के आरंभ में संबद्ध उपदेशरूप में रखा कि मानो वह नीलामी में आए लोगों को एक विद्वान एवं बूढ़े (अब्राहम काका) द्वारा दिया गया ओजस्वी भाषण हो। इस विधि का लोगों पर गहरा प्रभाव पड़ा। अब्राहम का अभिप्राय: था कि नीलाम की वस्तु इसलिए खरीदी जाती है कि लोग सोचते हैं वह सस्ती होती हैं। किंतु वास्तव में वह बहुत महंगी पड़ती है, क्योंकि उनके खरीदने में जो रुपया खर्च किया

जाता है, वह रुपया उपयोगी कामों में से बचाना पड़ता है, इत्यादि।

इस मनोरंजक प्रस्तावना ने पाठकों पर गहरा प्रभाव छोड़ा। सभी स्थानीय समाचार-पत्रों ने अपने-अपने पत्रों में इस प्रस्तावना को उद्धृत किया। इतना ही नहीं, वे घरों की दीवारों पर लटकाए जा सकें, इसलिए इन्हें ब्रिटेन में बड़े रूप में दोबारा छापा गया। दो अनुवादकों ने स्पेन, फ्रांस और ग्रीस की भाषाओं में उसके अनुवाद किए और पादरी व अमीर वर्ग ने अपने धर्मावलंबियों एवं किराएदारों में बांटने के लिए ये बड़ी मात्रा में खरीदें। पेंसिलवेनिया में इसने विदेशी महंगी वस्तुएं खरीदने में व्यर्थ के खर्च को हतोत्साहित किया। कुछ ने सोचा कि इस बात में इसका भी कुछ-न-कुछ प्रभाव था, जो इतनी बड़ी कमाई हो रही है, और वह इसके प्रकाशन के बाद कई वर्षों तक दिखाई दिया था।

मैंने अपने समाचार-पत्र को भी निर्देशों के प्रचार-प्रसार का एक माध्यम समझा और इसी दृष्टि से इसमें स्पेक्टेटर एवं अन्य नीतिपरक, सदाचारी लेखकों के निष्कर्ष को निरंतर पुनर्मुद्रित (रिप्रिंट) किया तथा कभी-कभी स्वयं भी छोटे-छोटे नोट्स लिखे, जो पहले जंटो में पढ़ने के लिए कलमबद्ध किए गए थे। इनमें इस बात को प्रमाणित करती सुकरात की उक्तियां-संवाद थे कि चाहे उसका कोई भी योगदान और क्षमता हो, किंतु सदाचारी व्यक्ति को पूर्णतया बुद्धिमान मनुष्य नहीं कहा जा सकता और स्वार्थत्याग (आत्मत्याग) का उपदेश दर्शाता है कि सदाचार तब तक सुरक्षित नहीं था, जब तक कि उसका पालन करना आदत नहीं बन गया और प्रतिकूल झुकावों के विरोध से मुक्त नहीं था। यह 1735 के शुरुआती समाचार-पत्रों में मिल सकता है।

अपने पत्र को निकालते हुए मैंने सभी अपमानजनक लेखों एवं व्यक्तिगत अपशब्दों को सावधानीपूर्वक बाहर रखा, जो कि पिछले कुछ वर्षों में हमारे देश के लिए अत्यंत अपमानजनक बन गए हैं। जब कभी भी मुझे ऐसा कुछ लगाने का प्रलोभन दिया गया और लेखकों ने प्रवृत्तिवश ऐसा किया तो प्रेस की आजादी की खातिर और वह भी उस पत्र में जो किराए की गाड़ी की तरह था, जिसमें जो किराया देगा वही बैठेगा। ऐसी स्थिति में मेरा जवाब होता कि मुझे लगा तो मैं इसे अलग से मुद्रित करूंगा, किंतु मैं उनका कोई वितरण नहीं करूंगा। लेखक जितनी चाहे उतनी प्रतियां लेकर स्वयं वितरित करे। यदि मेरे ग्राहकों से उसे लेने के लिए कोई संपर्क साधा गया है, तो चाहे वह सामग्री उपयोगी हो या मनोरंजक, मैं उनका यह समाचार-पत्र निजी विवाद के लिए नहीं भरूंगा, जिसमें उनका कोई सरोकार नहीं है, मैं उनके साथ यह अन्याय नहीं करूंगा। किंतु अब हमारे कई मुद्रकों ने हमारे बीच में साफ-सुथरी छवि वालों पर झूठे आरोप लगाने, घृणा, यहां तक कि परस्पर वैमनस्य पैदा करने और इसके अलावा पड़ोसी राज्यों की सरकारों

की कटु भाषा में निंदा करने तथा हमारे अच्छे मित्र देशों के आचरण पर भी दोषारोपण करने में जरा भी संकोच नहीं किया, जिसके सबसे विनाशकारी परिणाम हो सकते थे। युवा मुद्रकों को ये बातें मैंने सावधानी एवं चेतावनी के तौर पर कही कि उन्हें इस प्रकार के तिरस्कारपूर्ण प्रवृत्तियों से बचकर अपने छापेखाने को दूषित नहीं करना चाहिए और अपने पेशे का अपमान नहीं करना चाहिए, किंतु उन्होंने दृढ़तापूर्वक मना कर दिया। लेकिन वे मेरे उदाहरण से यह जान सकते हैं कि इस प्रकार का आचरण उनके हितों के लिए कदापि हानिकारक नहीं होगा।

1733 में अपने एक दिहाड़ी मजदूर को मैंने चार्ल्सटन, दक्षिणी कैरोलीना भेजा, जहां एक मुद्रक की आवश्यकता थी। मैंने उसे प्रेस एवं पत्र दिए और खर्च का एक-तिहाई अदा करने हेतु व्यवसाय से होने वाले लाभ में एक-तिहाई लाभ पाने का अनुबंध किया। वह बहुत कुशल, ईमानदार, परिश्रमी व्यक्ति था; किंतु हिसाब-किताब में थोड़ा कमजोर था, हालांकि कभी-कभी मुझे पैसा भेजता था। जब तक वह जीवित रहा, उसकी ओर से मुझे न तो कोई हिसाब-किताब मिला और न ही साझेदारी संबंधी कोई संतोषजनक जानकारी ही मिली। उसकी मृत्यु के उपरांत उसकी विधवा पत्नी ने कारोबार संभाला, जो हॉलैंड में पली-बढ़ी थी, जहां लड़कियों को लेखा (अकाउंट्स) की शिक्षा भी दी जाती थी और यह स्त्री शिक्षा का अभिन्न अंग था। उसने न केवल पिछले लेन-देन का यथासंभव स्पष्ट विवरण भेजा, बल्कि उसके बाद भी हर तिमाही बाद नियमित तौर पर सटीक हिसाब भेजती रही। उसने बड़ी कुशलता एवं सफलतापूर्वक कारोबार को संभाला और न केवल बड़े सम्मानित तरीके से परिवार के बच्चों की परवरिश की, अपितु अनुबंध अवधि के समाप्त होने के पश्चात् उसने मुझसे वह छापाखाना खरीद लिया और अपने बेटे को उस काम में लगा दिया।

इस घटना का उल्लेख मुख्य तौर पर मैंने यह बताने के लिए किया है कि हमारी युवा महिलाओं के लिए शिक्षा का अत्यंत महत्त्व है और वह स्वयं उसके व उनके बच्चों के लिए कितनी उपयोगी साबित हो सकती है, विशेष तौर पर विधवा जीवन में। वह उन्हें गीत-संगीत, नाच-गाने की बजाय कुशल कारीगर बना सकती हैं और शायद उन्हें एक बड़ा लाभकारी कारोबार संभालने का दायित्व संभालने में भी सक्षम बना सकती हैं। उसके बड़ा होने और काम संभालने में सक्षम होने तक उसने स्वयं वह कारोबार संभाला और परिवार को सुख-समृद्ध बनाए रखा।

वर्ष 1734 ईस्वी में आयरलैंड से हेम्फिल नामक एक युवा प्रधान पुजारी (प्रेज्बिटीरिअन) हमारे यहां आया। वह उपदेशक था और मधुर आवाज में

बिना तैयारी के व बेहतरीन अंदाज में उपदेश देता था। इससे कई लोग अपनी शंकाओं की निवृत्ति व धार्मिक विश्वास के कारण उसे सुनने आते और प्रशंसा करते। उस पर विश्वास करने वालों में मैं उसका नियमित श्रोता बन गया। उसके उपदेश मुझे शांति देते, क्योंकि उनमें स्वमत के प्रति अभिमान नहीं था, अपितु वे सदाचार या सद्कर्मों को अपनाने पर दृढ़ता से बल देते थे। परंतु हमारे धार्मिक समाज के वे लोग, जो खुद को शास्त्रानुसार प्रेज्बिटीरिअन मानते थे, उसके सिद्धांतों व बातों से सहमत नहीं थे और अधिकांश पुराने पादरी के पास चले गए थे, जितने हेम्फिल को खामोश कराने के लिए पादरियों की सभा के सम्मुख उस पर नास्तिक होने का दोषारोपण किया। इस पर उत्साहपूर्वक उसका साथी बन गया और उसके पक्ष में लोगों को साथ लाने के लिए भरसक प्रयास किया और जीत की आशा के साथ उसकी ओर से संघर्ष किया। इस अवसर पर अनेक गुण-दोष भी सामने आए। यद्यपि वह एक अच्छा प्रवचनकर्त्ता था, किंतु उतना अच्छा लेखक नहीं था। इसलिए उसकी आवाज को मैंने अपनी कलम दी और उसके लिए दो-तीन पैम्फलेट लिखे और 1 अप्रैल, 1735 के गजट में प्रकाशित किया। ये पैम्फलेट वस्तुतः विवादास्पद लेखों के मामले थे, जो उस समय हालांकि प्रबलता से पढ़े गए थे, किंतु बहुत जल्द ही प्रचलन से बाहर हो गए थे और मैंने पूछा था कि किसी के पास उनकी कोई भी प्रति उपलब्ध है।

विवाद के दौरान एक दुर्भाग्यपूर्ण घटना ने उसके मूल प्रयोजन (मुकदमे) को अत्यंत क्षति पहुंचाई। हमारे एक प्रतिवादी ने उसके एक श्रद्धायुक्त प्रशंसनीय उपदेश को सुनकर सोचा कि उसने इस उपदेश को पढ़ा है या उसके किसी अंश को पहले भी कहीं पढ़ा है। खोजने पर उसने पाया कि उसका एक अंश डॉ. फोस्टर के संभाषण का है, जो ब्रिटिश रिव्यू में छपा था। इस बात से हमारी ओर के कई लोगों को दुःख पहुंचा और इसी कारण से उन्होंने उसका साथ छोड़ दिया और पादरियों की सभा में तेजी से हमारी पराजय को उत्पन्न किया। परंतु मैंने उसका साथ नहीं छोड़ा, अपितु दूसरों द्वारा लिखित एवं संभाषित कटु वचनों की बजाय दूसरों के अच्छे प्रवचनों, उपदेशों को, उसके द्वारा दिए गए जाने को मैंने सम्मति दी। हालांकि उसने मुझे बाद में बताया कि-'उसने अब तक जो उपदेश दिए, वे उसके स्वरचित नहीं थे, किंतु आगे बताया कि उसकी स्मरणशक्ति इतनी प्रखर है कि वह एक बार जिस भी उपदेश को पढ़ ले, उसे दोहरा सकता है।' हमारी पराजय होने पर, वह हमें छोड़ अपना भाग्य आजमाने अन्यत्र चला गया और मैंने भी धर्मपरिषद छोड़ दी तथा उसके पश्चात् कभी उसमें नहीं गया, हालांकि कई वर्षों तक उसके मंत्रियों को मेरा समर्थन देना जारी रहा।

1733 में मैंने अन्य भाषाओं का अभ्यास करना शुरू किया और थोड़े ही समय में फ्रेंच भाषा में इतना निपुण हो गया कि इस भाषा की पुस्तकें बड़ी सरलता से पढ़ लेता था। इसके पश्चात् मैंने इतालवी भाषा सीखी। मेरा एक मित्र भी इस भाषा का अभ्यास करता था, वह मुझे शतरंज में लगाकर मेरे अभ्यास का बहुत-सा समय ले लेता कि मेरे पास इस भाषा के अध्ययन के लिए समय नहीं बचता। कुछ समय गंवाने के बाद मैंने इसी शर्त पर शतरंज खेलने की शर्त रखी कि खेल में जो जीते, वह हारने वाले से दंड के तौर पर इतालवी भाषा के अनुवाद का पाठ लिखाए और दूसरी बार मिलने पर वह उसे लिखकर ले आए। यह बात पहले मित्र ने स्वीकार की। चूंकि हम दोनों ही खेलने में होशियार थे, इसलिए एक-दूसरे से हार-जीत कर दोनों ही इतालवी भाषा सीख गए। इसके पश्चात् मैंने थोड़ा परिश्रम करके स्पैनिश भाषा भी सीख ली कि उस भाषा की पुस्तक आदि पढ़ सकूं।

मैं पहले ही यह बात बता चुका हूं कि लैटिन स्कूल में मैं केवल एक वर्ष ही रहा था और तब मैं बहुत छोटा था। उसके पश्चात् मैं उस भाषा से पूरी तरह अलग हो गया था। किंतु जब मैं फ्रेंच, इटैलियन और स्पेनिश परिचित लोगों से मिला, तो यह जानकर हैरान रह गया कि लैटिन भाषा के एक वसीयतनामे को देखकर मैं उसे इतनी भलीभांति समझ गया, जिसकी मैंने कल्पना भी नहीं की थी। इससे मुझे आगे पढ़ने का हौसला मिला और मैंने बड़ी ही सरलता से इन भाषाओं को सीख लिया।

इन परिस्थितियों से, मैंने सोचा कि भाषाई अध्ययन के हमारे सामान्य तरीकों में कुछ कमियां हैं। हमें कहा गया कि सबसे पहले लैटिन भाषा से सीखना उचित होता है और इसका ज्ञान अर्जित कर उन अन्य भाषाओं को सीखना ज्यादा आसान हो जाता है, जो इसकी भाषा से उत्पन्न हुई है, किंतु लैटिन को ज्यादा सरलता से सीखने के लिए हमने सबसे पहले ग्रीक भाषा से शुरुआत नहीं की। यह सच है कि यदि आप कठिनाई से सीढ़ियां चढ़ते हैं, पायदानों का इस्तेमाल किए बिना ही सीढ़ी के ऊपर पहुंच जाते हैं, तो उतरते समय भी वे ज्यादा आसानी से मिलेगी; किंतु यदि आप सबसे नीचे से शुरू करते हैं, तो आप ज्यादा आसानी से ऊपर पहुंच जाएंगे; इसलिए मैं उन लोगों से इस बात पर सोचने को कहता हूं, जो युवाओं की शिक्षा का निर्धारण करते हैं। इतना ही नहीं, लैटिन सीखने वाले कई लोगों ने थोड़े ही समय में इससे घबराकर इसमें दक्षता हासिल किए बिना इसे छोड़ दिया और जो सीखा था, फलस्वरूप लगभग अनुपयोगी हो गया। उनका समय भी व्यर्थ गया। क्या ऐसा करना सही नहीं होता कि वह पहले-पहल फ्रेंच सीखते और उसके बाद इतालवी आदि। यद्यपि इतना ही समय लगाकर उन्होंने भाषा

अध्ययन छोड़ दिया और कभी लैटिन नहीं सीख पाए। हालांकि उन्होंने एक या दो अन्य बोलियां सीख लीं, जो आधुनिक समय में उपयोगी होती हैं, जो शायद उनके आम जीवन में काम आए।

बोस्टन से 10 वर्ष तक बाहर रहने के पश्चात् और हालात सही होने पर मैंने उस जगह की यात्रा की, जहां मेरे सगे-संबंधी रहते थे। बहुत पहले मैं इसका खर्च नहीं उठा सकता था। वापसी में मैं अपने भाई से मिलने न्यूफोर्ट गया और उसके छापेखाने में ही रहा। हमारे पहले के मतभेद मिट चुके थे और हमारी मुलाकात काफी स्नेहशील एवं सौहार्दपूर्ण रही। उसका स्वास्थ्य बहुत गिर गया था। उसे बहुत जल्दी ही अपनी मृत्यु की आशंका थी, इसलिए उसने मुझसे निवेदन किया कि उसकी मृत्यु के पश्चात् उसके 10 वर्षीय बेटे को मैं अपने साथ ले जाऊं और उसे छापेखाने का काम सिखाऊं। मैंने ऐसा ही किया और काम पर लगाने से पहले कुछ वर्षों तक उसे पढ़ने भेजा। उसके बड़ा होने तक उसकी मां ने सारा कारोबार चलाया। मैंने उसे नए प्रकार के टाइप को चुनने एवं सीखने में सहायता की, जो उसके पिता की दृष्टि से अप्रचलित थे। इस तरह से मैंने अपने भाई के काम में वह बड़ा बदलाव किया, मेरे चले जाने से जिनसे वह वंचित रह गया था।

1736 ईस्वी में मेरे एक चार वर्षीय बेटे की चेचक के कारण मृत्यु हो गई। मुझे लंबे समय तक इस बात की कटु पीड़ा रही और आज भी है कि मैंने उसे इस रोग का टीका नहीं लगवाया था। यह बात मैंने उन अभिभावकों के लिए बताई है, जो इस महत्त्वपूर्ण बात को भूल जाते हैं और मैं अनुमान लगाता हूं कि यदि उनका बच्चा इस कारण से मर जाता है, तो स्वयं को कभी माफ नहीं करेंगे और उन्हें करना ही नहीं चाहिए। मेरा उदाहरण दर्शाता है कि दु:ख किसी भी तरीके से मिल सकता है, इसलिए सुरक्षात्मक विकल्प अपनाने चाहिए।

हमारी मंडली जंटो बहुत उपयोगी थी और इसके सदस्यगण इतने संतुष्ट थे कि उनमें से कई इसमें अपने मित्रों को भी लाने के इच्छुक थे, जो इसकी सदस्य संख्या को बढ़ाए बिना संभव न था, जो हमने 12 तक सीमित कर रखी थी। शुरू से ही हमने अपनी संस्था को गुप्त रखने का नियम बना रखा था, जिसका अच्छे ढंग से पालन हुआ। इसका उद्देश्य मंडली में अनुपयुक्त लोगों के प्रवेश को रोकना था। संभवत: हमारे लिए कुछेक को मना करना भी कठिन हो जाता। मंडली की संख्या को सीमित रखने वालों में मैं भी शामिल था, किंतु इसकी बजाय एक उपाय निकाला और एक लिखित प्रस्ताव रखा कि हर सदस्य को मंडली के मूल नियमों का पालन करते हुए, इसी आधार पर उप-मंडली बनाने के प्रयास करने चाहिए, किंतु उपमंडली के सदस्यों को

जंटो के बारे में जरा भी पता नहीं चले। अनुमोदन में कई प्रकार के लोग छिपे थे। हमारे संस्थानों के उपयोग द्वारा युवा लोगों से बेहतर परिचय पाना, किसी भी अवसर पर नागरिकों की आम संवेदनाओं को बेहतर ढंग से जानना; जंटो के सदस्य प्रस्ताव रख सकते थे कि हमें क्या अपेक्षा है और उपमंडली में पारित प्रस्ताव को जंटो मंडली में रखा जा सकता है। ज्यादा जोरदार सिफारिशों द्वारा व्यवसाय में हमारे खास हितों को बढ़ावा देना और सार्वजनिक मामलों में हमारा प्रभाव बढ़ाना तथा जंटो की संवेदनाओं को कई उपमंडलियों के माध्यम से हमारी हितकारी शक्ति के प्रभाव में वृद्धि करना।

इस योजना को स्वीकृति मिल गई और अब हर सदस्य ने अपनी एक मंडली बनाई, किंतु वे सभी सफल नहीं हुए। केवल पांच या छह ही अस्तित्व में रहे, जो वाइन, यूनियन, द बैंड आदि अलग-अलग नामों से जाने जाते थे। वे अपने लिए उपयोगी थे और उन्होंने मनोरंजन, सूचना एवं निर्देशों में हमारी काफी सहायता की। हालांकि कुछ खास मौकों पर जनता की राय को प्रभावित करने वाले, हमारे दृष्टिकोण के प्रति कुछ मान्य स्थिति में जवाबदेही से दूर भी रहे। इनके होने के बारे में समय आने पर कुछ उदाहरण प्रस्तुत करूंगा।

1736 में मुझे पहली पदोन्नति मिली। मुझे आम सभा (जनरल असेंबली) का क्लर्क बनाया गया। मुझे बिना प्रतिरोध के चुना गया था, किंतु आने वाले वर्षों में, जब वार्षिक आधार पर अन्य सदस्यों की तरह मेरा नाम दोबारा प्रस्तावित किया गया, तो किसी अन्य प्रत्याशी को चुनने के लिए एक नए सदस्य ने मेरे प्रतिरोध में एक लंबा भाषण दे डाला। हालांकि फिर भी मैं ही चुना गया, जो मेरे लिए उपयोगी भी था, क्योंकि क्लर्क के तौर पर तत्काल सेवा के लिए मुझे मिलने वाले भुगतान के अलावा इस स्थान ने मुझे अन्य सदस्यों के हित को जानने-समझने का बेहतर अवसर दिया। इसने वोट्स, कानून, कागजी मुद्रा व विभिन्न अवसरों पर होने वाले सार्वजनिक कार्यों में छपाई के मेरे काम को बनाए रखा और ये कुल मिलाकर अत्यंत फायदेमंद थे।

इसलिए मुझे इस नए सदस्य का विरोध पसंद नहीं आया। वह शिक्षित, संपन्न और काफी गुणी व्यक्ति था, जिसका मंत्रिमंडल में गहरा प्रभाव पड़ना था और आने वाले वर्षों में ऐसा हुआ भी। यद्यपि किसी प्रकार का अति अनुरोध (चापलूसी) कर उनका समर्थन हासिल करने का मेरा कोई इरादा नहीं था, किंतु कुछ समय के पश्चात् मैंने यह दूसरा तरीका अपनाया। उनके पुस्तकालय में कुछ अत्यंत दुर्लभ, जिज्ञासापरक तथा विलक्षण पुस्तकें हैं, तो मैंने उन पुस्तकों के प्रति अपनी इच्छा को प्रकट करते हुए एक नोट लिखा कि वह मुझे कुछ दिनों के लिए पुस्तकें उधार देने की भी कृपा करें। उन्होंने तुरंत मुझे एक पुस्तक भेज दी। मैंने एक सप्ताह में ही वह पढ़ डालीं तथा

एक और नोट के साथ आभार सहित वापिस कर दीं। जिसमें मैंने मेरे प्रति लिए समर्थन के लिए दृढ़ता से बात रखी थी। अगली बार जब हम सदन (हाउस) में मिले तो उसने मुझसे ऐसे सज्जनतापूर्वक बात की, जैसे उन्होंने आज तक मुझसे नहीं की थी तथा उसके पश्चात् सभी अवसरों पर वह मेरी सहायता हेतु तत्पर दिखे। अंततः हम मित्र बन गए और हमारी मित्रता उनकी अंतिम सांस तक कायम रही। इस घटना से मैंने जो सच्चाई जानी, वह एक पुरानी लोकोक्ति पर आधारित है, जो बताती है...

और यह दर्शाती है कि नापसंदगी, जैसे को तैसा की बजाय और प्रतिकूल कार्यवाही जारी रखने की बजाय उसे समझदारी से दूर करना ही ज्यादा फायदेमंद होता है।

1937 में वर्जीनिया के स्वर्गीय गवर्नर व तत्कालीन पोस्टमास्टर जनरल कर्नल स्पॉट्सवुड फिलाडेल्फिया में अपने डिप्टी के आचरण से असंतुष्ट थे, क्योंकि उसने लेखाबही (अकाउंट्स) को बनाने में लापरवाही बरती थी और उसे गलत तरीके से पेश किया था, इसलिए स्पॉट्सवुड ने उससे वह काम लेकर मुझे वह संभालने की पेशकश की। जो मैंने सहर्ष स्वीकार कर ली और उसे बहुत फायदेमंद पाया। हालांकि वेतन कम था, लेकिन यहां मुझे पत्राचार की सुविधा मिली, जिसने मेरे समाचार-पत्र को सुधारने में मदद की, पाठक संख्या में बढ़ोतरी की, मांग बढ़ी और साथ ही उसमें लगने वाले विज्ञापन भी ज्यादा मिलने लगे, जिससे मुझे अच्छी आमदनी होने लगी। इस कारण से मेरे प्रतिस्पर्धियों के समाचार-पत्र की मांग कम हो गई। पोस्टमार्टम ने हरकारों (राइडर्स) द्वारा मेरा समाचार-पत्र ले जाने की अनुमति नहीं दी थी, किंतु मैं उसकी अस्वीकृति का जवाब दिए बिना ही संतुष्ट था। इस तरह से उसे लेखाकर्म (अकाउंटिंग) में लापरवाही से भारी नुकसान हुआ। इसका उल्लेख मैंने उन युवाओं के लिए एक सबक के रूप में किया है, जिन्हें दूसरों के कार्य संभालने को दिए जा सकते हैं कि वे लेखाबही को सही-सही रखें और उसे नियमित एवं बेदाग बनाए रखें। इस प्रकार के कार्य संचालन का सदाचारपूर्ण प्रबंधन नए रोजगार के समस्त परामर्श एवं व्यवसाय के प्रचार-प्रसार में सर्वाधिक प्रभावशाली रहता है।

अब मैंने अपना थोड़ा ध्यान सार्वजनिक (नागरिक) विषयों पर लगाना शुरू किया, यद्यपि शुरुआत छोटे-छोटे मामलों से की। इनमें सबसे पहले लिए कुछ विषयों में शहर की देखरेख एक था। इसके लिए मैं विनियम (रेगुलेशन) बनवाना चाहता था। यह विषय एवं उन संबंधित खंडों (वार्ड्स) की व्यवस्था का जिम्मा कांस्टेबलों का था। मैंने सबसे पहले इन्हीं नगरसेवकों को सुधारने का प्रयत्न किया। उस समय नगर रक्षा की प्रथा कुछ अलग ही ढंग की थी।

रक्षा करने तथा गश्त लगाने की रीति ऐसी थी कि शहर के भिन्न-भिन्न भागों के पुलिस कर्मचारी (कांस्टेबल) अपने-अपने मुहल्लों में से कुछ लोगों को प्रतिदिन अपने साथ ले लेते थे और रात को गश्त लगाते थे। जो लोग गश्त पर जाना पसंद नहीं करते, उन्हें प्रतिवर्ष छह शिलिंग पुलिस के सिपाहियों को देने पड़ते। इसका कारण यह था कि इस प्रकार इकट्ठे हुए रुपये से दो अन्य लोगों को वेतन पर रखकर पुलिस अपने साथ रखती। परंतु वास्तव में इन रुपयों का उपयोग कुछ और ही ढंग से होता था। पुलिस ही इन रुपयों को हजम कर जाती थी। पुलिस वाले अपने साथ ऐसे निकम्मे और व्यसनी मनुष्यों को रखते थे कि भले लोग उनके साथ खड़े होना पसंद न करें। इस कारण वे छह शिलिंग देकर उनसे दूर रहना ही पसंद करते थे और पुलिस वाले गश्त लगाना छोड़कर पूरी रात शराब पीने में ही गुजार देते। मैंने इस बुरे ढंग को सुधारने का प्रयत्न किया। इसलिए मैंने सबसे पहले इस अव्यवस्था को दर्शाता एक निबंध लिखा, जो जंटो मंडली में पढ़ा, जिसमें सुधार करने की बातें बताईं। लेकिन सबसे ज्यादा ध्यान कांस्टेबलों को दिए जाने वाले छह शिलिंग के कर की ओर दिलाया और करदाताओं की स्थितियों की तरफ ध्यान देने की सिफारिश की, जैसे कि एक विधवा दुकान वाली की संपत्ति 50 पाउंड की भी नहीं थी, फिर भी वह इतनी ही राशि चुकाती थी, जितनी की किसी दुकान में हजारों पाउंड का सामान रखने वाला एक धनी व्यापारी चुकाता था।

कुल मिलाकर, मैंने एक ज्यादा प्रभावी विधि का प्रस्ताव रखा, जिसके अंतर्गत इस काम में निरंतर कार्य करने वाले उपयुक्त व्यक्तियों की सेवाएं लेना भी शामिल था और साथ ही लिए जाने वाले कर को संपत्ति के अनुपात में लगाने की समान विधि का समर्थन किया। जंटो में यह प्रस्ताव पसंद आया और अन्य उपमंडलियों तक भी पहुंचा। हालांकि यह योजना तत्काल प्रभाव से लागू नहीं हो सकी, किंतु लोगों के मन में एक बदलाव का बीज अंकुरित हो चुका था और जब कुछ वर्षों के बाद हमारी मंडली के लोग ज्यादा प्रभावशाली बने, तब इसके संबंध में कानून बना और चौकीदारी की इस बुरी पद्धति में सुधार हुआ।

अब तक, मैंने (पहले जंटो में पढ़े जाने के लिए) एक निबंध लिखा था, जो बाद में प्रकाशित हुआ, जो उन भिन्न दुर्घटनाओं एवं असावधानियों पर था, जिनके कारण लकड़ी के घरों में आग लगती रहती थी, साथ ही उनमें महत्त्वपूर्ण सावधानियां रखने और ऐसा न हो, इस संबंध में भी साधनों का उल्लेख था। इसे बहुत उपयोगी समझा गया और योजना बनाने को बढ़ावा मिला; जिससे आग बुझाने, खतरे में पड़े सामान को परस्पर सहयोग से हटाने व सुरक्षित जगह पर पहुंचाने को तैयार कंपनी बनाना शामिल था। इस

योजना से जुड़े सभासदों (एसोसिएट्स) की संख्या 30 थी। हमारे अनुबंध के नियमों के अनुसार प्रत्येक सभासद को चमड़े के डोल (सामान की पैकिंग व परिवहन के लिए) मजबूत टोकरियों तथा आग बुझाने का अन्य सामान ले जाने की गाड़ियां तैयार रखना और आवश्यकता पड़ने पर उन्हें यथास्थान उपस्थित करना था। मंडली के सदस्यों को महीने में एक बैठक में होना तय हुआ और आग बुझाने के संबंध में नए उत्पन्न हुए विचारों को प्रकट कर उन पर चर्चा करना भी शामिल था, जो ऐसे अवसरों पर हमारे आचरण में उपयोगी भी हो सकता था।

इस संस्था की उपयोगिता बहुत जल्द ही दिखाई देने लगी और इस कंपनी में हमारी सोच से कहीं ज्यादा लोगों ने आने की इच्छा प्रकट की। उन्हें एक अन्य कंपनी बनाने का सुझाव दिया गया, जो उसी अनुसार कार्यांवित भी किया गया और यह सिलसिला चल पड़ा। एक के बाद एक दूसरी कंपनी बनाई जा रही थी। फलस्वरूप उनकी संख्या इतनी हो गई कि उसमें अधिकतर निवासी शामिल हो गए, जो काफी समृद्ध थे। आज इस बारे में लिखते हुए, इसकी स्थापना को 50 वर्ष हो चुके हैं, जो 'यूनियन फायर कंपनी' कहलाती थी और आज भी कार्यरत है। हालांकि इसके संस्थापक सदस्यों में केवल मैं और एक अन्य ही जीवित हैं, जो आयु में मुझसे एक वर्ष बड़े हैं। महीने में होने वाली बैठक में जो सभासद उपस्थित नहीं होते थे, उनसे दंडस्वरूप कुछ लिया जाता और इससे एकत्रित धनराशि से हर कंपनी के लिए फायर इंजन, सीढ़ियां, फायर हुक व अन्य उपयोगी साजो-सामान खरीदा जाता। फलस्वरूप, मैंने यह सवाल किया कि क्या दुनिया में ऐसे साधनयुक्त कोई ऐसा शहर है, जहां आग को प्रचंड रूप धारण करने से पहले ही रोक लिया जाता है। चूंकि अब इस संस्था की कार्यशीलता के चलते शहर में एक बार में एक-दो घरों को ही आग की चपेट से नुकसान होता था और आग की लपटों को घर में फैलने से पहले ही प्रायः बुझा दिया जाता था।

सन् 1739 में आयरलैंड से एक प्रख्यात उपदेशक व्हाइटफील्ड हमारे यहां आया। उसमें उपदेश देने की गजब की क्षमता एवं प्रभाव था। उसे पहले-पहल हमारे कुछ चर्च में उपदेश देने की अनुमति दी गई, किंतु ईर्ष्यालु पादरियों ने उसे वहां उपदेश देने से रोक दिया, तो उसे खुली जगह पर ही उपदेश देने को मजबूर होना पड़ा। उसकी सभा में सभी मत, पंथ और जातियों के लोग बड़ी संख्या में शामिल होते थे। मैं भी उसके उपदेश सुनता था और श्रोताओं पर उसके उपदेशों के अद्‌भुत प्रभाव को देखकर आश्चर्यचकित था। वे उसका भरपूर आदर करते थे। हालांकि उसने उन्हें यह विश्वास दिलाया था कि वे सभी स्वाभाविक रूप में आधे पशु-प्रकृति और आधे अति दुष्ट

मनुष्य थे, तो भी उन लोगों ने बुरा नहीं माना। हमारे लोगों के व्यवहार में बहुत जल्द ही आश्चर्यजनक बदलाव देखने को मिला। लगता था कि मूढ़, अविवेकी या धर्मभ्रष्ट रही यहां की समस्त दुनिया धर्म के सागर में इतना डूब गई कि शाम को गली-गली में घर-घर में गूंजते भजन, धर्मस्रोत आदि को हर कोई सुन सकता था।

उसकी भाषण शैली पर दूसरों की भांति मैं भी मुग्ध था। वह चूंकि खुली जगह में उपदेश व व्याख्यान दिया करता था, इसलिए वहां धूप और सर्दी के कारण बहुत असुविधा होती थी। अज: वहां के निवासियों ने कुछ समय पश्चात् एक बड़ा छायादार हॉल बनवाने का निश्चय किया और उसके लिए शहर में से इतना चंदा इकट्ठा किया कि जमीन लेकर उस पर 100 फुट लंबा व 70 फुट चौड़ा, लगभग वेस्टमिंस्टर हॉल जैसा भव्य हॉल बन सकता था। यह काम बड़ी तेजी से चला और समय से पूर्व ही पूरा हो गया। इस जमीन और भवन दोनों का नियंत्रण ट्रस्टीज के हाथों में था। मैं भी ट्रस्टीज में से ही एक था। यह भवन किसी भी धार्मिक कार्य के लिए कोई भी धर्मोपदेशक द्वारा उपयोग किया जा सकता था, जो फिलाडेल्फिया के लोगों को कुछ कहने की इच्छा रखता था। भवन का डिजाइन किसी धर्मविशेष को नहीं दर्शाना था, बल्कि वहां के निवासियों का प्रतिनिधित्व करता था, इसलिए कॉन्स्टेंटीनोपल के मुफ्ती ने भी हमें इस्लाम की शिक्षा देने के लिए एक धर्म उपदेशक को वहां भेजा था, जहां उसे काफी लोगों ने सुना।

मि. व्हाइटफील्ड जार्जिया की विभिन्न बस्तियों (कॉलोनी) में भी उपदेश देते थे। वह प्रांत बहुत बाद में आबाद होना शुरू हुआ था; किंतु साहसी, उद्यमी, मितव्ययी, परिश्रमी लोगों से आबाद होने की बजाय यह शहर हतोत्साहित दुकानदारों तथा अन्य दिवालिया, कर्जदारों, आलसी व निकम्मे, जेल से निकाले गए, जो जंगलों में रहने लगे, असहाय, अनाथ बच्चों, भूमि को साफ करने में अयोग्य एवं नए आवास बनाने में परिश्रम से बचने आलसी आदि लोगों से भर गया। यह देख परोपकारी एवं दयालु व्हाइटफील्ड ने अनाथ बच्चों के लिए वहां एक आश्रम बनाने का विचार प्रस्तुत कर सहमति चाही, जिसमें वे बच्चे पलें और पढ़ें। किंतु मैं फिलाडेल्फिया में अनाथ आश्रम बनाने का पक्षधर था। यही मतभेद का कारण बना और आश्रम के लिए चंदे की खातिर व्हाइटफील्ड उत्तरी क्षेत्रों की ओर चला गया। वहां चंदा एकत्र करने के लिए उसने व्याख्यान दिया, जिसने न केवल वहां के निवासियों के दिलोदिमाग के बंद दरवाजों को खोला, अपितु उन्होंने जी खोलकर दान भी दिया। न चाहते हुए भी मैंने भी प्रसन्नतापूर्वक वह सब रुपया-पैसा दे डाला, जो मेरे पास तब उपलब्ध था।

जब व्हाइटफील्ड ने अनाथ आश्रम भवन बनवाने के लिए अनुमति मांगी, तो मैं भवन निर्माण के डिजाइन पर असहमत नहीं था। किंतु तब वहां निर्माण सामग्री एवं कारीगरों का अभाव था, इसलिए फिलाडेल्फिया से सामग्री आदि भेजना महंगा पड़ता। इसकी बजाय अनाथ आश्रम फिलाडेल्फिया में बनाना मुझे अधिक उपयुक्त लगा, जहां बच्चों को रखा जाता। किंतु मेरी सलाह व्हाइटफील्ड को पसंद नहीं आई। मैंने देखा कि वह मेरी सम्मति के अनुसार कार्य नहीं करने पर अडिग है, तो मैंने उसको रुपये-पैसे की सहायता देने से इंकार कर दिया। इसके पश्चात् उसने एक व्याख्यान दिया। संयोग से उसको सुनने के लिए मैं भी चला गया। व्याख्यान समाप्त होने पर कुछ चंदा देने का विचार था। उस समय मेरे पास एक मुट्ठी भर तांबे के पैसे, तीन-चार रुपये के डॉलर और पांच सोने के सिक्के थे। परंतु मैंने एक कौड़ी भी न देने का निश्चय किया। व्याख्यान थोड़ा-सा आगे बढ़ा ही था कि मेरा मन थोड़ा पिघल गया और मेरा मन हुआ कि मैं तांबे के सब पैसे दे दूं। व्याख्यान थोड़ा और आगे बढ़ा तो ऐसे उत्तम व्याख्या के बदले केवल तांबे के पैसे देना मुझे उचित न लगा और मैंने चांदी के सिक्के देने का निश्चय किया। किंतु व्याख्यान की समाप्ति पर तो मैं इतना प्रसन्न हो गया कि मैंने सोने के सिक्के सहित अपना सारा पैसा दे डाला। इसी व्याख्यान में हमारी मंडली का भी एक सदस्य मौजूद था, जो मेरे ही समान भावनाएं रखते हुए जार्जिया में भवन बनाने के विचार का समर्थन करता था और उन्हें संदेह था कि वहां चंदा देने की जरूरत पड़ेगी, इसलिए घर से चलने से पहले ही वह अपना पैसा घर छोड़ आया था। किंतु इस व्याख्यान की समाप्ति पर उसकी दान देने की प्रबल इच्छा हुई, तो उसने साथ खड़े अपने पड़ोसी से उधार लेकर चंदा दिया। इस परोपकारी कार्य एवं व्याख्यान से दुर्भाग्यवश एक व्यक्ति अप्रभावी एवं अडिग रहा। उसका जवाब था, 'मित्र होपकिंस! मैं उन्हें किसी और दिन चंदा दूंगा; किंतु अभी नहीं, क्योंकि अभी देना मैं ठीक नहीं समझता।'

व्हाइटफील्ड के कुछ प्रतिरोधी समझते थे कि इस चंदे को वह अपने निजी खर्च पर व्यय करेगा, किंतु चूंकि मैं (उसके व्याख्यान एवं पुस्तिकाएं आदि छापने के काम से जुड़ा था), उसकी सेवापरायणता के प्रति जरा भी शंकालु नहीं था, अपितु इस दिन से मेरे मन में उसके प्रति यह धारणा प्रबल हो चुकी थी कि अपने कर्त्तव्यों के निर्वाह में वह पूरी तरह सत्यनिष्ठ है और मेरा मानना है कि उसके प्रति मेरी सत्यता ज्यादा बढ़ चुकी है, क्योंकि उसके मन में सर्वधर्म समभाव था और किसी धर्म विशेष के प्रति उसका विशेष अनुराग नहीं था। नि:संदेह, उसने मेरे मतांतरण के लिए कुछ समय प्रार्थना अवश्य की थी, किंतु उसे कभी ऐसा संतोष नहीं हुआ कि उसकी प्रार्थना

सुनी गई है। हम दोनों के बीच मात्र मित्रता थी, जो दोनों ओर से निश्चल भाव लिए थी और उसकी मृत्यु होने तक, अंत समय तक बनी रही।

नीचे वर्णित घटनाओं से उन शर्तों का पता चलेगा, जिन पर हम खड़े थे। एक बार उसके बोस्टन, इंग्लैंड से वापस आने पर उसने मुझे पत्र लिखा कि वह बहुत जल्द ही फिलाडेल्फिया आएगा, किंतु नहीं जानता कि वहां आने पर कहां ठहरेगा, क्योंकि वह समझता था कि उसका पुराना मित्र एवं मेजबान बेनजेट जर्मन टाउन चला गया है। इस पर मेरा जवाब था कि–'तुमने मेरा घर देखा है, यदि आप इस छोटी–सी जगह में आकर रह सको तो आपका हार्दिक स्वागत है।' उसने उत्तर दिया कि–'यदि तुमने ऐसा अनुरोध ईसा की खातिर किया है, तो मैं इस अवसर को जाने नहीं दूंगा।' मैंने प्रत्युत्तर दिया, 'मुझे गलत न समझें, मैंने ऐसा ईसा के लिए नहीं, बल्कि आपके लिए किया है।' हमारे एक परिचित ने व्यंग्यात्मक लहजे में टिप्पणी की, 'ऐसा करना संतों की परंपरा है कि जब भी उन्हें कोई सहायता मिलती है, तो वे अपने सिर का बोझ उतारकर स्वर्ग (ईश्वर) पर डाल देते हैं। मैंने इसे धरती पर रखने का उपाय निकाल लिया है।'

व्हाइटफील्ड से मैं आखिरी बार लंदन में मिला था, जब उन्होंने अनाथ आश्रम के बारे में मुझसे सलाह–मशविरा किया था और उसे पाने का लक्ष्य एक कॉलेज की स्थापना करना था।

उसकी बुलंद आवाज, साफ एवं स्पष्ट उच्चारण तथा शब्द विन्यास इतना बुलंद था कि दूर–दूर तक बैठे लोगों तक को अच्छी तरह सुनाई देता था, क्योंकि उसके श्रोता असंख्य होने पर भी उसे खामोशी से सुनते रहते थे। उसने एक शाम को मार्केट स्ट्रीट के बीच और दूसरी गली के पश्चिमी ओर स्थित कोर्ट–हाउस की सीढ़ियों से व्याख्यान दिया, जो उसे समकोण पर काटती थी। दोनों ही गलियों में दूर–दूर तक श्रोताओं का हुजूम भरा था। मार्केट स्ट्रीट में दूर तक फैले जनसमूह को देख मुझे जिज्ञासा थी कि कितनी दूर तक उसका व्याख्यान सुना जाता है। यह देखने के लिए मैं गलियों से दूर तक नदी की ओर तक जा पहुंचा और पाया कि जब गली में उठती कुछ आवाजें उसे अस्पष्ट करती हैं, तो भी वह फ्रंट–स्ट्रीट के पास तक सुनाई दे रही थी। तब मैंने एक अर्धवृत्त की कल्पना की। जहां से मेरी दूरी एक त्रिज्या होनी चाहिए और जो श्रोताओं से भरी थी। हर कोई दो वर्ग फुट स्थान लिए था। कुल मिलाकर दूर–दूर से जहां तक व्हाइटफील्ड का व्याख्यान सुना जा सके, वहां से व्याख्यानदाता के खड़े रहने का फासला नाप लिया और फिर उसका क्षेत्रफल निकालकर दो फुट प्रति मनुष्य के अनुसार गिनकर देखा तो 30,000 से ज्यादा लोग उसे सुनते थे। मुझे संदेह है कि इतना विस्तार प्राचीन

इतिहास में वर्णित जनरल हारंग्विंग की सेना का हुआ करता था।

प्राय: उसके व्याख्यान सुनकर मैं आसानी से उसके नए यात्राओं में सुनाए गए व्याख्यानों में अंतर ज्ञात कर लेता था। यात्रा में बार-बार दिए जाने वाले व्याख्यानों के कारण उसके शब्दोच्चारण, प्रभावशीलता, वाणी में निरंतर इतनी प्रखरता आ चुकी थी कि चाहे विषय में रुचि न भी हो, तो भी कोई मनुष्य उसे सुनने के लिए आकर्षित हो जाता था और उसे मधुर व कर्णप्रिय संगीत की भांति ही आनंद मिलता था। यह प्रवृत्ति भ्रमणशील उपदेशकों को एक लाभ प्रदान करती है, जो प्राय: किसी स्थाई तौर के उपदेशों को नहीं मिलती है और ऐसे उपदेशक बार-बार अभ्यास करके भी अपने व्याख्यान में सुधार नहीं ला पाते हैं।

समय-समय पर उसके लिखे लेखन एवं उनके छपे जाने से उनके शत्रुओं को काफी फायदा पहुंचा। व्याख्यान में आरक्षित अभिव्यक्तियां और भ्रांतिमूलक राय, जो बाद में उनके साथ रहने वाले अन्य लोगों के द्वारा स्पष्ट की गई या उनके द्वारा अस्वीकृत की जा सकती थीं। किंतु लिखा हुआ ही स्थाई होता है। आलोचकों ने उसके लेखों की बड़ी आलोचना की। उनका उद्देश्य उसके श्रोताओं की संख्या को कम करना तथा उनकी संख्या को बढ़ने से रोकना था। इसलिए मेरा यह मानना है कि यदि उन्होंने कभी कुछ नहीं लिखा था अन्यथा वह अपने पीछे काफी कुछ व एक महत्त्वपूर्ण पंथ छोड़ गए होते और उस स्थिति में उनकी ख्याति उनकी मृत्यु के बाद आज भी बढ़ रही होती। उनके लेखों में कुछ भी प्रतिबंधित किए जाने और उन्हें अपमानित करने योग्य नहीं था। उनके परधर्मी अनुयायियों को उन पर दोषारोपण करने की पूरी स्वतंत्रता मिली थी, किंतु उसकी उत्साहवर्धक अपेक्षाओं के अनुरूप उन आरोपों का निष्प्रभावी होना तय था।

मेरा व्यवसाय धीरे-धीरे उन्नति कर रहा था और मेरी परिस्थितियां दिन-प्रतिदिन आसान होती जा रही थीं। मेरा समाचार-पत्र लाभदायक सिद्ध हो रहा था कि एक बार यह यहां और समीपवर्ती प्रांतों में एकमात्र ही रह गया था। मैंने भी विचारों की सत्यता का स्वयं अनुभव किया कि, 'पहले 100 पाउंड पाने के पश्चात् दूसरे 100 पाउंड पाना ज्यादा आसान हो जाता है।' पैसा स्वयं संवर्धनशील एवं फलदायी प्रकृति का होता है।

कैरोलीना में साझेदारी के सफल होने के बाद मुझे दूसरे लोगों के साथ काम करने तथा अपने कई कारीगरों को प्रोत्साहित कर साझेदारी करने और कैरोलीना में अपनाई गई शर्तों पर ही उन्हें अलग-अलग जगहों पर छापेखाने स्थापित कराने का हौसला मिला। उनमें से अधिकतर ने अच्छा काम किया और छह वर्ष का अनुबंध समाप्त होने पर वे मुझसे टाइप खरीदकर और स्वयं

का कारोबार करने को स्वतंत्र थे। इन साधनों से कई परिवारों को रोजगार का अवसर मिला। ये साझेदारियां प्रायः विवाद सहित पूरी होती थीं, किंतु फिर भी मैं इससे खुश था कि मेरी ओर से व्यवसाय सरलता से चले और मैत्रीभाव पर समाप्त हुए थे। इस कारण मैं सोचता हूं कि हमारे बीच चीजों के लेन-देन को लेकर सावधानीपूर्वक मामले सुलझ गए थे, जैसे कि हर साझेदार दूसरे से अपेक्षा करता है, इसलिए विवाद का कोई विषय नहीं था। इसलिए मैं साझेदारी करने वाले हर व्यक्ति को अपने साझेदार के साथ यह सावधानियां करने की सलाह देता हूं, चाहे दूसरे साझेदार कैसी भी साझेदारी करते हो। किंतु अनुबंध के समय दोनों में परस्पर विश्वास हो। व्यवसाय को चलाने में असमानता और कार्यभार आदि की दृष्टि से थोड़ी ईर्ष्यालु एवं अरुचिकर व्यवहार उत्पन्न हो सकता है, जो प्रायः मैत्री विच्छेद एवं संबंध टूटने का कारण बन कानूनी एवं अरुचिकर परिस्थितियों को जन्म देता है।'

आमतौर पर मैंने पेंसिलवेनिया में स्थापित उद्यमों से संतुष्ट होने के कारणों को छोड़ दिया था। हालांकि दो बातों का मुझे दुःख था कि एक तो वहां सुरक्षा संबंधी कोई प्रावधान नहीं थे और न ही युवाओं की संपूर्ण शिक्षा के लिए कोई कॉलेज आदि ही था। इसलिए 1743 में मैंने वहां एक कॉलेज (अकादमी) खोलने की योजना बनाई और उस समय मेरे मन में माननीय मि. पीटर्स का नाम आया, जो न केवल खाली थे, बल्कि संस्थान की देखरेख के लिए उपयुक्त भी थे। मैंने इस योजना के विषय में उन्हें बताया। किंतु उन्हें अपना व्यवसाय करना ज्यादा फायदेमंद लगता था, इसलिए मेरा प्रस्ताव अस्वीकृत हो गया और उस समय किसी अन्य को ट्रस्ट के लिए उपयुक्त न जानकर मैंने इस योजना को ढीला छोड़ दिया। अगले वर्ष मुझे बेहतर सफलता मिली। मई 1744 में मैंने फिलोसॉफिकल सोसायटी की स्थापना संबंधी प्रस्ताव रखा। इससे संबंधित लिखे निबंधों को मेरे संकलित कार्यों में पाया जा सकेगा।

अपनी रक्षा की खातिर स्पेन काफी वर्षों तक ग्रेट ब्रिटेन से युद्ध में जूझता रहा और कुछ समय बाद फ्रांस भी युद्ध में कूद पड़ा, जिससे हमें खतरा पैदा हो गया। हमारी क्वेकर मंडली की सहायता से शिक्षा अधिनियम को पास कराने तथा प्रांत की सुरक्षा के लिए गवर्नर थॉमस के दीर्घकालीन एवं कठिन प्रयास निष्फल साबित हुए। जब मैंने देखा कि राज्यसभा के सभासदों पर बचाव के साधनों को जुटाने को लेकर कोई प्रभाव न पड़ा, तो मैंने यह बताने का प्रयास किया कि वहां के निवासियों को साथ लेकर क्या कुछ किया जा सकता है। इसे बढ़ावा देने के लिए मैंने सबसे पहले 'प्लेनट्रूथ' (स्पष्ट और सच्ची बात) शीर्षक से 22 पृष्ठों की एक पुस्तिका छापकर लोगों में बांटी, जिसमें मैंने हमारी सुरक्षाहीन स्थिति पर गहराई से प्रकाश डाला। साथ ही सुरक्षा

की खातिर एकजुटता एवं अनुशासन पर बल दिया और इस उद्देश्य हेतु कुछ ही दिनों में एक मजबूत संघ बनाने का भरोसा भी दिलाया। इस पुस्तिका का लोगों पर आकस्मिक एवं आश्चर्यजनक प्रभाव पड़ा। मुझे संघ प्रपत्र (इंसट्रूमेंट ऑफ एसोसिएशन) के लिए बुलाया गया। अपने कुछ मित्रों के साथ इसका प्रारूप (ड्राफ्ट) बनाने के बाद मैंने उपरोक्त बताए गए भवन में ही नागरिकों की एक सार्वजनिक सभा बुलाई। काफी भीड़ जुटी थी। मैंने प्रपत्र की बहुत सारी प्रतियां बनाई थीं। मैंने इस बारे में बताते हुए प्रभावी भाषण दिया और विस्तारपूर्वक बताने के बाद प्रपत्र की प्रतियां वितरित कीं। लोगों के बिना किसी आपत्ति के अपना-अपना नाम लिखवाकर रक्षक मंडली स्थापित करने का आग्रहपूर्वक निवेदन किया।

सभा समाप्त होने के पश्चात् जब कागज एकत्र किए गए तो पाया कि 1200 मनुष्यों ने अपने नाम लिखवाए थे और शेष प्रतियां देश में बांट दी गई थीं। थोड़े ही दिनों में उनकी संख्या 10,000 हो गई। कुछ समय में क्वेकर पंथ के लगभग सभी लोग उसमें शामिल हो गए। हथियार रखने वाले भी शामिल हुए और अभ्यास करने लगे। उन्होंने स्वयं को कंपनी एवं रेजिमेंट में ढालकर अपने उच्च अधिकारी भी चुन लिए और आवश्यकता पड़ने पर भेजी जाने वाली अच्छी पलटन तैयार हो गई। सभी लोग अभ्यास एवं अन्य सैन्य कार्यों के लिए हर सप्ताह बैठक करते। इसमें शामिल महिलाओं ने विभिन्न उपकरणों एवं आदर्श वाक्यों से सुसज्जित सिल्क कपड़े प्रदान किए थे। ये आदर्श वाक्य मेरे द्वारा ही लिखे गए थे।

फिलाडेल्फिया रेजिमेंट की कंपनियों के अधिकारियों ने सभा कर मुझे अपना कर्नल बना दिया। किंतु अस्वस्थ रहने के कारण मैं स्वयं को इस पद के योग्य न समझता था, अतः मैंने यह पद अस्वीकार कर दिया और मि. लॉरेंस नामक एक प्रतिष्ठित एवं अच्छे हट्टे-कट्टे मजबूत व्यक्ति को कर्नल नियुक्त करने का प्रस्ताव पास किया, जिसके अनुसार उनकी नियुक्ति हो गई। शहर के नीचे तोपखाना बनाने और उसमें तोप लगाने का खर्च उठाने के लिए मैंने लॉटरी का प्रस्ताव रखा। जल्द ही तोपखाना खड़ा हो गया। लकड़ी के विशाल लट्ठों से कंगूरे (प्राचीर) बनाकर मिट्टी से भर दिए गए। हमने बोस्टन से कुछ पुरानी तोपें खरीदीं, किंतु इनके बेहतर न होने के कारण हमने ज्यादा तोपों के लिए ब्रिटेन को लिखा और साथ ही स्वामित्व क्षेत्र के लिए भी निवेदन किया, हालांकि इसकी उम्मीद कम ही थी।

इस बीच गर्वनर क्लिंटन की कुछ तोपें उधार लेने के लिए सभासदों ने कर्नल लॉरेंस, विलियम एलिन, अब्राहम टेलर, एस्क्वोर और मुझे भी न्यूयॉर्क भेजा। पहले-पहल उसने इसके लिए दृढ़तापूर्वक मना कर दिया, किंतु अपने

परिषद के साथ रात्रिभोजन के दौरान मैडिरा वाइन पीते समय परंपरास्वरूप उसका रुख थोड़ा नरम पड़ा और उसने कहा कि वह छह तोपें उधार दे देगा। कुछ और पीने पर वह 10 तोपें देने को राजी हो गया तथा कुछ देर बाद बहुत अच्छे व्यवहार से वह 18 तोपें देने को तैयार हो गया। वे बेहतरीन तोपें थीं और 18 पाउंड के गोले फेंकने में सक्षम थीं। हमने शीघ्र ही तोपें ले जाकर उन्हें अपने तोपखाने में लगवा दिया और युद्ध समाप्त होने तक सभासदों ने वहां रात में पहरा बैठाए रखा था और मैं भी एक कमांडर सैनिक के तौर पर वहां नियमित रूप से अपना दायित्व निभाता था।

इन ऑपरेशनों में मेरी गतिविधियों व क्रियाकलाप से गवर्नर एवं परिषद संतुष्ट थे। उन्होंने मुझे विश्वास में लिया और जहां कहीं भी उनके संयुक्त कार्य संघ के लिए उपयोगी हो सकते थे, उस पर कार्य में उन्होंने मुझसे सलाह-मशविरा किया। धर्म की सहायता हेतु मैंने उन्हें इस सुधार को तेजी से बढ़ावा देने तथा हमारे संगठन पर ईश्वरीय कृपा की प्रार्थना की। उन्होंने इस प्रार्थना को सुन लिया और स्वीकार कर लिया, किंतु क्योंकि यह प्रांत में सबसे तीव्रता से हुआ पहला विचार था। सचिव के पास कोई पूर्ववर्ती दृष्टांत नहीं था कि वह कहां से घोषणा को कार्य में लिया जाए। मेरी शिक्षा न्यू इंग्लैंड में हुई थी, जहां से मुझे इस घोषणा का लाभ मिला, जो वहां हर वर्ष तेजी से की जाती थी। मैंने इस चिर-परिचित मार्ग को अपनाया। इसे जर्मन भाषा में अनुवाद किया और दोनों भाषाओं में छापकर समूचे प्रांत में प्रकाशित किया। इस प्रयास ने विभिन्न मतों के पादरियों को संघ में शामिल हो संगठित होकर प्रभावी होने का अवसर प्रदान किया और यह सभी लोगों के लिए एक सामान्य बात की तरह था, किंतु यदि शांति में जल्दी विघ्न न पड़ता, तो क्वेकर कुछ अलग कदम उठा सकते थे।

मेरे कुछ मित्रों को यह भय रहता था कि राज्य मंडली में क्वेकर पंथियों का जोर अधिक है, इसलिए फ्रैंकलिन युद्ध संबंधी उत्साह के कारण राज्य मंडली में अपना प्रभाव खो बैठेगा, जहां उन्होंने अपना बहुमत कायम किया है। मंडल में कुछ मित्रों में ही एक युवक राज्य मंडली के कारकुन (क्लर्क) की जगह हासिल करना चाहता था। उस आतुर युवक ने एक दिन मुझसे कहा कि-'तुम सम्मानपूर्वक अपना पद त्याग दो अन्यथा अगले चुनाव में तुम्हें अलग-थलग कर दिया जाएगा, जिससे तुम्हारा अपमान होगा।' इस पर मैंने उसे उत्तर दिया-'मैंने एक प्रसिद्ध मनुष्य के द्वारा सुनी या पढ़ी है कि वह कोई पद नहीं चाहता और यदि मिल जाए तो उसे लेने से भी इंकार नहीं करता। इस बात को मैं पसंद करता हूं कि उसमें कुछ वृद्धि करके, मैं उसको उपयोग में लाऊंगा। मैं कोई जगह नहीं मांगूंगा। किसी जगह को

लेने से इंकार भी नहीं करूंगा और न ही किसी जगह से त्यागपत्र ही दूंगा।' वस्तुत: सभी क्वेकर लोग युद्ध के विरुद्ध नहीं थे। युवकों का एक बड़ा वर्ग एवं अनेक वृद्ध मनुष्य भी लड़ाई की तैयारियों से प्रसन्न होते थे। जब नया चुनाव हुआ तो सर्वसम्मति से मुझे ही राज्य मंडली का क्लर्क नियुक्त किए जाने का प्रस्ताव पारित हुआ और मैं निर्विरोध क्लर्क चुन लिया गया। जिन लोगों ने सैन्य तैयारियों संबंधी सभी विवादों में गवर्नर का साथ दिया था, जिससे मंडल को लंबे समय तक तनाव झेलना पड़ा था। संभवत: परिषदों के सदस्यों के साथ मेरी हाल के घनिष्ठ संबंध उन्हें पसंद न थे। किंतु वे संघ के प्रति केवल मेरे उत्साह को लेकर ही मुझे हटाने को लेकर कभी चिंतित नहीं थे और न ही वे कोई अन्य उचित कारण ही बता सके।

नि:संदेह मेरे पास यह मानने का कुछ कारण था कि उन्हें किसी को भी देश की सुरक्षा से कोई लेना-देना नहीं था और वे इसमें सहायता की जरूरत नहीं समझते थे। मैंने पाया कि मेरी सोच से ज्यादा लोग हालांकि घृणित युद्ध के विरोधी थे, लेकिन देश की सुरक्षा के प्रति उदासीन नहीं थे। इस विषय पर लाभ और हानि दर्शाती कई पुस्तिकाएं छापी गईं, जिनमें से कुछ क्वेकर द्वारा रक्षा के समर्थन में छापी थीं। मेरा मानना है कि इसने ज्यादातर युवा लोगों को आश्वस्त किया था।

हमारे फायर कंपनी में हुए एक प्रयास ने इन व्याप्त भावनाओं को समझने में कुछ मदद की। यह प्रस्ताव रखा गया था कि हमें मौजूदा स्टॉक, जो लॉटरी के टिकटों के रूप में तब लगभग 60 पाउंड का था, का प्रचार कर तोपखाना बनाने की योजना को प्रोत्साहित करना चाहिए। नियमों के अनुसार, प्रस्ताव के उपरांत अगली बैठक होने तक कोई पैसा व्यय नहीं किया जा सकता था। कंपनी के कुल 30 सदस्यों में से 22 क्वेकर्स थे व केवल 8 अन्य धार्मिक विश्वास वाले। इन आठों ने नियमित रूप से बैठकों में भाग लिया, किंतु फिर भी हमने सोचा कि अन्य क्वेकर भी हमारे साथ आएंगे। किंतु हम किसी भी तरह से बहुमत के प्रति सुनिश्चित नहीं थे। किंतु जेम्स मौरिस नामक एक क्वेकर ही विरोध स्वरूप सामने आए। उन्होंने इतना ज्यादा दु:ख व्यक्त किया कि सभी मित्र इस प्रस्ताव के खिलाफ रहे थे और उन्होंने इतना विरोध किया कि कंपनी टूटने की भी संभावना थी। हमने उनसे कहा कि हमें इसमें ऐसा कोई कारण नहीं दिखा, हमारी संख्या कम थी और यदि मित्रगण इस उपाय के विरुद्ध होते व हमें समर्थन न देते तो हमें निश्चित तौर पर सभी समुदायों के अनुकूल ही व्यवहार करना पड़ता और करना भी चाहिए था। ऐसा हुआ भी। जब कार्यकाल का समय हुआ और मत देने की बात आई, तो उसने हमें इसे नियमानुसार करने की मंजूरी दी, किंतु उसने यह सुनिश्चित किया था

कि इसका विरोध करने के लिए आपेक्षित सदस्यों का वहां उपस्थित होना जरूरी है, किंतु ऐसा होगा, लेकिन उनके आने के लिए स्पष्ट तौर पर कुछ समय दिया जाना चाहिए।

अभी हम इस विषय पर बात ही कर रहे थे कि बैरा ने आकर बताया कि दो सज्जन मुझसे मिलने के लिए नीचे प्रतीक्षा कर रहे हैं। मैं नीचे गया तो देखा कि वे दोनों सज्जन हमारे क्वेकर के सदस्य ही थे। उन्होंने मुझे बताया कि वे 8 लोग अभी सराय में एकत्र थे। यदि कोई ऐसा अवसर होता, तो वे हमारे समर्थन में आकर वोट देने वाले थे। उन्हें आशा थी कि ऐसा कुछ पेचीदा मामला नहीं होगा और यदि उनके बिना भी काम चल सके तो हम उन्हें बुलाने के इच्छुक नहीं होंगे। क्योंकि ऐसे मामले में हमारे पक्ष में मतदान करने से उनका अपने परिवारजनों एवं दोस्तों से वाद-विवाद हो सकता था। इस तरह सुरक्षित बहुमत जानने पर, मैं ऊपर गया और थोड़ा संकोच करने के उपरांत इस विषय को एक और घंटे के लिए टालने पर सहमत हो गया। मौरिस अत्यंत निष्पक्ष रहने वाले थे। किंतु उनका प्रतिरोध करने वाला एक भी मित्र वहां आया था, जिस पर उसे बहुत हैरानी हुई और एक घटना बीतने के उपरांत हमने आठ के मुकाबले एक के अनुपात प्रस्ताव पारित किया। 22 क्लेकर्स में से 8 हमारे पक्ष में मतदान को तैयार थे और 13 ने अपनी अनुपस्थिति में यह स्पष्ट कर दिया था कि वे हमारे सूत्रधारी का विरोध नहीं करने वाले थे। इसके पश्चात्, शिक्षा के विरुद्ध मैंने क्वेकर की सत्यनिष्ठा का एक के मुकाबले केवल 21 का आकलन किया। इनमें सभी उस सोसायटी के नियमित सदस्य थे और उनका समुचित सम्मान था। मैंने इसकी सूचना रूपी नोटिस में दिया कि उस बैठक में क्या प्रस्ताव रखा गया था।

उस पंथ के प्रति सदैव निष्ठावान रहे मि. लोगान ने ही उनके लिए एक संबोधन भाषण लिखा, जिसमें उन्होंने रक्षात्मक युद्ध के प्रति अपनी स्वीकृति की घोषणा की थी और अपनी बात को कई तर्कपूर्ण अर्थ से स्पष्ट किया। उस सेवा में क्या-क्या पुरस्कार पूर्णतः दिए जा सकते हैं, इस बात को लागू करने संबंधी निर्देश देते हुए उन्होंने तोपखाने के लिए लॉटरी टिकट में लगाने के लिए मेरे हाथों में 60 पाउंड रख दिए। उन्होंने अपने पुराने मालिक विलियम पेन की रक्षा से संबंधित एक व्याख्यान सुनाया। वह इंग्लैंड से आए थे और वह उनके साथ सचिव के तौर पर जुड़ा था। तब वह एक युवक था। उस समय युद्ध चल रहा था और एक जंगी जहाज उनके जहाज का पीछा कर रहा था, शायद वह दुश्मन का जहाज था। उनका कप्तान सुरक्षा के लिए मुस्तैद था। लेकिन उसने विलियम पेन और उनके क्वेकर सदस्यों से कहा कि उसने उनकी सहायता की अपेक्षा नहीं की थी और वे केबिन में जा सकते

हैं। किंतु जेम्स लोगान के अलावा सभी केबिन में चले गए, लेकिन वह डेक पर ही बंदूक थामे खड़ा था। परंतु वह जहाज शत्रु का नहीं था, किसी मित्र का था। इसलिए लड़ाई नहीं छिड़ी। लेकिन जब सचिव इस खबर के बारे में बातचीत करने नीचे आया तो विलियम पेन ने डेक पर ठहराने और मित्रों के नियमों के विरुद्ध जहाज की रक्षा में सहायता करने के प्रयास पर कई बार डांटा, क्योंकि कैप्टन को ऐसी किसी सहायता की आवश्यकता नहीं थी। पूरी कंपनी के सामने इस प्रकार की झिड़की से सचिव को क्रोध आ गया और उसने पलटवार किया कि–'तुम्हारा नौकर होने के नाते तुमने मुझे नीचे आने को क्यों नहीं कहा? किंतु जब तुम्हें लगा कि खतरा है, तो तुमने यही अपेक्षा की थी कि मैं यहां रुक जाऊं और उस जहाज से लड़ने में मदद करूं।'

सभा में मेरे कई वर्षों तक रहने के दौरान क्वेकर निरंतर बहुमत से और राजा की ओर से जब कभी सैन्य उद्देश्यों हेतु सैन्य सहायता का आह्वान किया गया तथा उन्हें मौका मिला तो उनके युद्ध सिद्धांतों के कारण, मैंने कई बार उन्हें व्याकुल देखा। एक ओर, वे तथा उनके मित्र व क्वेकर संघ सीधे तौर पर इनकार करके सरकार के प्रति अपराध नहीं करना चाहते थे, तो दूसरी ओर वे अपने संघ के युद्ध विरोधी हो गए, तुम्हारी द्विअर्थी परियोजना उनके गेहूं व अन्य अनाज के बराबर की होगी।'

ऐसी जटिलताएं कि क्वेकर्स को अपनी जड़ें मजबूत करने में कठिनाइयां पेश आई थीं। उन्होंने अपने सिद्धांतों में यह छापा कि कोई भी युद्ध धर्मसम्मत नहीं होता है और यह एक बार छपने के बाद वे उसे वापस नहीं ले सके थे। हालांकि वे अपनी सोच बदलकर इस जटिलता से सरलता से बाहर निकल सकते थे। मुझे याद है कि मैं सोचता हूं हमारे बीच एक अन्य पंथ में ज्यादा विवेकपूर्ण आचरण था और वह डंकर्स का था। इसकी स्थापना के बाद ही मेरी जान-पहचान इसके एक संस्थापक माइकल वेलफेयर से हुई थी। उसने शिकायत की थी कि अन्य धर्मालम्बियों ने उन पर अति व्यग्र होने का जोरदार तरीके से झूठा अभियोग लगाया, साथ ही उन ऐसे घिनौने सिद्धांतों एवं प्रकार्यों को पालन करने का आक्षेप भी लगाया, जिनके बारे में वे बिलकुल ही अंजान थे। मैंने उन्हें कहा कि किसी भी नए पंथों के साथ हमेशा से ऐसा ही होता आया है और अनुशासित नियमों से इस प्रकार के आक्षेप को रोकने के लिए, उन्हें उनकी मान्यताओं के संबंध में लेख प्रकाशित करना बेहतर हो सकता है। उन्होंने बताया कि ऐसा प्रस्ताव पहले रखा गया था, किंतु इस पर इस कारण से सहमति नहीं बनी कि, 'जब हम सोसायटी के रूप में पहली बार एकत्र हुए तो इसने ईश्वर को हमें सिद्धांतों को जानने के लिए हमारे मन-मस्तिष्क को ज्ञान प्रदान किया, जिन्होंने हमने कभी सत्य माना था, किंतु वे त्रुटियां

थीं। जिन्हें हमने गंभीर त्रुटियां माना था, वे सच्चाई थीं। समय-समय पर वह हमें दूरदृष्टि देकर प्रसन्न हुआ और हमारे सिद्धांतों में सुधार हुआ तथा हमारी त्रुटियां मिटती गईं। हम अब भी सुनिश्चित नहीं हैं कि हम विकास के अंत तक पहुंच चुके हैं और आध्यात्मिक या अध्यात्म विद्या में पूर्णता या प्रवीणता पा चुके हैं। हमें डर है कि यदि हम आस्था संबंधी हमारी स्वीकार्यता को छाप दें, तो हम स्वयं को उसमें बंधा एवं सीमित अनुभव करेंगे और शायद आगे कोई सुधार का प्रयास न करें। हमारे अनुयायी भी उन्हीं बातों पर दृढ़तापूर्वक अडिग रहेंगे, जो उनके बड़ों और संस्थापकों ने स्थापित की होंगी, वे उनके लिए पावन होंगी और वे कभी उनसे अलग होकर उन्हें छोड़ना नहीं चाहेंगे।'

किसी पंथ में यह उदारता संभवत: मानवता के इतिहास में एकमात्र दृष्टांत हो, घटना हो। नि:संदेह प्रत्येक पंथ स्वयं को सर्व सत्याग्राही समझता है और जो उनसे मतांतर रखते हैं; उन्हें पथभ्रष्ट, जैसे कि कोहरे के मौसम में चलते किसी व्यक्ति को सड़क पर अपने से कुछ दूरी पर आगे चलते लोगों के साथ-साथ पीछे आने वाले और दोनों ओर चलने वाले लोग भी कोहरे में लिपटे नजर आते हैं, किंतु निकट पहुंचने पर सब कुछ साफ-साफ दिखाई देने लगता है। वास्तव में वह भी उनके तरह ही कोहरे में लिपटा रहता है। इस प्रकार की जटिलता से बचने के लिए विगत कुछ वर्षों में अपनी उन सेवाओं में निरंतर कमी की, जो वह खुद में देते थे तथा शासन समूह में अपने सिद्धांतों की बजाय अपनी शक्तियों को त्यागने को प्राथमिकता दी।

1742 में मैंने अपनी कल्पनाशक्ति से एक प्रकार के चूल्हे (स्टोव) का आविष्कार किया; जो न केवल घरों को गर्म करता था; बल्कि ईंधन भी बचाता था, क्योंकि ताजी हवा कमरे में आने पर गर्म हो जाती थी। यह खोज करने में मुझे किसी लाभ की जरा भी इच्छा नहीं थी। मेरे एक मित्र रॉबर्ट ग्रेस का लोहे का कारखाना था, इसलिए अपने इस चूल्हे का एक नमूना मैंने उसे मुफ्त भेंट किया। उससे इस चूल्हे के लिए प्लेटों को बनाने (कास्टिंग कर) में फायदा दिखा और उसने इससे बहुत पैसा कमाया, क्योंकि उनकी मांग बढ़ती गई। उस मांग को प्रोत्साहित करने के लिए मैंने एक पुस्तिका लिखी और प्रकाशित की, जिसका शीर्षक था 'नए आविष्कृत पेंसिलवेनियाई चूल्हे का विवरण'। पुस्तिका में इसकी निर्माण विधि एवं प्रयोग विधि, घरों को गर्म करने की हर अन्य विधियों की तुलना में इसके फायदों, इसके उपयोग के विरोध में की गई आपत्तियों का जवाब व समाधान भी विशेष तौर पर दिया गया। इस पुस्तिका का अच्छा प्रभाव पड़ा। जैसा कि इसमें बताया गया था कि गवर्नर थॉमस भी इस अंगीठी के निर्माण से इतना प्रसन्न था कि उसने कुछ वर्षों के लिए इनका एकमात्र विक्रेता बनने के लिए इसका पेटेंट लेने

का प्रस्ताव दिया, किंतु उस अवसर पर अपने सिद्धांतों की खातिर मैंने उनका प्रस्ताव नामंजूर कर दिया, जैसे कि हम दूसरों के आविष्कारों से खूब लाभ उठाते हैं, तो हमें भी अपने आविष्कारों से दूसरों की सेवा करने का मौका मिले, तो हमें भी पूरी तरह स्वतंत्र एवं निस्वार्थ भाव से प्रसन्न होकर अपनी खोज दे देनी चाहिए।

यद्यपि लंदन के एक लोहा विक्रेता ने मेरी पुस्तिका का भरपूर लाभ उठाया। उसने मेरे चूल्हे पर अपने ढंग से काम किया और इसमें कुछ संशोधन व बदलाव किए, जिसने यद्यपि इसकी कार्यविधि को थोड़ा बदल डाला, किंतु उसने इसका पेटेंट हासिल कर थोड़ा पैसा भी कमाया। दूसरों के द्वारा मेरे आविष्कारों का पेटेंट हासिल करने की यह कोई पहली घटना नहीं थी। किंतु इस पर हर बार सफलता भी नहीं मिली। चूंकि पेटेंट कराने, लाभ कमाने तथा प्रतिवाद करने की मेरी कोई इच्छा नहीं थी, इसलिए मैंने कभी प्रतिस्पर्द्धा नहीं की। इन अंगीठियों का इस व समीपवर्ती बस्तियों में बहुत से घरों में उपयोग हुआ और यह वहां के निवासियों की लकड़ियां भी बचाती है।

उधर अंततः शांति स्थापित हुई और इस कारण से संघ का काम भी समाप्त होने पर आ गया। मैंने अपनी सोच को पुनः कॉलेज खोजने पर लगाया। सबसे पहले उठाए गए कदम में, इस काम में कई सक्रिय मित्रों को साथ में जोड़ना था, जिसमें जंटो ने महत्त्वपूर्ण भूमिका निभाई। इसके आगे 'पेंसिलवेनिया में युवाओं की शिक्षा से संबंधित प्रस्ताव' शीर्षक से पुस्तिका लिखना व छापना था। मैंने इसे वहां के प्रमुख धर्मार्थ चंदा देने वालों में बांटा और जैसे ही मैंने देखा कि उनकी रुचि इस ओर होने लगी, मैंने तुरंत स्कूल खोलने व सहायक गतिविधियों के लिए चंदा हासिल करने की बात सामने रख दी, जो पांच वर्षों तक वार्षिक रूप में दिया जाना था। इसे परस्पर विभाजित करने पर लगा कि चंदे की राशि ज्यादा हो सकती है और यकीन था कि ऐसा ही था। यदि मुझे सही तरीके से याद है, तो यह 5000 पाउंड से ज्यादा ही थी, कम नहीं।

इन प्रस्तावों की भूमिका मैं मैंने स्पष्ट किया कि उनका प्रकाशन मेरा नहीं, बल्कि समाज के कुछ सम्माननीय लोगों का प्रयास था। इस तरह से अपने सामान्य सिद्धांत के अनुसार, मैंने यथास्थिति इससे बचने का प्रयास किया और लोगों के बीच रखे इन प्रस्ताव में मैं उनके लिए स्वयं को इस प्रस्ताव का लेखक बताने से बचा रहा।

इस परियोजना को तुरंत कार्यान्वित करने के लिए चंदा देने वालों ने अपने 24 ट्रस्टीज (न्यासी) चुने और मैंने तत्कालीन अटार्नी जनरल फ्रांसीस एवं स्वयं को स्कूल के शासन हेतु संविधान बनाने के लिए नियुक्त किया। ऐसा

करने और पारित होने के उपरांत एक घर किराए पर लिया, अध्यापक रखे गए और मेरे विचार से 1749 को ही स्कूल शुरू हो गया।

छात्रों की संख्या बहुत जल्दी ही बढ़ गई। वह घर छोटा पड़ने लगा था और हम स्कूल बनाने के लिए जमीन तलाश रहे थे कि परमेश्वर की कृपा से हमें एक बड़ा बना-बनाया मकान मिल गया, जो कुछ मरम्मत के बाद हमारे उद्देश्य को पूरा कर सकता था। यह वही भवन था, जिसका उल्लेख पहले किया गया है, जो व्हाइटफील्ड के वारिसों ने बनवाया था और इस उद्देश्य हेतु हमारे लिए लिया था।

यहां ध्यान देना चाहिए कि इस भवन के लिए समाज के विभिन्न पंचों के लोगों ने योगदान दिया था। ट्रस्टियों के चयन में सावधानी बरती गई थी, जिनमें भूमि एवं भवन के अधिकार निहित थे और किसी भी पंथ को विशिष्टता नहीं दी गई थी, अन्यथा किसी पंथ विशेष को महत्त्व देना मूल उद्देश्य के विपरीत होता। इसलिए हर पंथ को प्रतिनिधित्व दिया गया था, जैसे कि इंग्लैंड के चर्च, प्रेजबिटेरियन, बैपटिस्ट, मोरावियन आदि हर समूह का एक-एक व्यक्ति आदि और जो पद किसी की मृत्युपरांत रिक्त होते, वे अंशदाताओं के बीच से चुनाव स्वरूप भरे जाने थे। किंतु मोरावियन अपने सहयोगियों को संतुष्ट न कर सका और उसकी मृत्यु के पश्चात् उस पंथ का कोई भी प्रतिनिधि नहीं भेजा गया। फलस्वरूप समस्या यह थी कि नए चयन के द्वारा किसी अन्य पंथ के दो व्यक्तियों को आने से किस प्रकार रोका जाए।

इसके लिए कई व्यक्तियों के नाम आए थे और इसी कारण से सहमति नहीं बन पाई। कुछ समय उपरांत किसी ने मुझे पर्यवेक्षणस्वरूप बताया कि एक मैं ही निष्ठावान व्यक्ति हूं और किसी पंथ विशेष से भी संबद्ध नहीं हूं, जिनके प्रतिनिधि ट्रस्ट में थे। स्कूल के लिए भवन बनने के पश्चात् उपजा उत्साह लंबे समय से प्रतीक्षा में था और इसके ट्रस्टी भूखंड का किराया एवं भवन के अन्य खर्चों को अदा करने के लिए नए अंशदान देने में सक्षम नहीं रहे थे, जिसने उन्हें गहन कठिनाई में डाल दिया था। अब भवन और स्कूल दोनों के ट्रस्टी में सदस्य होने के कारण मेरे पास दोनों के साथ सौदेबाजी करने का अच्छा अवसर था और आखिरकार मैंने उन्हें इस करार पर राजी कर लिया, जिसके अनुसार भवन के ट्रस्टी द्वारा इसे स्कूल के ट्रस्टी को सौंपना था, जिसे अपना ऋण चुकाने के लिए समय-समय पर होने वाले प्रवचनों के लिए इस भवन में एक बड़े हॉल को भी हमेशा बनाए रखना था। वस्तुतः इसका मूल उद्देश्य यही था कि गरीब बच्चों को शिक्षित करने के लिए एक निःशुल्क स्कूल की व्यवस्था हो सके। इसके अनुसार ही करारनामा बनाया गया। स्कूल के ट्रस्टी द्वारा ऋण चुकाने पर भवन परिसर में स्कूल का अधिकार होता।

भवन के एक बड़े व विशाल हॉल में अलग-अलग मंजिलें बनाकर स्कूल के लिए ऊपर-नीचे कई कमरे बनाए गए। साथ ही इसी उद्देश्य हेतु कुछ और जमीन खरीदी गई और छात्र भवन में बैठकर पढ़ने लगे। कर्मचारियों के साथ उन्हें राजी करने व काम करवाने, सामान खरीदने व काम की देखरेख का जिम्मा मुझ पर डाला गया। मैंने इसे खुशी से स्वीकार किया; इससे मेरे निजी व्यवसाय में कोई व्यवधान नहीं पड़ता था; क्योंकि एक वर्ष पहले ही मुझे डेविड हॉल जैसा मेहनती, सक्षम व ईमानदार साझेदार मिला था, जिसके बारे में मैं भलीभांति जानता था। उसने मेरे लिए चार वर्ष तक काम किया था। उसने मेरे हाथों से लेकर छापेखाने का सारा कामकाज संभाल लिया था और मेरे लाभांश को यथासमय चुकाता था। हमारी यह साझेदारी लगभग 18 वर्ष तक चली और दोनों के लिए सफल रही।

कुछ समय उपरांत, स्कूल के ट्रस्टी और गवर्नर के बीच एक चार्टर पर समझौता हुआ। ब्रिटेन से मिले अंशदान एवं भूस्वामियों से मिले भू-दान से उनकी संपत्ति (फंड्स) में वृद्धि हुई, जिसमें सभा ने उल्लेखनीय बढ़ोतरी की और इस तरह से यह प्रयास आज फिलाडेल्फिया विश्वविद्यालय के रूप में मौजूद है। शुरुआत से ही मैं इसके ट्रस्टी में शामिल रहा हूं और आज लगभग 40 वर्ष होने पर इसमें कई युवाओं को शिक्षा प्राप्त करते देख काफी प्रसन्नता हुई, जो अपनी योग्यताओं के बल पर लोक सेवाओं में कार्यरत हैं और देश के रत्न हैं।

व्यवसाय शुरू हुए 20 वर्ष हो गए थे। मेरी आयु 42 वर्ष हो चुकी थी। प्रतिवर्ष 700 पाउंड की आमदनी देने वाली संपत्ति थी। व्यापार छोड़कर घर बैठे हुए इतनी आमदनी काफी मानी जाती थी और पर्याप्त भी थी। वार्षिक आमदनी 3000 पाउंड की थी और अपनी आर्थिक स्थिति पर पूरा संतोष व निश्चिंत था। अब मैं रोजगार को छोड़कर अपना समय दार्शनिक अध्ययन एवं मनोविनोद में गुजारने का इच्छुक था और डेविड हॉल के साथ इकरारनामा कर मैं निजी कामकाज से मुक्त हुआ तथा विद्या संपादन करने लगा। इसलिए, इंग्लैंड से यहां व्याख्यान देने आए डॉ. स्पेंसर के सारे वैज्ञानिक उपकरण मैंने खरीद लिए और बिजली के प्रयोगों में जुट गया, किंतु दूसरी ओर लोगों ने समझा कि मैं विनोदप्रियता में लगा हूं। उन्होंने मुझसे नागरिक सरकार के हर अंग के लोकहितैषी उद्देश्यों को मेरे हाथों से दबाए रखा और लगभग इसी समय, मुझे कुछ और दायित्व भी सौंप दिए। गवर्नर ने मुझे शांति कार्यों में लगा दिया। शहरी निगम ने मुझे सामान्य परिषद में चुन लिया और उसके उपरांत एक नगर शासक (मजिस्ट्रेट) ने सभा में मुझे नगर प्रतिनिधि बना दिया। हाल का स्टेशन मेरे लिए ज्यादा अनुकूल था, क्योंकि अंततः वहां मैं क्लर्क के

रूप में बैठकर वाद-विवाद सुनते-सुनते थक चुका था, उनमें भाग नहीं ले सकता था। वे प्रायः इतनी बोझिल एवं बोरियत भरी होती थीं कि मैं मैजिक स्कवॉयर (जादुई वर्ग) एवं गोले बनाकर अपना समय काटता था, जबकि एक सदस्य के रूप में मेरी शक्तियां बढ़तीं और मैं उन्हें अच्छे कार्यों में लगाता। हालांकि मैंने स्वयं को समझा लिया था कि इस प्रकार की पदोन्नति से मेरी अभिलाषाएं पूरी नहीं होंगी और वस्तुतः ऐसा ही था। निम्न स्तर से शुरुआत को देखते हुए मेरे लिए वे काफी ऊंची चीजें थीं और लोगों के अच्छी राय की कई स्वैच्छिकतापूर्ण साक्ष्यों की दृष्टि से वे भी अत्यंत सुंदर थे और मेरे लिए अब भी बिना मांगे हुए थे।

शांति न्याय कार्यालय में मैं कुछ दिन रहा और कुछ न्यायालयों में बेंच पर बैठकर कुछ केस भी सुने तथा यह जानकर कि उस जगह पर बैठने के लिए मेरी मौजूदा कानूनी जानकारी की बजाय आम कानून का ज्यादा ज्ञान होना चाहिए, इसलिए मैंने वहां जाना धीरे-धीरे कम कर दिया। इससे बचने के लिए मैंने सदन में विधायक (लेजिस्लेटर) की ज्यादा उच्च दायित्वों के निर्वाह का हवाला दिया। इस ट्रस्ट के लिए 10 वर्ष तक हर वर्ष मेरा चुनाव हुआ। किसी भी मतदाता से प्रत्यक्ष या परोक्ष रूप से उनकी इच्छा जाने बिना और मेरे पूछे बिना मेरा चयन होता रहा था। किंतु सदन में मुझे पद मिलने के पश्चात् मेरे बेटे विलियम को क्लर्क नियुक्त कर लिया गया।

अगले वर्ष, कार्लिस्ले में इंडियंस के साथ एक संधि होने वाली थी। गवर्नर ने सदन में यह संदेश भिजवाया कि संधि[10]के लिए परिषद के सदस्यों के साथ कमिश्नरों के रूप में जाने के लिए उन्हें कुछ सदस्यों का नाम प्रस्तावित करें। सदन ने स्पीकर (मि. नोरिस) एवं मेरे नाम का सुझाव दिया और हम योजना अनुसार कार्लिस्ले जाकर इंडियंस से मिले।

वे लोग बहुत ज्यादा शराब पीने के आदी थे और पीने के बाद काफी लड़ाई-झगड़ा करते थे, इसलिए हमने उन्हें शराब बेचने पर कड़ाई से पाबंदी लगा दी। जब उन्होंने इस संबंध में शिकायत की तो हमने उन्हें कहा कि 'यदि वे संधि की बातचीत के दौरान पूरी तरह होशोहवास और शालीनता में रहें, तो हम बातचीत होने के बाद उन्हें काफी सारी रम (शराब) देंगे।' उन्होंने इसका वचन दिया और उसे पूरा भी किया, क्योंकि उन्हें बिना इसके शराब नहीं मिल सकती थी। इसलिए संधि की वार्ता व्यवस्थित ढंग से चली और परस्पर संतोषजनक परिणाम निकले। तत्पश्चात् उन्होंने अधिकारपूर्वक शराब मांगी, जो उन्हें दे दी गई। यह सब कुछ दोपहर में हुआ। वे लगभग

---

10 इसे ज्यादा सही रूप से जानने के लिए वोट्स देखें। -(मार्ग.नोट)

100 पुरुष, महिलाएं एवं बच्चे थे, जो वर्गाकार क्षेत्र बनाकर अस्थाई केबिनों में रहते थे। वह कोई शहर नहीं था।

शाम को अकस्मात् कोलाहल सुनाई दिया। क्या मामला है? यह देखने के लिए कमिश्नर बाहर निकले। हमने देखा कि उन्होंने वर्गाकार भाग के बीचोंबीच प्रचंड आग (बोनफायर) जला रखी है। वे स्त्री-पुरुष सभी शराब के नशे में मदहोश थे, लड़ाई-झगड़ा कर रहे थे। उनके गहरे वर्ण वाले अधनंगे काले-काले शरीर केवल आग की चमकली रोशनी में एक-दूसरे के पीछे दौड़ते और मशाल लेकर आपस में मारपीट करते व दौड़ते नजर आ रहे थे। उनकी भयंकर चीखें वातावरण को अत्यंत भयावह बना रही थीं। उन्हें देखकर हमें लगा कि हम नरक का जीवंत दृश्य देख रहे हैं। उनके कोलाहल में कोई कमी नहीं होता देख हम चुपचाप अपनी-अपनी जगह आकर सो गए। आधी रात को कुछ लोग हमारे पास आए और हमारा दरवाजा पीटते हुए, शोर करके फिर से शराब मांगने लगे। लेकिन हमने उनकी बातों पर कोई ध्यान नहीं दिया।

दूसरे दिन, उन्हें अपनी बीती रात की अभद्रता का ज्ञान हुआ, तो हमसे माफी मांगने को उन्होंने अपने तीन काउंसलर (सुवक्ता) वृद्ध मनुष्य हमारे पास भेजा। उन्होंने अपनी भूल स्वीकारी, किंतु उस गलती का सारा दोष शराब पर डाल दिया और फिर यह कहकर शराब को क्षमा करने का प्रयास भी किया-'उस ईश्वर ने संसार में जो-जो वस्तुएं बनाई हैं, वे किसी-न-किसी उपयोग के लिए ही हैं। जिस उपयोग के लिए जो वस्तु बनाई गई हो, उसे उसी उपयोग में लेना चाहिए। जब शराब बनाई तो ईश्वर ने कहा कि इसे इंडियन लोगों के बदमाश होने के लिए बनाया गया है, इसलिए यह उसके अनुसार ऐसा ही होना चाहिए।' वास्तव में इन जंगली लोगों को नष्ट करने के लिए ईश्वर की ऐसी धारणा रही हो तो कोई आश्चर्य नहीं, क्योंकि समुद्र के किनारे रहने वाली पूर्व जातियों को शराब ने ही नष्ट किया है।

पाठशाला स्थापित होने और उसके भली प्रकार से चलने के पश्चात् मुझे फिलाडेल्फिया में एक अच्छे अस्पताल की आवश्यकता महसूस हुई। 1751 में मेरे एक खास मित्र डॉ. थॉमस बांड ने फिलाडेल्फिया में एक अस्पताल बनाने की योजना बनाई, जो लोकोपयोगी थी। विदेशी रोगी आते तो उनको खाली पड़े हुए खंडहरों एवं डेलीवर नदी के टापुओं पर रखा जाता। इससे रोगियों व नगरवासियों को बहुत असुविधा होती थी। (यह परोपकारी योजना उसने मुझे बताई थी, लेकिन यह उसके दिमाग की उपज थी।) किंतु वह थोड़ा ईर्ष्यालु व चंदा एकत्र करने के प्रयास में ज्यादा चिंतित था, लेकिन यह विचार अमेरिका में एकदम नया था और पहले-पहल भली प्रकार से नहीं समझा गया था। उसने प्रयास किया, किंतु उसे नाममात्र की सफलता मिली,

क्योंकि नई योजना के कारण कोई चंदा देने को तैयार नहीं हुआ।

कुछ दिनों बाद डॉक्टर बांड सम्मति लेने के लिए मेरे घर आया और कहने लगा कि 'तुम्हारा जिससे कुछ संबंध न हो, ऐसी लोक उपयोगी योजना सर्व साधारण में नहीं फैल सकती, क्योंकि मैं जिस किसी से भी चंदे के लिए मिलता हूं, वही मुझसे पूछता है कि क्या इस विषय में आपने फ्रैंकलिन की सम्मति ली है?... उसका क्या कहना है?... और जब मैं इसके उत्तर में उनसे कहता हूं कि फ्रैंकलिन के काम से इसका कोई संबंध नहीं है, इसलिए मैंने उसकी सम्मति नहीं ली, तो वे चंदे के बारे में कुछ नहीं लिखते और कह देते हैं कि वे इस बारे में विचार करेंगे।'

मैंने इस योजना की प्रकृति एवं संभावित उपयोगिता पर उससे पूछा और उसने मुझे बहुत ही संतोषजनक स्पष्टीकरण दिया कि मैं इस योजना को पूरी करने के लिए अपने मित्र की विस्तारपूर्वक मदद करने लगा। उसके पक्ष में अपने पत्र में कुछ लेख लिखे और स्वयं चंदे में अच्छी रकम देकर दूसरों से भी चंदा दिलवाया।

कुछ समय में ऐसा मालूम हुआ कि चंदे का रुपया इसके लिए काफी न होता तो मैंने राज्यमंडल सभा की सहायता लेने के बारे में सोचा। पहले-पहल ग्रामीण सभासद सहायता देने को तैयार न थे। उनकी आपत्ति थी कि अस्पताल शहर के लिए स्थापित होगा, इसलिए नगरवासियों को ही उसका खर्च उठाना चाहिए। यह देख मैंने थोड़ा चतुराई से काम लिया और काम निकाल लिया। मैंने राज्यमंडल से कहा कि तुम इस शर्त पर 2000 पाउंड की सहायता देना स्वीकार कर लो कि शहर के लोग चंदा करके 2000 पाउंड की रकम इकट्ठा करें, तो यह रकम दे दी जाए। यह योजना मैंने इस तरह बनाई थी। योजना में उनकी याचिका की प्रार्थना के अनुसार, चंदा देने वाले को मिलाने वाला बिल बनाकर वहां छोड़े और उन्हें खाली रकम दान करे। छोड़ा गया बिल मुख्य तौर पर इस विचार से लिया गया कि यदि मंडल को नापसंद होगा तो वह बिल को बाहर कर देगा। मैंने इसे एक अनिवार्य शर्त के रूप में रखा था, जैसे कि 'चाहे यह उपरोक्त प्राधिकरण द्वारा बनाया गया हो कि जब उक्त अंशदाता मिले और अपने प्रबंध व कोषाध्यक्ष चुने और अपने अंशदाता के द्वारा .... मूल्य की पूंजी अंशदान कर चुके हों (जिसका वार्षिक ब्याज उस अस्पताल में बीमार गरीबों को रखने, नि:शुल्क भोजन, परिचर्चा, सलाह एवं दवाओं पर खर्च होगा) और उसे उस समय के लिए यथासमय सदन के प्रवक्ता की संतुष्टि हेतु प्रस्तुत करना होगा, जो तब उक्त प्रवक्ता के लिए विधिवत हो सकता है और इसके द्वारा उसे उस अस्पताल के कोषाध्यक्ष को उसकी स्थापना, भवन एवं अन्य साजोसामान के प्रबंध हेतु 2000 पाउंड का

द्विवार्षिक भुगतान प्राप्त करने के लिए प्रांतीय कोषाध्यक्ष के लिए एक आदेश पर हस्ताक्षर करने होंगे।'

इस शर्त पर सहायता देना स्वीकृत हो गया, किंतु जो सभासद सहायता देने के विरुद्ध थे, उन्हें भी अब ऐसा लगने लगा था कि कुछ भी खर्च किए बिना उदारता दिखाने का समय आ गया है। इसके पश्चात् लोगों से चंदा लिखाते समय सरकार को दिया हुआ वचन सुना-सुनाकर आग्रहपूर्वक उनसे रुपये लिखने को कहा। इसमें ऐसा था कि प्रत्येक व्यक्ति की दी हुई रकम सरकार की सहायता से दोगुनी होगी, इससे सब लोग स्वेच्छा व प्रसन्नता से चंदे में कुछ-न-कुछ अवश्य लिखते। इस तरह से यह शर्त दो तरह से काम आई।

इसी समय गिलबर्ट टेंनेंट नामक एक अन्य योजनाविद पादरी यह निवेदन लेकर मेरे पास आया कि नए बैठक-गृह (मीटिंग हाउस) हेतु चंदा एकत्र करने में मैं उसकी सहायता करूं। यह उसके द्वारा उस जनसमूह के लिए उपयोग किया जाना है, जो उसने उन प्रेस्बिटेरियन को एकत्र कर गठित किया था, जो वास्तव में व्हाइटफील्ड के शिष्य थे। अपने देशवासियों से अंशदान के लिए निरंतर आग्रह देख चिंतित मन से मैं इसके लिए अनिच्छुक था। अतः मैंने इसमें चंदा देने से इनकार कर दिया, किंतु सम्मति अवश्य दे दी। उसकी इच्छा थी कि मैं उसे उन लोगों की सूची उपलब्ध कराऊं, जो मेरी दृष्टि में विवेकशील व जनसेवा की भावना से ओत-प्रोत थे। लेकिन यह सोचकर कि मेरे आग्रह पर अपना योगदान देने वाले लोगों के नाम अन्य याचकों को देना अनुचित होगा, मैंने ऐसी कोई सूची देने से भी इनकार कर दिया। इसके बाद उसने निवेदन किया कि कम-से-कम मैं उसे अपनी सलाह तो दे सकता हूं। इस अनुरोध पर मैंने उत्तर दिया-'हां, यह मैं तुरंत कर सकता हूं। पहली सलाह यह है कि सबसे पहले उन सभी ऐसे लोगों से संपर्क करो, जिनसे तुम्हें कुछ-न-कुछ मिलने की उम्मीद है कि वे तुम्हें कुछ देंगे; आगे उन लोगों से मिलो, जिनके बारे में तुम सुनिश्चित नहीं हो कि वे तुम्हें कुछ देंगे अथवा नहीं तथा उनसे मिलने पर उन्हें उन लोगों की सूची दिखाओ; जिन्होंने कुछ दिया है और अंत में उन लोगों की भी उपेक्षा न करो; जिनसे तुम्हें कुछ भी न मिलने का यकीन है, हो सकता है कि उनमें से कुछ लोगों के बारे में तुम्हारी धारणा गलत हो।' वह थोड़ा हंसा और आभार प्रकट कर मेरी सलाह मानने की बात कहकर चला गया। उसने ऐसा ही किया, हर व्यक्ति से पूछा और उसे उसकी अपेक्षा से कहीं ज्यादा धन मिला, जिससे उसने एक काफी बड़ा और सुंदर बैठक-गृह बनवाया, जो आज आर्च स्ट्रीट में स्थित है।

हमारा शहर बहुत योजनाबद्ध तरीके से बना था। लंबी, सीधी सड़कें एक-दूसरे को समकोण पर काटती थीं, किंतु लंबे समय से शहर की कच्ची

सड़कें इसके अपयश का कारण था। बरसात के मौसम में भारी गाड़ियों के पहिये कीचड़ में धंस जाते थे और उन्हें पार करना मुश्किल होता, जबकि शुष्क मौसम में धूल का प्रकोप झेलना पड़ता था। मैं जर्सी मार्केट के निकट रहता था और मैंने सामान खरीदने जाते समय जलभराव एवं मिट्टी की गर्त से गुजरते लोगों की पीड़ा को देखा था। मार्केट के बीच में जमीन की एक पट्टी पर कुछ दूरी तक ईंटें रखकर रास्ता बनाया गया था, जिससे कि बाजार में सामान खरीदने आए लोग उस पर पैर रखकर निकल सकें, किंतु वहां पहुंचने में प्राय: उनके जूते धूल से सन जाते थे। इस बारे में चर्चा कर और लिखकर, मैं कुछ दिनों उपरांत बाजार के बीच पत्थर बिछाने तथा घरों के आगे दोनों ओर ईंटों का पैदल पथ बनाने यानी फर्शबंदी करने का प्रयास करने लगा। इससे हालांकि बाजार तक पहुंचने में लोगों के जूते सूखे रहने लगे, किंतु बाकी सड़क पर अभी ईंटें नहीं बिछी थीं, अत: जब कभी कोई गाड़ी कीचड़ से निकलकर इस फर्शबंदी मार्ग पर आती थी तो वह झटका खाती थी और उस पर लगी धूल मार्ग पर गिर जाती थी और वह बहुत जल्दी ही कीचड़ से सन जाती थी। चूंकि अभी शहर में सफाईकर्मियों की कोई व्यवस्था नहीं थी, इसलिए कीचड़ वहीं जमा हो जाती थी।

थोड़ी जांच-पड़ताल के बाद मुझे एक ऐसा परिश्रमी व दीन व्यक्ति मिला, जो हर घर से महीने में 6 पेंस लेकर सप्ताह में दो बार सभी पड़ोसी घरों के सामने से कीचड़ को हटाकर फर्शबंदी मार्ग को साफ करने को राजी था। तब मैंने एक पर्चा लिखा और छपवाया, जिसमें नाममात्र के शुल्क पर आस-पड़ोस में मिलने वाली इस फायदेमंद सेवा का उल्लेख करते हुए बताया कि थोड़े से पैसे देकर हम अपने घरों को काफी साफ-सुथरा रख सकते हैं, जिससे कि लोगों के पैरों में लगकर इतनी धूल हमारे घरों में न आए। दुकानदारों को इससे कई लाभ होंगे... जैसे कि खरीददार आसानी से उनके पास पहुंच सकेंगे और तेज हवा के मौसम में धूल उनके सामान पर नहीं पड़ेगी आदि-आदि। मैंने ये पर्चे हर घर में भेजे। अगले एक या दो दिन बाद यह देखने के लिए चक्कर लगाए कि 6 पेंस देकर कौन-कौन इस सेवा को लेगा। आश्चर्यजनक रूप से सभी ने एकमत से हस्ताक्षर कर दिए और निश्चित समय पर यह काम भी होने लगा। सभी शहरवासी बाजार के आसपास उस फर्शबंदी की साफ-सफाई को देखकर अत्यंत प्रसन्न थे। यह सभी के लिए महत्त्वपूर्ण सेवा थी, जिससे सभी सड़कों को पक्का करने की इच्छा को बलवती किया और लोग इस सेवा के बदले कर देने के लिए खुशी-खुशी तैयार भी हो गए।

कुछ समय पश्चात् मैंने शहर की सड़कों को पक्का करने संबंधी बिल बनाया और सदन में पेश किया। यह 1757 में मेरे इंग्लैंड जाने से पहले की

बात है और यह मेरे जाने तक पास नहीं हुआ था। किंतु इसके निर्धारण में थोड़ा सुधार हुआ, जो मेरी दृष्टि में अच्छा नहीं था, किंतु इसमें सड़कों को पक्का करने के साथ-साथ उन पर प्रकाश की व्यवस्था करने का अतिरिक्त प्रावधान भी बनाया गया, जो अत्यंत महत्त्वपूर्ण व उपयोगी था। यह एक गैर-सरकारी व्यक्ति जॉन क्लिफ्टन ने सुझाया था। उसने अपने घर के आगे लैंप लगाकर उसकी उपयोगिता को दर्शाया और शहर को रोशन करने का यह विचार पहली बार में ही लोगों को पसंद आ गया। इस जन लाभ के सम्मान का श्रेय मुझे भी दिया गया, किंतु वह व्यक्ति सही अर्थों में इसका हकदार था। मैंने उसके उदाहरण पर चलकर यह काम किया और मुझे ग्लोब लैंप्स की तुलना में हमारे लैंप्स के रूप में थोड़े-बहुत ही गुण नजर आए, जो हमने पहले लंदन से मंगवाए थे। इन लैंप्स से कुछ असुविधाएं भी देखी गईं। ये नीचे से कोई हवा या धुआं नहीं निकालते थे[11], इसलिए उपरोक्त लैंप्स की अपेक्षा बुझते नहीं थे, किंतु ग्लोब लैंप्स में इसके अंदर लगाए गए थे और रोशनी में बाधा पैदा करते थे। साथ ही उन्हें साफ करने में भी रोज कठिनाई होती थी और जरा-सी असावधानी से टूटकर वह हमेशा के लिए बेकार हो सकता था। इसलिए मैंने उसमें चार चपटे पैंस, धुआं निकलने के लिए ऊपर एक फुप्पी (फनल), हवा के लिए नीचे एक सुराख आदि करने का सुझाव दिया, जिससे उसे साफ करने में सुविधा हो और वह लंदन के लैंप्स की तरह कुछ घंटों में ही काले न होकर सुबह तक रोशनी देते रहे। यदि दुर्घटनावश उसमें कोई टूट होती तो केवल एक ही पैन टूटता, जो आसानी से ठीक हो सकता था।

वॉक्सहाल में प्रयुक्त ग्लोब लैंप्स के निचले भाग के प्रभावी सुराख से, जो उन्हें साफ रखने के लिए उपयोग किए जाते हैं, किंतु कभी-कभी मुझे आश्चर्य होता है कि लंदनवासियों ने अपने स्ट्रीट लैंप्स में ऐसा सुराख करना नहीं सीखा था। बल्कि इन सुराखों का उपयोग अन्य उद्देश्यों के लिए किया जाता था, जैसे कि उसमें सन (पटसन) की ऊपर से लटकती बत्ती (पलीता) से जल्दी से आग जलाने के लिए हवा को अंदर आने देने के लिए, लगता है कि इस बारे में पहले नहीं सोचा गया था और इसलिए लंदन की सड़कों के लैंप्स की रोशनी जलने के कुछ घंटों बाद ही मंद पड़ जाती है।

लंदन में डॉ. फोथरगिल मेरे जानने वालों में एक बेहतरीन इंसान थे और उपयोगी परियोजनाओं को बढ़ावा देने में अग्रणीय थे। इन सुधारों का उल्लेख मैंने लंदन में उनसे किया। मैंने देखा कि जब सड़कें सूखी रहती थीं, तो वहां कभी झाड़ू नहीं लगती थी और हल्की धूल उड़ती रहती थी और बारिश का

---

11 देखें नोट्स

मौसम आने तक ऐसा ही रहता था तथा जब बारिश का पानी उसे कीचड़ में बदल देता और कुछ दिन बाद सड़क पर काफी उथला कीचड़ हो जाता जिससे पार जाने का कोई रास्ता न देख वहां के लोग स्वयं झाडू लेकर उसे साफ करते। वे बड़ी मेहनत से उसे ऊपर से खुली गाड़ियों में भरकर ले जाते तो झटका लगने पर गाड़ी के दोनों ओर से कुछ गाद उछल-उछलकर गिरती रहती, जो कभी-कभी पैदल यात्रियों के गुस्से का कारण बनती। वहां धूल भरी सड़कों को साफ न करने के पीछे तर्क था कि वह धूल उड़कर दुकानों व घरों की खिड़कियों पर बैठेगी।

अनायास ही एक घटना ने मुझे सिखाया कि थोड़े से समय में ही ज्यादा सफाई कैसे हो सकती है। अपने क्रैवन स्ट्रीट वाले घर के दरवाजे पर, एक सुबह मैंने पाया कि एक गरीब महिला बेंत या भोजपत्र से बनी झाडू से पक्की सड़क को साफ कर रही है। वह इतनी दुर्बल और पीली लग रही थी मानो अभी बीमारी से ठीक हुई हो। मैंने उससे पूछा कि-'तुम्हें यहां सफाई के लिए किसने लगाया?' वह बोली-'किसी ने भी नहीं, लेकिन मैं बहुत ही गरीब एवं दुःखी हूं और मैं कुलीन लोगों के दरवाजों के सामने झाडू लगाती हूं और आशा करती हूं कि वे बदले में मुझे कुछ दे देंगे।' मैंने उसे पूरी सड़क साफ करने पर एक शिलिंग देने को कहा। अभी 9:00 बजे थे। वह 12:00 बजे एक शिलिंग लेने आ गई। उसके काम से पहले-पहल दिखती धीमी रफ्तार से मुझे यकीन नहीं था कि उसका काम इतनी जल्दी हो सकता है। मैंने अपने नौकर को यह देखने के लिए भेजा और उसने मुझे आकर बताया कि सड़क पूरी तरह साफ है और सारी मिट्टी गटर में पड़ी है, जो कि बीच में था और अगली बारिश ने उसे दूर बहाकर पूरी तरह साफ कर दिया। इससे न केवल सड़क, बल्कि नाली भी पूरी तरह साफ हो गई थी।

इस घटना से मैंने अनुमान लगाया कि जब एक कमजोर महिला ऐसी सड़क को तीन घंटे में साफ कर सकती है, तो एक स्वस्थ व सक्रिय व्यक्ति इसे आधे समय में ही साफ कर सकता है। यहां मैं इस संकरी सड़क में पैदल पथ के पास दोनों ओर एक-एक गटर की बजाय बीचोंबीच केवल एक गटर होने की सुविधा का उल्लेख करना चाहूंगा, जहां बारिश का पानी सड़क के दोनों ओर से बहकर बीच में आकर एक तेज धार में बदल जाता और रास्ते में पड़ने वाली सारे कीचड़ को भी बहाता जाता और गाड़ियों के पहिए तथा घोड़ों के पैरों से वह पैदलपथ पर फैलता रहता। फलस्वरूप वह रास्ता उथला, छिछला और फिसलन भरा हो जाता तथा कभी-कभी तो पैदल चलने वालों को भी गंदा कर देता। मैंने एक डॉक्टर के पास अपना निम्नलिखित प्रस्ताव भेजा-

'लंदन एवं वेस्टमिंस्टर की सड़कों को ज्यादा प्रभावी ढंग से साफ-सुथरा रखने के लिए यह सुझाव दिया जाता है कि शुष्क मौसम में धूल एवं दूसरे समय में कीचड़ इकट्ठा कर झाड़ने के लिए कई पहरेदारों की नियुक्ति हो, जिसमें से प्रत्येक अपने क्षेत्र की गलियों एवं सड़कों पर काम करेंगे, जिसके लिए उन्हें झाड़ू व अन्य उपयुक्त साजो-सामान दिए जाएं, जिसे वे अपने पास रखें और उन लोगों को काम के लिए उपलब्ध कराएं, जिन्हें इस कार्य हेतु वे नियुक्त करें।'

'शुष्क ग्रीष्म ऋतु के महीनों में दुकानों और घरों की खिड़कियों के खुलने से पहले ही धूल झाड़कर उचित दूरी पर इकट्ठा कर ढेर लगाएं और ढकी एवं बंद गाड़ियों में उन्हें उठाकर भी ले जाएंगे।'

'एकत्र हुए कीचड़ के ढेर को वहां न छोड़ा जाए, जिससे वह गाड़ियों के पहियों एवं घोड़ों की टापों से दोबारा फैले। इसके लिए सफाईकर्मियों को ऐसी गाड़ियां दी जाएं, जो पहियों पर ऊंची न हों, बल्कि जालीयुक्त तल के साथ ढलवां व नीची हों। जो सरकंडों से ढकी हो और अपने ऊपर डाले गए कीचड़ को निकलने न दे, जबकि उसका पानी निकलता रहे, जिससे वह काफी हल्की हो जाए, क्योंकि पानी इसे भारी बना देता है। इन गाड़ियों को पर्याप्त दूरी पर खड़ा किया जाए और इनमें लाया गया कीचड़ सरककर निकल जाने तक इन्हें वहां खड़ा रखा जाए, तत्पश्चात् घोड़े इन्हें खींचकर वापस ले आएं।'

हालांकि कुछ सड़कों एवं गलियों के संकरा होने और कीचड़ उठाने वाली गाड़ियों को खड़ा करने की कठिनाई के कारण मुझे योजना की अंतिम प्रक्रिया की व्यावहारिकता पर थोड़ा संदेह था। किंतु फिर भी मेरा यही मानना था कि विशेषकर गर्मियों में, जब दिन लंबे होते हैं, तब दुकानें खुलने से पहले झाड़ू लगाकर धूल-गंदगी को साफ कर देना काफी व्यावहारिक होगा। इसके लिए, एक सुबह 7:00 बजे मैं स्टैंड एवं फ्लीट स्ट्रीट पर जा पहुंचा, तो देखा कि दिन निकलने और सूरज चढ़ने के तीन घंटे बाद भी एक भी दुकान नहीं खुली थी। लंदनवासी स्वेच्छा से देर रात तक मोमबत्ती की रोशनी में जागते रहते हैं और दिन निकलने तक सोते हैं, फिर भी मोमबत्तियों पर कर तथा वसा की ज्यादा कीमत की निरर्थक शिकायत करते हैं।

कुछ लोग ऐसी हल्की बातों पर ज्यादा ध्यान नहीं देते हैं, किंतु जब वे तेज हवा चलने पर एक भी व्यक्ति की आंखों या एक भी दुकान की खिड़की पर धूल पड़ने की बात करते हैं, किंतु कम महत्त्व देते हैं। लेकिन फिर भी घनी आबादी वाले शहर में ऐसी घटनाओं के होने और उनकी पुनरावृत्ति ने इसे महत्त्व दिया। संभवतः वे उनकी अत्यंत कठोरता से निंदा नहीं करेंगे। जिन्होंने इस दिखावटी निचले स्तर के मामलों में कुछ ध्यान दिया है। बहुत

ज्यादा सौभाग्य का इतना मानवीय आनंद उत्पन्न नहीं होता है, जितना कि वह रोजाना एवं अकसर होने वाले छोटे-छोटे फायदों में मिलता है। अतः यदि आप किसी गरीब व्यक्ति को स्वयं हजामत बनाना एवं अपने रेजर को उचित ढंग से रखना सिखाते हैं, तो आप उसे हजार गिन्नी देने की तुलना में उसके जीवन में ज्यादा खुशियां दे सकते हैं। पैसा बहुत जल्दी खर्च हो सकता है और उसके बाद उसे मूर्खतापूर्ण ढंग से खर्च करने का पश्चाताप शेष रह जाता है, किंतु दूसरे मामले में नाइयों की प्रतीक्षा करने की पीड़ा, उनकी मलिन उंगलियों, दुर्गंधयुक्त सांसों और मंद पड़ चुके रेजरों से बच जाता है। वह अपनी सुविधानुसार अपनी हजामत बनाता है और रोजाना अच्छे रेजर से की जाने वाली हजामत का आनंद उठाता है। इन्हीं भावनाओं के साथ मैंने पिछले कुछ पृष्ठों में शंकाओं का इस आशा के साथ निवारण किया कि उन्हें इनसे उपयुक्त मार्गदर्शक संकेत प्राप्त हो सकेंगे, जो कभी-न-कभी उस शहर के लिए उपयोगी हो सकते हैं, जिसे मैंने चाहा, कई वर्षों तक वहां आनंदपूर्वक रहा, जिनमें अमेरिका के हमारे कुछ शहर भी शामिल हो सकते हैं।

अमेरिका के डाकपाल (पोस्टमास्टर) जनरल के द्वारा कंट्रोलर (हिसाब नियंत्रक) पद पर नियुक्ति के उपरांत कई वर्षों तक अनेक कार्यालयों में कार्यभार संभाला और उन्हें सही हिसाब-किताब दिखाया। 1753 में अमेरिका के उप डिप्टी डाकपाल जनरल की मृत्यु हो गई, पर इंग्लैंड में डाकपाल जनरल से एक आयोग ने उसके स्थान पर विलियम हंटर के साथ मुझे संयुक्त रूप से नियुक्त किया। किंतु उस समय अमेरिका के डाकघरों से सरकार को कुछ लाभ न होता था। हम दोनों ने यह स्वीकार किया कि यदि हम उस दफ्तर से कुछ लाभ कमा सके तो हम वार्षिक 600 पाउंड बराबर-बराबर बांट लेंगे। इसके लिए कई सुधार किए जाने थे, जिनमें कुछ शुरुआत में महंगे थे, इसलिए पहले चार वर्षों में लगभग कुछ लाभ नहीं हुआ, बल्कि उल्टे हमें अपने पास से 900 पाउंड खर्च करने पड़े। परंतु चार वर्ष पूरे होने पर खर्च निकालकर कुछ लाभ भी होने लगा और इससे पहले कि मैं मंत्रियों की सनक का शिकार बनाकर हटाया जाता, जिसके बारे में मैं आगे बताऊंगा। उस समय आयरलैंड के डाकघरों की जितनी आमदनी होती थी, उसकी अपेक्षा तिगुना लाभ अमेरिका के डाकघरों से होने लगा। किंतु यह लाभ अधिक नहीं कहा जा सकता, क्योंकि सन 1801 तक आयरलैंड से 20,000 पाउंड वार्षिक से अधिक लाभ न होता था।

डाकघर के कारोबार के सिलसिले में मुझे इसी वर्ष न्यू इंग्लैंड की यात्रा करनी पड़ी। यहां कॉलेज ऑफ कैम्ब्रिज ने अपने प्रयासों से मुझे 'मास्टर ऑफ आर्ट्स' की उपाधि प्रदान की। इससे पहले कोनेक्टिकट में येल कॉलेज भी

मुझे ऐसा ही सम्मान दे चुका था। अतः किसी कॉलेज में पढ़े बिना ही मैं उनका हिस्सा बन गया। वे नैसर्गिक दर्शन की विद्युत शाखा के क्षेत्र में मेरे द्वारा की गई खोजों एवं सुधारों पर विचार करने को प्रतिबद्ध थे।

सन् 1754 में फ्रांस के साथ दोबारा युद्ध होना तय हो गया था। लॉर्डस ऑफ ट्रेड के आदेश पर अलग-अलग उपनिवेशों से कांग्रेस ऑफ कमिश्नर्स को अल्बेनी में मिलना था। यहां उन्हें अपनी और देश की रक्षा के साधनों पर विचार करने के लिए छह राष्ट्रों के अध्यक्षों से विचार-विमर्श करना था। यह आदेश पाते ही गवर्नर हैमिल्टन ने सदन को इससे अवगत कराया और इंडियंस की सहायता व सम्मति लिए जाने के लिए उपयुक्त बातचीत करने का अनुरोध किया और इस अवसर पर उन्हें दी जाने वाली भेंटों की बात भी रखी। इसमें पेंसिलवेनिया की ओर से कमिश्नर्स के रूप में थॉमस पेन और सेक्रेटरी पीटर्स के साथ-साथ प्रवक्ता मि. नौरिस एवं मुझे भी भेजा गया। सदन ने नामांकन को पारित किया और उपहारस्वरूप दी जाने वाली वस्तुएं उपलब्ध करवाईं। जून माह के बीच में अल्बेनी गांव अंग्रेज लोगों के मित्र और फ्रांस के दुश्मन इंडियन लोगों के समूह से भर गया। सभी प्रतिनिधिगण इन्हें देने के लिए कुछ-कुछ भेंट लाए थे।

उस समय अंग्रेजी उपनिवेश एक-दूसरे से भिन्न थे और उनमें परस्पर द्वेषभाव भी था। ऐसे में मैंने सोचा कि यदि सब उपनिवेश एक न हुए तो हम फ्रेंच लोगों का मुकाबला नहीं कर पाएंगे। ऐसे में वही सभी उपनिवेशों को एक सरकार के अधीन लाने के लिए एक योजना बनाई, जो रक्षा के लिए अनिवार्य होने के साथ-साथ अन्य उद्देश्यों के लिए भी उपयुक्त हो सकती थी। जैसे ही हम न्यूयॉर्क पहुंचे, वहां मैंने जेम्स अलेक्जेंडर एवं केनेडी नामक दो सज्जनों को अपनी यह योजना दिखाई। दोनों ही लोक मामलों के अच्छे जानकार थे और अपने अनुमोदन द्वारा अति उत्साही थे। तब यह ज्ञात हुआ कि कई कमिश्नरों ने ऐसी ही कुछ योजनाएं बना रखी थीं। किंतु पिछले सवाल को सबसे पहले लाकर यह जाना गया कि क्या कोई ऐसा संघ बनाया जाए, जो सर्वसम्मति से स्वीकार्य हो? तब विभिन्न योजनाओं एवं प्रतिवेदनों पर विचार करने के लिए उपनिवेश से एक सदस्य लेकर सात सदस्यों की एक उपसभा (कमेटी) बनी। इसी उपसभा में पेंसिलवेनिया की ओर के प्रतिनिधियों में से सभी ने फ्रैंकलिन को पसंद किया। अन्य सभासदों की योजना से तुलना करने पर मेरी योजना ही सभी को ठीक लगी। उपसभा ने उसे पसंद कर कुछ संशोधन भी किया और फिर उसे मुख्य सभा में प्रस्तुत किया गया। उस पर 12 दिन तक वाद-विवाद के पश्चात् मुख्य सभा ने भी उसको पास कर दिया और संसद एवं राजा की स्वीकृति के लिए आगे भेजी गई।

जिस योजना से अमेरिकी प्रदेश आगे एकत्रित होकर एक हो गए थे। मेरी योजना भी इसी से मिलती-जुलती थी। इस योजना के अनुसार सभी प्रदेश स्वतंत्र हैं, परंतु युद्ध के समय सभी को एक होकर, एक खजाने से, एक प्रेसीडेंट जनरल की अध्यक्षता में, एक प्रजा की भांति युद्ध करना होगा और सभी को सामान्य प्रबंधन एवं नियुक्ति राजा की ओर से नियुक्त एवं सहायता प्राप्त प्रेसीडेंट जनरल करेगा। सभी उपनिवेशों की जनता के प्रतिनिधियों द्वारा एक महा परिषद (महासभा) का चयन होगा, जो अपनी-अपनी मंडल (असेंबलियों) में बैठक करेंगी। कांग्रेस में इस पर परिचर्चा होती थी और समय-समय इंडियंस पर भी विचार-विमर्श होता। कई आपत्तियों एवं कठिनाइयों के आने पर उन्हें दूर किया गया और अंततः योजना को सर्वसम्मति से मंजूर कर दिया गया तथा उसकी प्रतियां विभिन्न प्रांतों के बोर्ड ऑफ ट्रेड एवं असेंबलियों को भेजने के आदेश दिए गए। किंतु असेंबलियों ने इसे नहीं माना, क्योंकि उनके विचार से इसमें राजा का हस्तक्षेप बहुत ज्यादा था, जबकि इंग्लैंड में इसे बहुत ज्यादा लोकतांत्रिक माना गया।

बोर्ड ऑफ ट्रेड ने इसलिए इसे मंजूरी नहीं दी और न ही इसे अपने राजा के अनुमोदन के लिए भेजा, लेकिन इसी दौरान एक अन्य योजना बनाई गई थी, जिसके अनुसार प्रांतों के गवर्नर परिषदों के कुछ सदस्यों के साथ मिले और पलटन तथा किले आदि बनाने के आदेश दे दिए तथा इसका खर्च उठाने के लिए ग्रेट ब्रिटेन के कोष से धन की व्यवस्था की। हालांकि जो बाद में संसदीय अधिनियम के अनुसार अमेरिका पर कर लगाकर वापस किए जाने थे। किंतु मेरे कारणों से मेरी योजना इसके पक्ष में थी, जो कि मेरे छपे हुए राजनीतिक निबंधों में पाई जा सकती है।

सन् 1754 की बसंत ऋतु जाने वाली थी, तब मैं बोस्टन गया। वहां मैंने वह योजना देखी, जिसके द्वारा प्रदेशों को लड़ाई के अवसर पर एकत्रित करके आर्थिक सहायता देने और सारे खर्च को वसूल कर लेने की व्यवस्था सोची गई थी। मैंने दोनों योजनाओं पर प्रांत के गवर्नर शर्ली के साथ गहन विचार-विमर्श किया। इस अवसर पर इसका जो अंश हम दोनों के बीच आदान-प्रदान किया गया, वह भी इन कागजात में देखा जा सकता है। मेरी योजना के विरोध संबंधी भिन्न एवं प्रतिकूल कारणों ने मुझमें यह संदेह पैदा किया कि यह ही वास्तव में सही माध्यम था और मैं अब भी मानता हूं कि यदि इसे अपनाया जाए तो दोनों ओर के पक्षों के लिए अच्छा होगा। फलस्वरूप संगठित हुए उपनिवेश अपनी रक्षा करने में सक्षम होंगे और फिर न तो इंग्लैंड से फौजी सहायता की जरूरत होगी और न ही अमेरिका पर कर लगाने की तथा होने वाले खूनी संघर्ष को रोका जा सकेगा। किंतु ऐसी गलतियां होना कोई नई

बात नहीं है, इतिहास राज्यों और राजाओं की ऐसी गलतियों से भरा पड़ा है।

'इस दुनिया में चारों ओर देखो, कितने जानते हैं
अपना भला या जानते हैं उसे करने की कोशिश!'

किंतु शासकों के जिम्मे कई काम होते हैं और इसलिए वे प्राय: ऐसी मुश्किल-भरी और नई योजनाओं पर न तो विचार ही करते हैं और न ही कोई कार्यवाही। इसलिए बेहतरीन लोकोपयोगी उपायों को पूर्व अनुभवों से अपनाया और लागू नहीं किया जाता है, बल्कि परिस्थितिवश ऐसा होता है।

पेंसिलवेनिया के गवर्नर ने इस योजना को असेंबली में भेजने के लिए अपनी मंजूरी व्यक्त की और कहा-'चूंकि यह उसके सामने ज्यादा स्पष्ट एवं मजबूत निर्णय के साथ रखा गया है और इसलिए इसमें अपनी सबसे ज्यादा गंभीरता दिखाते हुए इसकी सिफारिश कर रहा हूं।' हालांकि सदन (हाउस) ने कुछ खास सदस्यों की व्यवस्था द्वारा मेरी अनुपस्थिति के दौरान इसे आगे बढ़ाया, जो मेरी दृष्टि में उचित नहीं था और गंभीरतापूर्वक ध्यान दिए बिना इसे अस्वीकार कर दिया, जो मेरे लिए बड़ा निराशाजनक था।

इसी वर्ष अपनी बोस्टन यात्रा के दौरान मैंने अपने नए गवर्नर मौरिस से भेंट की, जो हाल ही में इंग्लैंड से लौटा था। मैं उसे पहले से ही भली-भांति जानता था। वह वास्तव में हैमिल्टन की जगह पर एक कमीशन लाया था, क्योंकि हैमिल्टन ने अपने स्वामित्व संबंधी निर्देश विवादों के कारण त्यागपत्र दे दिया था। मौरिस ने मुझसे पूछा-'क्या मुझे अपना कार्य करने में कुछ अड़चन तो नहीं पड़ेगी?' मैंने उत्तर दिया-'नहीं, बिलकुल नहीं पड़ेगी, बल्कि तुम यदि व्यवस्थापिका (असेंबली) से मिलकर चलोगे तो बहुत सुखी रहोगे।' इस पर उसने फिर कहा-'मेरे प्यारे मित्र! झगड़ा न करने से तुम मुझे क्यों रोकते हो? तुम जानते हो कि मुझे झगड़ा करना अच्छा लगता है, इसमें मेरा मनोरंजन होता है। किंतु फिर भी तुम्हारी बात मानने का मैं वचन देता हूं कि जहां तक हो सकेगा, मैं झगड़े से दूर रहूंगा।' नि:संदेह उसके झगड़े की आदत के पीछे एक कारण था कि वह एक कुशाग्र दार्शनिक एवं प्रखर वक्ता था और प्राय: वाद-विवाद में विजयी रहता था। उसके पिता ने उसे बचपन से इसी तरह पाला था। रात को खाने की मेज पर वह अपने मनोरंजन के लिए बच्चों को वाद-विवाद में उलझा देता था। किंतु मेरे विचार से यह प्रवृत्ति अनुचित थी, क्योंकि मैंने देखा है कि विवाद, विरोधाभास एवं खंडन करने वाले लोग अपने व्यक्तिगत मामलों में प्राय: सफल नहीं रहते हैं। हालांकि उन्हें कभी-कभी सफलता भी मिलती है; किंतु उन्हें कभी नाम नहीं मिलता, जो उनके लिए काफी काम आएगा। हमने एक-दूसरे से विदा ली। मैं बोस्टन और वह फिलाडेल्फिया की ओर निकल पड़ा।

कुछ सप्ताह पश्चात् बोस्टन से लौटते समय मैं न्यूयॉर्क में व्यवस्थापिका के लोगों से मिला, तो ज्ञात हुआ कि वह अपना वचन निभा न सका। पता चला कि व्यवस्थापिका और उसके बीच फिर से झगड़ा शुरू हो गया है। उसने जबसे कार्यभार संभाला था, तभी से यह झगड़ा चल रहा था। मैंने फिलाडेल्फिया आकर व्यवस्थापिका सभा के सभासद की भांति अपनी जगह ली और मैं भी इसका हिस्सा बन गया। उसके बनाए हुए विचार का खंडन करने को बनी कमेटी के प्रत्येक अधिवेशन में मैं ही सभासद नियुक्त किया जाता और रिपोर्ट का मसौदा मुझे ही तैयार करना पड़ता। इस रिपोर्ट में कई बार उसे बुरे लगे ऐसी कठोर व कड़ी बातें भी मुझे लिखनी पड़ती थीं। हमारे जवाब व उसके संदेश भी प्रायः आलोचनात्मक एवं खंडनकारी होते थे और कभी-कभी सांकेतिक तौर पर अपशब्द भाषायुक्त भी। वह जानता था कि व्यवस्थापिका की ओर से मैं भी लिखता हूं, किंतु फिर भी जब कभी हम मिलते तो परस्पर अपमान करने से बचते थे। किंतु इन विवादों के बाद भी वह एक अच्छा व्यक्ति था और इसलिए हम दोनों के बीच मधुर संबंध बना रहा। वह मुझे कई बार अपने घर पर भोजन करने के लिए बुलाता और अपना समय आनंदमय व्यतीत करता।

इसी वाद-विवाद के चरमोत्कर्ष पर पहुंचने के दौरान, एक दोपहर को सड़क पर हम दोनों मिले। उसने कहा-'फ्रैंकलिन! तुम मेरे साथ घर चलो और आज की शाम मेरे साथ बिताओ। मैं भी कुछ ऐसा ही साथी चाहता हूं, जैसा कि तुम पसंद करोगे।' और वह मेरा हाथ पकड़कर अपने घर ले गया। रात के खाने के पश्चात् मदिरापान करते हुए हम प्रसन्नतापूर्वक बातचीत करने लगे, तभी वह मजाकिया अंदाज में बोला-'उसे सेंचो पांजा का विचार बहुत पसंद आया। उसने शासन उसे सौंपते समय अनुरोध किया था कि यह अश्वेत लोगों की सरकार हो सकती है, क्योंकि यदि वह अपने लोगों से सहमत न हो सका तो वह उन्हें बेच सकता है।' यह सुनकर मेरे बगल में बैठा उसका मित्र बोला-'फ्रैंकलिन! जरा बताओ तो कि तुम लगातार इस निंदनीय क्वेकर्स का पक्ष क्यों ले रहे हो? क्या इन्हें बेच देना बेहतर न होता? इन्हें खरीदने वाला मालिक अच्छा-खासा दाम देगा।' इस पर मैंने कहा-'गवर्नर ने अभी तक उसमें पूरी तरह अश्वेतों को नहीं रखा है।' निःसंदेह उसने अपने सभी संदेशों में व्यवस्थापिका में अश्वेतों के प्रभाव को लाने के लिए कड़ी मेहनत की, किंतु इस दौरान वह अपना मूल वर्ग भूल गया है और इस प्रयास के बदले में उसने अपने चेहरे पर एक मुखौटा चढ़ा लिया कि वह स्वयं को अश्वेतों के अनुसार उनका हितैषी दर्शाने में अग्रसर था। किंतु इस प्रतिस्पर्धा से वह और हैमिल्टन इतने थक गए कि उन्होंने सरकार छोड़ दी।

लोगों के इस समस्त झगड़े के मूल में स्वामित्व की लड़ाई थी। हमारे गर्वनरों को उनके प्रांत की रक्षा के लिए जब जो भी खर्च वहन करना होता था, तो वे अपने उप अधिकारियों को तब तक कोई ऐसा कर संबंधी अधिनियम पास न करने का निर्देश देते थे, जब तक उस अधिनियम में उनकी वृहद संपदा को छूट न मिल रही हो। इतना ही नहीं, उन्होंने ऐसे निर्देशों पर नजर रखने के लिए उप अधिकारियों से करार पत्र भी लिखवाए। इस अन्याय के खिलाफ व्यवस्थापिका तीन वर्षों तक प्रतिरोध करती रही, हालांकि अंततः उसे झुकने को विवश होना पड़ा। कुछ समय बाद गवर्नर मौरिस के बाद कैप्टन डैनी ने उन निर्देशों को न मानने का साहसपूर्ण कार्य किया और यह कैसे हुआ, इसका मैं बाद में उल्लेख करूंगा।'[12]

लेकिन मैं अपनी कहानी में इतनी तेजी से आगे चला गया कि अभी ऐसी कई घटनाओं का उल्लेख करना बाकी है, जो गवर्नर मौरिस के शासनकाल में घटी थीं।

एक तरीके से फ्रांस के साथ युद्ध आरंभ हो ही चुका था। मैसाचुसेटस बे की सरकार ने क्राउन प्वाइंट पर हमले की योजना बनाई और सहायता पाने के लिए पहले मि. क्विंसी को पेंसिलवेनिया भेजा और मि. पॉवनाल, जो बाद में गवर्नर बने, को न्यूयॉर्क भेजा। चूंकि मैं व्यवस्थापिका में था और क्विंसी तथा उसके गांववालों के स्वभाव से परिचित था। उसने मेरे प्रभाव और मेरी सहायता पाने के लिए अनुरोध किया। मैंने उसकी बात को उन लोगों तक पहुंचाया, जो प्रभावी रही। उन्होंने प्रावधानों के तौर पर 10,000 पाउंड की सहायता का आश्वासन दिया, किंतु गवर्नर ने बिल को अपनी मंजूरी देने से इनकार कर दिया। (इसमें इसके साथ राजा के उपयोग हेतु अन्य अनुमोदन राशि शामिल थी), जब तक कि उसमें जागीरों पर हक वाली संपदा पर लगने वाले किसी भी अनिवार्य कर अंश से उसे छूट न दे दी जाए। जबकि व्यवस्थापिका न्यू इंग्लैंड को उनकी सहायता राशि देने को तत्पर थी, किंतु इसे कैसे पूरा किया जाए, इसमें असफल रही। क्विंसी ने गवर्नर की मंजूरी पाने के लिए भरसक प्रयास किया, लेकिन निरर्थक रहा।

तब मैंने गवर्नर की सहमति के बिना यह काम करने का तरीका बताया। विधि अनुसार ऋण कार्यालय (लोन ऑफिस) के ट्रस्टियों को आदेश देकर व्यवस्थापिका को ऐसा करने का अधिकार था। निःसंदेह, उस समय कार्यालय के पास बहुत ही थोड़ी धनराशि थी और इसलिए मैंने एक वर्ष में ऐसे आदेश देने का सुझाव दिया, जिस पर 5 प्रतिशत प्रतिवर्ष का ब्याज लगता। मैंने सोचा

---

12 मौरिस के शासनकाल आदि में मेरे कार्य। - (मार्ग.नोट.)

कि इन आदेशों के साथ साजो-सामान को आसानी से खरीदा जा सकेगा। व्यवस्थापिका ने भी थोड़ा झिझकते हुए इस प्रस्ताव को मान लिया। आदेश तुरंत छाप दिए गए और उन पर हस्ताक्षर एवं वितरित किए जाने का कार्य मुझे सौंपा गया। उन्हें चुकाई जाने वाली राशि उन सभी कागजी मुद्रा का ब्याज था, जो तब प्रांत में ऋण पर लगा था, जिसमें सीमा शुल्क से होने वाला राजस्व भी शामिल था, जो पर्याप्त मात्रा से ज्यादा कहा जाता था। उन्होंने तुरंत ऋण ले लिया और न केवल सामान के लिए रुपया प्राप्त किया, बल्कि ब्याज मिलने के फायदे को देखकर कई मालदार लोग भी इन आदेशों से जुड़ गए, जिसे उन्होंने फायदेमंद पाया, क्योंकि उन्हें ब्याज भी मिलता और उसे मौका मिलने पर मूल धन के रूप में भी उपयोग कर सकते थे। इस तरह से यह महत्त्वपूर्ण लक्ष्य मेरे जरिए पूरा हुआ। क्विंसी ने एक यादगार व भव्य समारोह में व्यवस्थापिका को इसके लिए आभार प्रकट किया और अपने मनोरथ की सफलता से संतुष्ट होकर घर लौटा। उसके बाद भी हम दोनों के बीच मैत्री संबंध स्नेहपूर्वक बने रहे।

अल्बनी में जैसा तय हुआ था, ब्रिटिश सरकार औपनिवेशिक बस्तियों के संघ को वैसा करने की अनुमति नहीं दे सकी, क्योंकि उसे भय था कि संघ इस तरह से अपने रक्षाउपायों को मजबूत कर ताकतवर बन जाएगा और साथ ही संदेह व ईर्ष्यायुक्त होकर कहीं प्रतिरोध न कर दे। इसलिए सरकार ने जनरल ब्रैडडोक को अंग्रेजी दस्ते की दो नियमित रेजीमेंट के साथ वहां भेजा। वह वर्जीनिया में अलेक्जेंड्रिया पहुंचा और फिर मैरीलैंड, फिर वह फ्रैडरिकटाउन की ओर आगे बढ़ा, जहां वह गाड़ियों के लिए रुका। पेंसिलवेनिया की व्यवस्थापिका सभा सैन्य दस्ते को आर्थिक दस्ता न दे सकी, इससे ब्रैडडोक के मन में कुछ शंकायुक्त विचार उत्पन्न हुआ। कुछ झूठे एवं चुगलखोर लोगों ने उसके कान भरे कि पेंसिलवेनिया के लोग राजा की सहायता नहीं करते हैं और गुप्त रूप से फ्रेंच लोगों को सहायता देते हैं। इससे वह फ्रेंच की बजाय पेंसिलवेनिया के लोगों से मुकाबला करने को आतुर हो गया। यह देख व्यवस्थापिका सभा ने मुझसे कहा कि मैं डाकपाल जनरल की हैसियत से वहां जाकर उसे शांत करूं और वस्तुस्थिति बताऊं। प्रादेशिक गवर्नरों के बीच जनरल ब्रैडडोक का पत्र व्यवहार निर्बाध चलता रहे, इसलिए ऐसी व्यवस्था करने के लिए मैंने डाकपाल जनरल की हैसियत से मुलाकात की और बातों-ही-बातों में सभा की ओर से सब बातों का स्पष्टीकरण भी करना था। अप्रैल महीने के आरंभ में मैं घोड़े पर सवार होकर ब्रैडडोक की छावनी की ओर सरपट दौड़ लिया। वह उस समय फ्रेडरिक टाउन नामक गांव में था। यह फिलाडेल्फिया से

120 मील की दूरी पर था। मेरे साथ न्यूयॉर्क एवं मैसाचुसेट्स का गवर्नर एवं मेरा पुत्र विलियम भी था।

छावनी में आकर मैंने सबसे पहले जनरल ब्रैडडोक की गलतफहमी दूर की। तब वह सेना के लिए गाड़ियां तलाश करने गए अधिकारियों की व्याकुलता से प्रतीक्षा कर रहा था, जिन्हें उसने मैरीलैंड एवं वर्जीनिया के पिछले प्रदेशों में गाड़ियां एकत्र करने भेजा था। जनरल के साथ प्रतिदिन भोजन करने के कारण मुझे उसके साथ बातचीत करने का पर्याप्त समय मिला। मैंने उसकी नासमझी दूर करते हुए बताया कि उसके आने से पहले व्यवस्थापिका ने क्या-क्या किया था और उसके अभियान हेतु अभी भी करने की इच्छुक है। उसे विश्वास दिलाया कि पेंसिलवेनिया के लोग राजा के सच्चे भक्त हैं और फ्रांसिसी लोगों के कट्टर शत्रु हैं। मैं आठ दिन तक जनरल के साथ रहा, तब तक गाड़ियां नहीं मिली थीं और अधिकारीगण खाली लौट आए थे। वह क्रोधित हुआ और जोर से चिल्लाने लगा, परंतु कोई नतीजा नहीं निकला। उस क्षेत्र में गाड़ियों का भारी अभाव था। जनरल ने उन्हें खूब फटकारा, क्योंकि जो 25 गाड़ियां आई थीं, वे भी अच्छी हालत में नहीं थीं। यह देख आश्चर्यचकित जनरल एवं अधिकारियों ने अभियान को वहीं खत्म करने की घोषणा करते हुए उसे असंभव कहकर उन मंत्रियों को इसके लिए जिम्मेदार ठहराया, जिन्होंने उन्हें लापरवाही से ऐसे अभावग्रस्त देश में उतारा, जहां उनके सामान को ले जाने के साधन तक उपलब्ध नहीं हैं।

तब क्रोधित जनरल को शांत करते हुए मैंने विनम्रतापूर्वक कहा-'यदि आपका लश्कर (सेना) पेंसिलवेनिया में उतरा होता तो बहुत अच्छा होता, जहां हर किसान के पास अपनी गाड़ी है। वहां से जितनी गाड़ियों की आवश्यकता होती, उतनी मिल जातीं।' इस पर जनरल ने आतुरतापूर्वक मेरी ओर देखकर कहा-'यदि ऐसा है तो महोदय! आप हमारे काम के लगते हैं, क्या आप हमारे लिए वहां से गाड़ियां भेज सकते हैं? बड़ी कृपा हो यदि आप इस कार्य को अपने बल पर कर दो।' इस पर मैंने पूछा-'गाड़ीवालों को कितना किराया देना चाहिए?' इस पर जनरल ने कहा-'जैसी तुम्हारी इच्छा हो।' मैं चाहता था कि जो भी आवश्यक शर्तें हों, वे कागज पर लिख ली जाएं। मैंने ऐसा ही किया और वे भी इस पर सहमत थे। साथ ही मेरे हिसाब लगाकर बताए गए रुपये, पेशगी के तौर पर जनरल ने मुझे दे दिए। मैं अपने बेटे के साथ घोड़े पर सवार होकर 8 मील दूर स्थित लेंफेस्टर नामक एक गांव की ओर चल दिया। विज्ञापन में छापी जाने वाली शर्तों को मैंने वहां पहुंचते ही छपवाया और उसकी एक विज्ञप्ति छापकर किसानों में वितरित की। उसमें ऐसी-ऐसी बातें थीं, जिससे उन्हें उत्साह मिले। उचित किराया देकर गाड़ी

और घोड़े किराये पर लेने की बात किसानों के मन में अच्छी तरह बैठ गई। विज्ञप्ति को जिस तरह से पेश किया गया था, वह उत्सुकता का विषय था। मैं यहां विस्तारपूर्वक इसका उल्लेख करूंगा–

'विज्ञापन

'लेंकेस्टर, 26 अप्रैल, 1755

'राजा की सेना, जो कि विल्स क्रीक पर जुटने वाली है, को चार-चार घोड़ेयुक्त 150 गाड़ियां और 1500 जीन या काठीयुक्त घोड़ों की आवश्यकता है और महामहिम जनरल ब्रैडडोक ने इन्हें किराए पर लेने का अनुबंध करने की शक्ति मुझे प्रदान की है। मैं इसके द्वारा यह सूचना देता हूं कि मैं इस उद्देश्य हेतु आज से लेकर अगले बुधवार की शाम तक लेंकेस्टर में और अगले बृहस्पतिवार सुबह से लेकर शुक्रवार शाम तक यार्क में उपस्थित रहूंगा, जहां निम्न शर्तों पर गाड़ियों व उनके समूह या अकेले घोड़ों को लेने की सहमति के लिए तत्पर रहूंगा–

1. चार घोड़ों एवं एक कोचवान युक्त गाड़ियों के लिए प्रति गाड़ी 15 शिलिंग अदा किए जाएंगे तथा काठी या अन्य काठीयुक्त साजो-सामान से सुसज्जित हर घोड़े के लिए 2 शिलिंग अदा किए जाएंगे।

2. विल्स क्रीक पर उनके शामिल होने के समय से, जो 20 मई या उससे पहले होना तय है, वेतन तथा विल्स क्रीक तक जाने की यात्रा में तथा सेवा समाप्ति के उपरांत वापस घर लौटते वक्त लगने वाले समय और ज्यादा के लिए उचित भत्ते दिए जाएंगे।

3. हर गाड़ी और टीम तथा हर काठी या जीन युक्त घोड़े का मूल्यांकन, मेरे व मालिक द्वारा चुने गए भिन्न-भिन्न व्यक्तियों द्वारा होगा तथा सेवा में किसी गाड़ी, टीम या अन्य घोड़े की क्षति होने पर उस मूल्यांकन के अनुसार मूल्य का भुगतान लागू और अदा किया जाएगा।

4. यदि आवश्यक हुआ तो अनुबंध के समय हर गाड़ी और टीम या घोड़े के मालिक को मेरे द्वारा सात दिनों का भुगतान अग्रिम रूप में किया जाएगा और शेष राशि सेवामुक्त होने या समय-समय पर की गई मांग के अनुसार जनरल ब्रैडडोक या सेना के डाकपाल द्वारा अदा की जाएगी।

5. गाड़ियों के चालक या किराए के घोड़ों की देखभाल करने वाले या जो गाड़ियों अथवा घोड़ों की देखभाल संबंधी कार्यों से अलग दूसरे कार्यों में संलग्न हो, को सैनिक सेवाओं के लिए नहीं बुलाया जाएगा।

6. सभी जई, भारतीय मक्का या मवेशियों का अन्य चारा, जो घोड़ों के जीवित रहने के लिए निर्धारित से अधिक मात्रा में गाड़ियों या घोड़ों द्वारा लाया जाता है, सेना के उपयोग हेतु लिया जाएगा और उसके लिए यथोचित

मूल्य दिया जाएगा।

'नोट– कंबरलैंड काउंटी में किसी भी व्यक्ति के साथ अनुबंध आदि की शक्तियां मेरे पुत्र विलियम फ्रैंकलिन के पास सुरक्षित हैं।

–बी. फ्रैंकलिन

'लेंकेस्टर, यार्क एवं कम्बरलैंड काउंटीज के निवासियों को,

'मित्रों एवं देशवासियों!

'फ्रेडरिक में कैंप में कुछ दिन रहने के दौरान कभी-कभी मैंने पाया कि प्रांत से मिलने वाले आपेक्षित घोड़ों और गाड़ियों की आपूर्ति न होने से जनरल व अधिकारीगण अत्यंत भड़क जाते हैं। अधिकतर उन्हें उपलब्ध कराने में सक्षम हैं, किंतु गवर्नर एवं व्यवस्थापिका के बीच मतभेद के चलते धन उपलब्ध नहीं कराया गया और न ही इस हेतु कोई कदम ही उठाए गए।

'यह प्रस्तावित किया गया था कि इस काउंटीज में जितनी जरूरी हो, उतने बेहतर घोड़े एवं गाड़ियों को जब्त करने और उन्हें चलाने व देखरेख संबंधी सेवाओं में लिए जाने के लिए आवश्यकतानुसार लोगों को लगाने के लिए तुरंत सैन्य बल भेजे जाएं।

'मैंने शंका जाहिर की कि इन काउंटीज में ऐसे अवसरों पर ब्रिटिश सैनिक की बढ़ती संख्या, विशेषकर जिस उत्तेजना में है और हमारे विरुद्ध उनकी बढ़ती ईर्ष्या को देखकर मुझे शंका थी कि यह वहां के निवासियों के लिए कई बड़ी परेशानियां पैदा करेगा और इसलिए ज्यादा स्वेच्छा से पहले प्रयास करने की परेशानी उठाएं और देखें कि स्पष्ट एवं पक्षपात रहित साधनों से क्या किया जा सकता है। इन पिछड़े काउंटीज के लोगों ने व्यवस्थापिका से बाद में शिकायत की कि वे पर्याप्त धनराशि चाहते थे। तुम्हारे पास पर्याप्त धनराशि को प्राप्त करने एवं समान रूप से परस्पर बांटने का मौका है, जिसके लिए यदि इस अभियान की सेवाओं को जारी रखें, जो संभावित से ज्यादा हो, 120 दिन होंगे तो इन गाड़ियों और घोड़ों का किराया 30,000 पाउंड तक होगा, जो राजा को सोने एवं चांदी के रूप में अदा किया जाएगा।

'सेना प्रतिदिन मुश्किल से 12 मील से ज्यादा चलेगी और गाड़ियों एवं साजो-सामान वाले घोड़ों को, जो सेना के कल्याण के लिए अत्यंत आवश्यक होता है, सेना के साथ-साथ चलना पड़ेगा, न तेज और न ही धीरे। सेना की खातिर सामान को सर्वदा वहां रखना होगा, जहां पर सर्वाधिक सुरक्षित रह सके। चाहे वह कूच करते समय हो या कैंप में, इसलिए ये सेवाएं आसान एवं हल्की होंगी।

'यदि तुम राजा के प्रति सचमुच सच्चे एवं ईमानदार हो, जैसा कि मैं जानता हूं तुम हो, तो तुम अब सबसे अभीष्ट सेवा कर सकते हो और बड़ी

सरलता से कर सकते हो, चाहे वे तीन या चार हों, जो कि एक गाड़ी व चार घोड़ों तथा एक कोचवान को लगाने के काम से अलग न हों, जिसमें एक गाड़ी का, दूसरा एक या दो घोड़ों का, तीसरा कोचवान का प्रबंध करें और उनसे होने वाली आय को वे परस्पर अनुपात में बांट लें। किंतु यदि ऐसा वाजिब किराया देने पर भी तुम प्रसन्नतापूर्वक राजा और देश की सेवा नहीं करोगे, तो तुम्हारी स्वामीभक्ति पर बट्टा लग जाएगा। राजा का काम होना ही चाहिए। तुम्हारी रक्षा की खातिर दूर से आए हुए इतने सारे बहादुर सैनिकों को तुम्हारी उपेक्षा के कारण बेकार बैठना पड़े तो यह अनुचित है। गाड़ी और घोड़ों के बिना काम न चलने पर यदि वे जबरन लेने पड़े तो तुम्हें अपने परिश्रम का फल (किराया) नहीं मिलेगा और न कोई तुम पर दया दिखाएगा।

'इस कार्य में मेरा कोई व्यक्तिगत स्वार्थ कुछ भी नहीं है, न ही संतुष्टि के अलावा मैं अपने परिश्रम का कोई बदला ही चाहता हूं। यदि घोड़े-गाड़ी मिलने के ये तरीके सफल नहीं होते दिखे, तो मुझे 14 दिन के भीतर जनरल को सूचित करना होगा और मुझे लगता है कि सर जॉन सेंट क्लेयर, वह अश्वारोही सैनिक अपने उद्देश्यों की खातिर अपने सैनिकों सहित तुरंत तुम्हारे प्रांत पर आक्रमण कर देगा। यदि ऐसा हुआ तो मुझे बड़ा दुःख होगा, क्योंकि मैं तुम्हारा सच्चा मित्र और हितैषी **बेंजामिन फ्रैंकलिन** हूं।'

गाड़ियों के मालिकों आदि को पेशगी के तौर पर बांटने के लिए मुझे जनरल से लगभग 800 पाउंड मिले थे, किंतु यह राशि अपर्याप्त होने के कारण मैंने और 200 पाउंड अपने पास से दिए। अपने घर से 200 पाउंड खर्च करके तथा 20,000 पाउंड के गाड़ी-घोड़े सुरक्षित रूप से ले आने की प्रतीक्षा करके मैं वापस छावनी चला आया। दो सप्ताह में ही 259 घोड़ों सहित 150 गाड़ियां कैंप की ओर कूच कर चुकी थीं। विज्ञापन में वचन दिया था, जिसके अनुसार किसी गाड़ी या घोड़े के खो जाने पर उसके मूल्यांकन के अनुसार भुगतान किया जाएगा। जनरल ब्रैडडोक कौन है और सरकारी पैसा खर्च करने का उसे क्या अधिकार है, इस बात को यद्यपि गाड़ी-घोड़ा मालिक नहीं जानते थे। उनका संदेह दूर करके किराया-भाड़ा देने का इकरार का दस्तावेज मैंने लिखा और उन्हें दिया।

एक शाम जब मैं कैंप में कर्नल डनबार रेजीमेंट के अधिकारियों के साथ सूप पी रहा था, तो उसने अपने से उन छोटे अधिकारियों के बारे में अपनी राय व्यक्त की, जो प्रायः साधन-संपन्न नहीं थे और इस देश में भंडार की गई उस सामग्री का अपव्यय कर सकते थे, जो निर्जन प्रदेश में लंबी यात्रा के लिए जरूरी थी, क्योंकि यहां कुछ भी खरीदा नहीं जा सकता था। मैंने उनके विषय को सहानुभूतिपूर्वक सुना और उन्हें राहत देने के लिए कुछ प्रयासों के

बारे में सोचने लगा। यद्यपि मैंने अपने विचारों के संबंध में उसे कुछ नहीं बताया, किंतु अगले दिन व्यवस्थापिका समिति को इस बारे में लिखा। जिसे कुछ जन-धन व्यय करने का अधिकार था। उसने इन अधिकारियों के विषय को उत्साहपूर्वक सुना और आवश्यक सामग्री व जलपान आहार को उपहार के तौर पर भेजने को कहा। मेरे बेटे को कैंप जीवन और उसकी जरूरी चीजों का कुछ अनुभव था। उसने ऐसी चीजों की सूची बनाई और मेरा पत्र साथ में लगाया। समिति ने उसे मंजूर किया और मेरे बेटे के माध्यम से सामान को गाड़ियों में लादकर कैंप भेज दिया गया, जिसमें 20 पार्सलों में 6 पाउंड मिश्री, 1 ग्लूसेस्टर चीज, 6 पाउंड अच्छी शक्कर (मस्कोवाडो) 1 पाउंड अच्छी हरी चाय, मक्खन, 1 पाउंड अच्छी बोहिया चीनी, 2 दर्जन पुरानी मदिरा शराब, 6 पाउंड अच्छी कॉफी, 2 गैलन जमैका स्प्रिट, 6 पाउंड चॉकलेट, 1 बोतल सरसों का तेल, 1-2 कनस्तर बढ़िया सफेद बिस्किट, नमक लगाकर सुखाई सुअर की 2 टंगड़ी, 1-2 पाउंड काली मिर्च, 1-2 दर्जन सूखे फोगर्स, 2 क्वार्टर बढ़िया सफेद सिरका, 6 पाउंड चावल, 6 पाउंड किशमिश।

इन चीजों के 20 पार्सलों को कई घोड़ों पर लादा गया और हर घोड़े पर लदा पार्सल एक अधिकारी के लिए उपहारस्वरूप दिया जाना था, जिसे उन्होंने आभार सहित स्वीकार किया और दोनों रेजीमेंट्स के कर्नल अधिकारियों ने अत्यंत कृतज्ञता भरे शब्दों द्वारा पत्र में आभार व्यक्त किया। गाड़ियां आदि उपलब्ध कराए जाने पर कर्नल मेरे इस कार्य से बेहद संतुष्ट हुए और तुरंत मेरा कमीशन देकर बार-बार धन्यवाद देते रहे। उन्होंने बाद में भी ऐसी सहायता भेजने का आग्रह किया। उसकी पराजय का समाचार नहीं मिलने तक मैं व्यस्त रहा। मैंने अपने 1000 पाउंड स्टर्लिंग भी ऊपर से लगा दिए और उसका हिसाब भी भेजा, जो युद्ध से कुछ दिन पहले ही उसे मिला था। उसने तुरंत पेमास्टर (चुकाने वाले) को 1000 पाउंड चुकाने का आदेश दिया और शेष राशि अगले हिसाब में जोड़ने को कहा। इस राशि का मिलना मेरी खुशकिस्मती थी, क्योंकि उसके बाद मैं शेष राशि नहीं पा सका।

मैं सोचता हूं कि वह जनरल एक बहादुर योद्धा था और उसकी गिनती कुछ यूरोपियन युद्धों के बेहतरीन अधिकारियों में होती थी। उसमें आत्मविश्वास कूट-कूटकर भरा था। उसे मोर्चों का गहरा और लंबा अनुभव था। हमारे भारतीय दुभाषिये जॉर्ज क्रोगन अपने 100 लोगों के साथ उसके साथ कूच में शामिल हुआ। यदि वह उनसे सहिष्णुता एवं सही तरीके से व्यवहार करता तो वे गाइड्स, स्काउट्स आदि के रूप में उसके लिए काफी उपयोगी साबित हो सकते थे; किंतु उसने उनकी उपेक्षा की, इसलिए वे धीरे-धीरे उसका साथ छोड़ गए।

एक दिन बातचीत करते हुए वह मुझे अपनी इच्छित प्रगति के बारे में बता रहा था। वह बोला-'फोर्ट ड्यूक्यूस्ने पर विजय पाने के बाद मुझे नियाग्रा की ओर बढ़ना है और उस पर कब्जा करने के बाद यदि मौसम ने साथ दिया और मुझे लगता है कि वह देगा, तो फ्रोंटेनेक की ओर बढ़ूंगा। ड्यूक्यूस्ने मुझे केवल 3 या 4 दिनों तक ही रोक सकता है, उसके बाद मुझे कोई नहीं दिखता, जो मुझे नियाग्रा की ओर बढ़ने से रोक सके।' उसकी बातें सुनने से पहले ही मेरे दिमाग में पेड़ों और झाड़-झाड़ियों को काटकर बनाए गए संकरे रास्ते से गुजरती उसकी टुकड़ी की लंबी कतार का विचार आ चुका था। मैंने 1500 उन फ्रेंच सैनिकों की हार का समाचार भी पढ़ा था, जिन्होंने इस आइरोक्वोइस देश पर हमला बोला था। इसलिए मुझे इस अभियान को लेकर कुछ संदेह एवं भय पैदा हुआ था। किंतु मैंने केवल इतना ही कहा-'महाशय! खास ध्यान रखें कि यदि आप तोपखाने युक्त इन टुकड़ियों के साथ ड्यूक्यूस्ने से पहले सही-सलामत पहुंच जाते हैं, जिसकी किलेबंदी अधूरी है और जैसे कि सुनते हैं कि उसका दुर्ग भी खास मजबूत नहीं है, तो वहां थोड़े समय के लिए ही विरोध टिक पाएगा।'

मैंने कहा-'आपकी बढ़ती टुकड़ियों पर मुझे केवल इंडियनों के मुठभेड़ का खतरा नजर आता है, क्योंकि निरंतर अभ्यास से वे इस पतली सैन्य रेखा को तोड़ने और समाप्त करने में सक्षम है, जो लगभग चार मील लंबी है। यह आपकी सेना को करना चाहिए और उनकी टुकड़ियों पर अचानक हमला कर उन्हें हैरान कर टुकड़ों-टुकड़ों में बिखेर देना चाहिए। उनके बीच के अंतर के कारण एक-दूसरे की सहायता हेतु नहीं आ सकेंगे।'

वह मेरी नासमझी पर मुस्कराया और जवाब दिया-'निःसंदेह, ये जंगली लोग आपकी कमजोर अमेरिकी लड़ाकों के लिए दुर्दांत शत्रु हो, किंतु राजा की अनुशासित एवं नियमित पलटन के सामने इनका कोई असर होगा, ऐसा होना मुश्किल है।' हालांकि किसी सैनिक से उसके काम के बारे में वाद-विवाद के लिए मैं अयोग्य था। अतः मैंने आगे कुछ नहीं कहा। फिर भी दुश्मन ने उसकी सेना की कमजोर व्यूह रचना का लाभ नहीं उठाया। इसकी जिस कूच की लंबी पंक्तियों में छिपी कमजोरी को मैं समझ गया था। उसने सेना को उस नियत स्थान के नौ मील की सीमा के भीतर बेरोकटोक आने दिया और उसके पश्चात् नदी पार करते ही आगे वाले सैनिक रुककर पीछे आने वालों की प्रतीक्षा करने लगे। पेड़ों के ज्यादा खुले भाग को पार करने से पहले ही, पेड़ों और झाड़ियों के पीछे से भारी गोलाबारी से आगे बढ़ते सैनिकों पर हमला बोल दिया गया। यह अत्यंत सोची-समझी रणनीति थी कि शत्रु का जनरल एकदम करीब में था। अचानक हुए हमले से पलटन में भगदड़ मच

गई। सैनिकों को कोई निर्देश न मिल सका। जनरल असमंजस की स्थिति में उनकी सहायता करने दौड़ा। गाड़ियां, सामान और पशु, गोलाबारी की चपेट में आ गए। घुड़सवार सैनिक आसानी से निशाना बनें और गिरते गए। पलटन के सैनिक दिशाहीन भीड़ के रूप में इकट्ठा हो गए, कोई आदेश या निर्देश नहीं था, इसलिए उनमें से दो-तिहाई गोलाबारी में मारे गए और अंततः वे भयग्रस्त होकर जान बचाने के लिए भाग खड़े हुए।

कोचवानों ने अपने टीम के हर घोड़े को लिया और सिर पर पैर रखकर भाग खड़े हुए। दूसरों ने भी ऐसा ही किया। इससे सभी गाड़ियां, साजो-सामान, तोपखाना, रसद आदि दुश्मनों के हाथों में पड़ गई। जनरल घायल हो चुका था और बड़ी मुश्किल से उसकी जान बची। उसका सचिव शर्ली उसके करीब ही मारा गया था। 86 सैन्य अधिकारियों में से 63 मारे गए या घायल हुए। 1100 में से 714 लोग मारे गए। 1100 पूरी सेना के बचे हुए लोग थे और बाकी कर्नल डनबार के साथ पीछे छूट गए थे, जिन्हें भारी मात्रा में रसद, सामान आदि के साथ रहना था। जो सैनिक नहीं मिले, वे डनबार के कैंप में पहुंच गए। उन पर हुए हमले व त्रासदी की दहशत से डनबार और उसके सैनिकों के कदम वहीं थम गए। अब कुल मिलाकर उनकी संख्या 1000 से ऊपर थी और जनरल ब्रैडडोक को मात देने वाले इंडियंस व फ्रेंच कुल मिलाकर 400 से ज्यादा नहीं थे, किंतु फिर भी आगे बढ़ने और अपना खोया सामान पाने का प्रयास करने की बजाय उसने साजो-सामान एवं गोला-बारूद आदि को नष्ट करने का आदेश दिया, जिससे अपने ठिकाने पर पहुंचने के लिए ज्यादा घोड़े मिल सके और बेकार की चीजें न ले जानी पड़े। वहां वह वर्जीनिया, मैरीलैंड और पेंसिलवेनिया के गवर्नरों से बड़े अनुनय-विनय से मिला कि वह अपनी पलटन को सीमाओं पर तैनात कर देगा, जिससे कि वहां के निवासियों को कुछ सुरक्षा मिल सके, किंतु वह पूरे देश में बिना सोचे-विचारे घूमता रहा और फिलाडेल्फिया पहुंचने तक वह स्वयं को असुरक्षित ही समझता रहा, क्योंकि वहां के लोग उसकी रक्षा कर सकते थे। इस घटना से हम अमेरिकी लोगों में यह संदेश उत्पन्न हुआ कि ब्रिटिश स्थाई सेना को पराजित करने का हमारा गौरवशाली विचार सुदृढ़ता से स्थापित नहीं हुआ था।

उनके पहले मार्च से लेकर घनी बस्तियों से आगे जाने तक, उन्होंने वहां के निवासियों से लूटपाट की तथा कपड़े तक छीन लिए। अपमान, गाली-गलौज, विरोध व आपत्ति जताने वाले लोगों को कैद करने के साथ-साथ कुछ गरीब परिवारों को पूरी तरह तहस-नहस कर डाला। यह हमें रक्षक के आसन से गिराकर आत्माभिमान एवं अहंकार की गर्त में गिराने के लिए काफी था। किंतु यह आचरण 1781 में हमारे फ्रांसीसी मित्रों के आचरण से

एकदम प्रतिकूल था। हमारे देश में रोड आइलैंड से लेकर वर्जीनिया तक के लगभग 700 मील तक मार्च करने के दौरान उनके खिलाफ एक छोटी-सी शिकायत भी नहीं मिली। यहां तक कि किसी सुअर, चूजे या सेब खाने तक की शिकायतें भी नहीं मिली।

जनरल ब्रैडडोक का एड्स-दी-कैंप का कप्तान ओर्म बुरी तरह घायलावस्था में लाया गया था और वहां लाने के कुछ दिनों बाद ही उसकी मृत्यु हो गई। वह मृत्युपर्यंत उसके साथ रहा था। उसने मुझे बताया कि वह पहले दिन कुछ नहीं बोला और उसने केवल रात को खामोशी तोड़ी, 'किसने सोचा था ऐसा होगा?' उसके बाद वह कुछ दिनों तक पूरी तरह खामोश रहा और अंत में बोला-'अगली बार उनसे कैसे निपटना है, हम अब बेहतर तरीके से जान पाएंगे।' और इसके कुछ मिनट बाद ही उसकी मृत्यु हो गई।

सचिव के काफी सारे दस्तावेज, जिसमें जनरल के आदेश, निर्देश एवं पत्राचार थे, शत्रु के हाथों लग गए। उन्होंने उन्हें अलग-अलग किया और फ्रांसीसी भाषा में उनका अनुवाद कर उन्हें छपवाया, जिससे वे युद्ध की घोषणा से पहले ब्रिटिश की शत्रुतापूर्ण इरादों को साबित कर सके। इनमें से जनरल द्वारा मंत्रालय को लिखे गए कुछ पत्रों को मैंने देखा था, जिसमें मेरे द्वारा सेना को दी गई सेवाओं की कड़ी प्रशंसा की गई थी और मुझे उनकी नजरों में लाया गया था। डेविड ह्यूम ने भी मेरी सिफारिश का उल्लेख करते ब्रैडडोक के उन पत्रों को देखा था। डेविड कुछ समय तक लॉर्ड हर्टफोर्ड का सचिव रहने के बाद फ्रांस में मंत्री बना और जनरल कॉनवे के बाद सेक्रेटरी ऑफ स्टेट बना था। किंतु चूंकि वह सैन्य अभियान दुर्भाग्यवश असफल रहा था, इसलिए मेरी सेवाओं को ज्यादा महत्त्व नहीं दिया गया, जो सिफारिशें की गई थी, वे मेरे किसी काम की नहीं थी।

उसकी ओर से पुरस्कार पाने के लिए मैंने केवल एक चीज मांगी। वह थी कि वह अपने अधिकारियों को हमारे द्वारा खरीदे गए दास सेवकों को सेना में शामिल नहीं करने का आदेश देगा और उन्हें सैनिकों की भांति ही सेवामुक्त करेगा, जैसे वह सेना में भर्ती सैनिक ही थे। उसने यह निवेदन तुरंत ही मान लिया और इसके अनुसार वे मेरे निवेदन पर अपने-अपने मालिकों के पास लौट गए। जब डनबार पर कार्यभार डाला गया, तब वह इतना कुशल नहीं था। जब वह वापस बुलाए जाने की राह पर था या शत्रुओं को परास्त कर रहा था। मैंने उससे लेंकेस्टर काउंटी के उन तीन गरीब किसानों के नौकरों को सेवामुक्त करने का अनुरोध किया, जिन्हें सैनिक सेवा में लिया गया था और इस बारे में स्वर्गीय जनरल के आदेश को भी दिखाया। उसने मुझे बताया कि वह न्यूयॉर्क जाते हुए कुछ दिनों में ट्रेंटन पहुंचने वाला है और वहां पहुंचकर

वहां उनके मालिक उससे मिलने आते हैं, तो वह उन्हें वहीं सौंप देगा। किंतु वहां पहुंचकर वह अपने वादे से मुकर गया, जिससे उन्हें घोर निराशा हुई।

सेना की भागदौड़ में जान-माल की बहुत हानि हुई थी। बहुत-सी गाड़ियां टूट गई थीं और घोड़े मर गए थे। उस समय गाड़ियों के मालिकों की जो हानि हुई थी, उसे अदा करने एवं किराया आदि का हिसाब करने का अवकाश न मिला और चूंकि मैंने सब प्रकार की जिम्मेवारी अपने ऊपर ली थी, इस कारण उन्होंने मुझ पर हर्जाने का दावा कर दिया। उनकी मांगों ने मुझे परेशानी में डाल दिया। मैंने उन्हें बताया कि-'पैसा पेमास्टर के हाथों में तैयार है, किंतु इसका भुगतान करने के लिए जनरल शर्ली से पूर्वानुमति लेनी पड़ेगी। मैंने जनरल को पत्र द्वारा इस बारे में सूचित कर दिया था, किंतु वे थोड़ा दूर थे, इसलिए उत्तर आने में समय लगेगा, अतः उन्हें संयम रखना होगा।' किंतु मेरी इन बातों से वे संतुष्ट न हुए और उन्होंने मुझ पर दावा कर दिया। जनरल शर्ली ने कुछ समय बाद ही दावों की जांच के लिए कमिश्नर नियुक्त किए और मुझे इस कठिन स्थिति से छुटकारा दिला दिया और तत्पश्चात् उन्हें भुगतान करने के आदेश भी दे दिए। उन्हें लगभग 20,000 पाउंड चुकाए जाने थे, जिन्हें अदा करने पर मैं बर्बाद हो जाता।

हमें पराजय की खबर मिलने से पहले हमारी संभावित विजय पर भव्य आतिशबाजी का खर्च उठाने के लिए पैसे जुटाने हेतु चंदे के कागज लेकर दो डॉक्टर बॉन्ड मेरे पास आए थे। यह आतिशबाजी फोर्ट डयूक्यूसने पर हमारी विजय का समाचार मिलने पर उल्लासस्वरूप की जानी थी। मैं गंभीर हो गया और कहा-'मैं समझता हूं कि हमें अपनी जीत की खुशी कब मनानी चाहिए, इसकी तैयारी के लिए हमारे पास पर्याप्त समय है।' उनके प्रस्ताव पर तुरंत सहमति न देने पर वे थोड़ा हैरान हुए। एक बोला-'यह... क्यों! क्या तुम सचमुच नहीं मानते कि किले पर कब्जा नहीं होगा?' मैंने अपने संदेह का कारण बताते हुए कहा-'मैं नहीं जानता कि वह नहीं लिया जाएगा, लेकिन इतना जानता हूं कि युद्ध की घटनाएं अत्यंत अनिश्चितताओं का विषय हैं।' अतः चंदे को स्थगित कर दिया गया और इस बात को उठाने वाले दोनों डॉक्टर इस प्रयास से चूक गए कि यदि आतिशबाजी तैयार हो जाती तो उन्हें यह भुगतना पड़ता। इसके पश्चात् किसी अन्य अवसर पर डॉ. बॉन्ड ने कहा कि 'उसे फ्रैंकलिन द्वारा अनिष्ट की पूर्व सूचनाएं देना पसंद नहीं।'

ब्रैडडोक की पराजय से पूर्व गवर्नर मौरिस ने संदेश-पर-संदेश भेजकर व्यवस्थापिका को चिंतित कर रखा था। वह मालिकाना संपत्तियों, लोगों पर बिना कर लगाए, प्रांत की सुरक्षा के लिए धन एकत्र करने हेतु, अधिनियम बनाने की दिशा में उन्हें मात देना चाहता था और अधिनियम में छूट के प्रावधान

न होने का हवाला देकर उसने उनके सभी बिल भी नामंजूर कर दिए थे। अब खतरा व आवश्यकता दोनों ही ज्यादा होने पर उसने अपनी सफलता की आशा से हमले ज्यादा तेज कर दिए। हालांकि, व्यवस्थापिका यही सोचकर अब भी शांत बनी रही कि न्याय उनके पक्ष में है और मानते थे कि यदि गवर्नर को उनके धन बिल में संशोधन करने दिया तो उन्हें अपने अनिवार्य अधिकार से हाथ धोना पड़ेगा। निःसंदेह, 50,000 पाउंड की मंजूरी वाले उसके अंतिम प्रस्तावित संशोधन में केवल एक शब्द था। बिल में कहा गया था-'सभी निजी एवं अचल संपत्तियों पर कर लगाना चाहिए था, संपत्तिधारकों को छूट नहीं देनी थी।' उसका संशोधन केवल पढ़ने के लिए नहीं था, वह छोटा जरूर था, किंतु उसमें भारी बदलाव थे। हालांकि जब उस पराजय रूपी दुर्घटना का समाचार इंग्लैंड पहुंचा तो वहां हमारे उन मित्रों ने व्यवस्थापिका द्वारा गवर्नर के सभी संदेशों का जवाब देने में, हमने जिनका ध्यान रखा था, उनके गवर्नर को संपत्तिधारियों द्वारा अपने निरर्थक एवं अन्यायपूर्ण निर्देश देने के विरुद्ध जोर-शोर से आवाज उठाई। उनमें से कुछ ने तो प्रांत की सुरक्षा को बाधा पहुंचाने तक की बात कह डाली। उन्होंने अपने अधिकार को मजबूत कर लिया था। वे इससे भयभीत थे और उन्होंने इस उद्देश्य हेतु व्यवस्थापिका द्वारा जो भी धन दिया जा सके, उसमें 5000 पाउंड और मिलाने के आदेश महा-करसंग्रही (रिसीवर जनरल) को दिए।

यह बात सदन में अधिसूचित होने के कारण, सामान्य कर के उनके अंश के बदले स्वीकार की गई थी और एक नया बिल बनाया गया, जिसमें छूट का प्रावधान रखा गया और यह उसी रूप में पारित भी हो गया। इस अधिनियम के द्वारा 6000 पाउंड की धनराशि खर्च करने के लिए मुझे भी सात कमिश्नरों में शामिल किया गया था। बिल का प्रारूप तैयार करने और इसके परिच्छेद बनाने में भी मैं सक्रिय रहा था और इसी समय मैंने एक स्वयंसेवी जनसेवा का गठन एवं अनुशासित करने का बिल भी तैयार किया, जो सदन में बड़ी आसानी से पारित हो गया। इसमें क्वेकर्स को उनकी इच्छा पर छोड़ने की बात का खास ध्यान रखा गया था। इस संघ को बनाने एवं प्रचार करने के लिए मैंने एक वार्ता[13] तैयार की, जिसमें उन सभी आपत्तियों व उनके जवाबों का उल्लेख था, जो मेरी समझ से उठाए जा सकते थे। इसे छापा गया और मेरे पूर्वानुमान अनुसार इसका गहरा प्रभाव पड़ा।

जबकि शहर व देश में कई कंपनियां संगठित होकर अभ्यास करना सीख

---

13 यह वार्ता एवं मिलिशिया एक्ट; 'जेंटलमेंस मैगजीन' के फरवरी व मार्च, 1756 के अंक में है।

रही थी, तो गवर्नर ने मुझे हमारी उत्तरी-पश्चिमी सीमा की सुरक्षा का भार संभालने को भेजा, जो कि शत्रुओं से त्रस्त थी और सैनिक टुकड़ियों की संख्या बढ़ाकर एवं किलेबंदी की कड़ी बनाकर वहां के निवासियों की रक्षा करनी थी। हालांकि इस काम के लिए मैं खुद को योग्य नहीं पाता था। फिर भी उसने मुझे पूरी शक्तियों सहित कमीशन दिया और साथ ही अधिकारियों के लिए रिक्त कमीशन का एक पार्सल भी, जिसे किसी को भी पूर्णतया उपयुक्त जानकर मैं यह दे सकता था। चूंकि मेरे अंतर्गत 5060 लोग पहले से ही काम कर रहे थे, ऐसे में लोगों की संख्या बढ़ाना कठिन था। मेरा पुत्र कनाडा के विरुद्ध तैयार की गई सेना में अधिकारी था और पिछले युद्ध में शामिल था। अब वह मेरे एड्स-दि-कैंप (ए.डी.सी.) में था और मेरे लिए काफी उपयोगी रहा। मोरावियन्स द्वारा बसाए गए गांव ग्नैडनहट को इंडियंस ने जला डाला था और जनसंहार किया था, किंतु यह किला बनवाने के लिए अच्छी जगह थी।

आगे बढ़ने के लिए मैंने कंपनियों को बेथलेहम में एकत्र किया। यह उन लोगों का मुख्य ठिकाना था। उसे रक्षा की दृष्टि से बढ़िया जगह जानकर मैं हैरान रह गया। ग्नैडनहट के विनाश ने उन्हें भयंकर जोखिम में डाल दिया था। मुख्य इमारत लकड़ी की बनाई गई थी। उन्होंने न्यूयॉर्क से भारी मात्रा में हथियार व गोला-बारूद खरीदा और अपनी ऊंची-ऊंची इमारतों की खिड़कियों के बीच छोटे-छोटे पत्थरों का ढेर लगा लिया, जिसे उनकी स्त्रियां इंडियंस के सिरों पर देकर मारतीं, जो वहां घुसने का प्रयास करते। कुछ लोगों ने हथियार भी रखे हुए थे, निगरानी तंत्र मजबूत बनाया गया और किसी दुर्ग नगर की भांति हमले की योजना तैयार थी। बिशप स्पेंजसबर्ग से बातचीत कर मुझे काफी हैरानी हुई कि उन्होंने (औपनिवेशिक) बस्तियों में सैन्य सेवाओं से स्वयं को छूट प्रदान करने के लिए संसद में एक अधिनियम पास करा लिया है। मुझे लगता था कि वे अंतर्भाव से हथियार नहीं रखने के प्रति कर्त्तव्यनिष्ठ थे। उन्होंने मुझे बताया कि यह उनके दृढ़ सिद्धांतों में नहीं था, किंतु उस अधिनियम के पारित होते समय उनके कई लोगों ने इसे एक सिद्धांत के तौर पर विचार किया। हालांकि इस अवसर पर इसे केवल थोड़े-से लोगों ने अपनाया, यह देखना हैरानी की बात थी। लगता था कि वे या तो खुद को धोखा दे रहे हैं या संसद को, किंतु वर्तमान संकट को देखते हुए कभी-कभी अस्थिरता की स्थिति में व्यावहारिक ज्ञान काफी सुदृढ़ भूमिका निभाता है।

जनवरी महीने की शुरुआत में हमने किले बनाने का काम शुरू किया। देश के ऊपरी भाग और निम्न भाग की सुरक्षा के लिए, सबको समान निर्देश

देकर, मैंने सेना की एक टुकड़ी को मिनीसिंक की ओर भेजा और शेष सैनिक बल के साथ मैंने स्वयं ग्नैडनहट जाने का निर्णय लिया, जहां एक दुर्ग बनाने की तुरंत आवश्यकता थी। मोरावियन्स ने हमें हमारे औजारों, साजो-सामान, रसद आदि से लदी पांच गाड़ियां उपलब्ध कराईं।

हम बेथलेहम से चलने की तैयारी कर ही रहे थे कि 11 कृषक आए और कहने लगे-'हमको हमारे खेतों में से इंडियन लोगों ने निकाल दिया है। कृपया हमें बंदूकें दीजिए ताकि हम वापस जाकर अपने जानवर ले आएं।' मैंने प्रत्येक को एक-एक बंदूक और आवश्यकतानुसार गोली-बारूद दिया। हम कुछ ही मील चले थे कि बरसात होने लगी और सारे दिन होती रही। मार्ग में आश्रय पाने योग्य हमें कोई मकान नहीं मिला। आखिरकार पानी में ही भीगते-भीगते हम एक जर्मन के घर के निकट पहुंचे और उसके अनाज भरने के छप्पर में गीले कपड़ों में जाकर ठहरे। उस समय यह अच्छा हुआ कि किसी ने हम पर हमला नहीं किया। उस समय हमारे पास साधारण हथियार थे और बारिश के कारण बंदूकों की चांपें भीग गई थीं। हमारे पास इंडियंस की भांति चांपों को सुखाने का कोई साधन नहीं था। इंडियंस इस बात में सिद्धहस्त थे। ये लोग उन 11 कृषकों से मिले थे, जिनका वर्णन ऊपर दिया गया है। इन्होंने उनमें से 10 को मार डाला और एक बचा कृषक हमसे मिला और बताया कि मेरे साथियों की बंदूकों की चांपें गीली हो जाने के कारण नहीं चली थीं।

अगली सुबह मौसम साफ होने पर हम आगे बढ़े और उजाड़ गांव ग्नैडनहट पहुंचे। वहां लकड़ी काटने के एक कारखाने के चारों ओर लकड़ी के काफी सारे टुकड़े पड़े हुए थे। हमने उनसे जल्दी ही एक झोपड़ी बना ली और खुद को छिपाया। चूंकि हमारे पास कोई टेंट नहीं था, अतः ऐसी प्रचंड ऋतु में यह काम ज्यादा जरूरी था। हमारा पहला काम वहां खुले में पड़े शवों को तेजी से दफनाना था, जो जानवरों और पक्षियों का निवाला बन रहे थे।

अगली सुबह किला बनाने की योजना बन गई। किला 455 फुट के दायरे में बनना था, जिसके लिए एक व्यास के एक के साथ दूसरा लकड़ी का खंभा जोड़कर सुरक्षात्मक कटघरा बनाने के लिए कई खंभों की जरूरत थी। 70 कुल्हाड़ियों के सहारे हम पेड़ों की कटाई में जुट गए और हमारे लोगों ने अभ्यास होने के कारण अच्छा काम किया। पेड़ों को धड़ाधड़ गिरते देख मुझे अपनी घड़ी से यह जानने की जिज्ञासा हुई कि दो व्यक्ति चीड़ के पेड़ को छह मिनट में गिरा देते हैं। उसका व्यास 14 इंच था। हर पेड़ से 18 फीट लंबे तीन खंबे बनते, जो ऊपर से नुकीले होते। जब तक यह काम चलते, तब तक हमारे बाकी लोग चारों ओर तीन फुट गहरी खाई खोदते,

जिसमें इन खंभों को गाड़ा जाना था। जिन गाड़ियों से शवों को ढोया गया था, उनके पहियों को पिन निकालकर अलग किया जाता, जो दोनों भागों को जोड़ती थीं। हमारे पास 10 गाड़ियां थीं, जिनमें दो-दो घोड़े जुते थे। इन्हीं से लकड़ी के लट्ठों को ढोकर लाया जाता। यह सब कुछ तैयार हो जाने पर हमारे बढ़ई लोगों ने चारों ओर छह फुट ऊंचा लट्ठों का मचान बनाया, जिस पर खड़े होकर बनाए गए सुराखों में से गोली चलाई जा सके। हमने हमारे पास मौजूद एक स्किवल गन (धुरी पर घूमने वाली बंदूक) को एक कोण पर लगाया था, जिससे इंडियंस को देखते ही दागा जा सके। इस मजबूत बाड़े के चारों ओर उनके आते ही आवाज से पता चल सकता था, इसलिए यदि हमारे इस किले को कोई नाम दिया जा सकता था, तो वह था 'स्टॉकेड' यानी मजबूत लकड़ियों से घिरा एक बाड़ा। वर्षा की असुविधा होते हुए भी पांच दिन के भीतर यह किला बन गया और उस पर झंडा चढ़ाकर नाम दिया गया 'एलेन फोर्ट'।

इस घटना ने मुझे यह जानने-समझने का अवसर दिया कि जब आदमी काम करते हैं, तो वे श्रेष्ठ प्रतिस्पर्धा करते हैं। काम करते हुए वे सद्व्यवहार एवं प्रसन्नचित् रहते थे तथा दिन-भर विवेकशील व अच्छा काम करने के पश्चात् वे शाम को खुशमिजाज होकर गुजारते थे; किंतु खाली दिनों में वे झगड़ते रहते और उपद्रव करते, दूसरों के खाने-पीने में मीन-मेख निकालते और भद्दे मजाक करते। इससे मुझे समुद्री कप्तान का ध्यान आ गया, जिसका नियम था कि अपने आदमियों को हमेशा काम पर लगाए रखो और जब उसके एक साथी ने उससे कहा कि उन्होंने सारा काम निपटा दिया है और उनके पास अब करने को कुछ नहीं बचा है, तो उसने कहा-'ओह! तो उनसे कहो कि लंगर चमकाएं।'

हालांकि इस तरह का दुर्ग ज्यादा अच्छा नहीं था, किंतु उन इंडियंस के विरुद्ध पर्याप्त सुरक्षा दीवार था, जिनके पास तोप नहीं थी। स्वयं को पूरी तरह सुरक्षित जानकर और हमले का जवाब देने में सक्षम होने पर हम छोटी-छोटी टुकड़ियों को लेकर आस-पास के प्रदेशों में घूमने को निकले। हमें कोई इंडियन नहीं मिला, किंतु हमें आसपास के टीलों पर ऐसी कई जगह मिली, जहां से बैठकर वे हमारे कार्यों को देख रहे थे। यहां हमारी की हुई एक तरकीब जानने योग्य है। सर्दी के दिन होने के कारण वहां चला नहीं जा सकता था, अत: आग जलाना जरूरी था। लेकिन जमीन पर आग सुलगाने से उसको हर कोई देख सकता था और हमारे ठिकाने का पता चल सकता था, इसलिए हमने तीन फुट चौड़े और इससे कुछ अधिक गहरे गड्ढे खुदवाए। उनके भीतर आसपास लकड़ियां इकट्ठी करके डाल दीं और लकड़ियों में जले

हुए लट्ठों में कुल्हाड़ी के प्रहार वाले स्थानों में किनारों से निकले चारकोल से उन छोटे-छोटे सुरखों में थोड़ी-थोड़ी आग लगाई और उन गड्ढों में पैर लटकाकर बैठे हुए पैरों को गर्म करते रहे। इस तरह की बनाई गई आग को कोई भी आग, रोशनी, लपटों, चिंगारियों या धुएं से भी कोई नहीं पहचान सकता था। इससे लगा कि उनकी संख्या बहुत ज्यादा नहीं है और लगता था कि हम पर हमला करने के लिए वे बहुत थोड़े हैं।

हमारे पादरी पद पर एक ईर्ष्यालु पादरी मंत्री मि. बेट्टी नियुक्त था। उसने शिकायत की कि उसकी प्रार्थनाओं एवं व्याख्यान सुनने के लिए प्राय: पुरुष नहीं आते हैं। जब लोगों को बुलाकर पूछा गया तो उन्होंने इस बात पर आने का वादा किया कि उन्हें इसके बदले में पैसा, खाने-पीने का सामान और दिन में एक मारवल्ली युक्त रम चाहिए। जिसे हमने मान लिया। किंतु मैंने पाया कि वे नियमित रूप से उसे लेने आते, तो मैंने बेट्टी से कहा-'रम बांटने वाले स्टीवर्ड के रूप में काम करना संभवत: आपके सम्मान से निम्न दर्जे की बात है, किंतु यदि तुम इसे बाहर रखते और प्रार्थना के बाद ही देते, तो वे सब तुम्हारी प्रार्थना एवं प्रवचन सुनते।' उसे मेरी बात अच्छी लगी। उसने ऐसा ही किया। एक दफ्तर लिया और मदिरा नापने के लिए कुछ लोगों को रखा तथा उनकी मदद से उसने संतोषजनक तरीके से अपना काम किया। अब से पहले कभी भी इतने लोग इतनी तन्मयता एवं नियमित तरीके से प्रार्थना सभा में नहीं आए थे। अत: मैंने सोचा कि दैवीय सेवा में न आने के लिए कुछ सैनिक कानूनों द्वारा सजा देने की बजाय यह तरीका ज्यादा उपयुक्त है।

किलों का काम अभी-अभी पूरा हुआ था और उन तीनों किलों में सामान एवं रसद भरने के लिए मैं वहां रुका हुआ था। इतने में ही गवर्नर मौरिस का पत्र मिला कि 'कुछ दिनों के बाद में व्यवस्थापिका सभा का अधिवेशन करने वाला हूं। इस कारण जैसे ही सरहद की स्थिति अच्छी हो जाए और किसी आकस्मिक विपदा के आने का भय न हो, तो तुम वैसे ही यहां आ जाओ।' सभा के सभासदों में से मेरे कुछ मित्रों ने भी मुझ पर वापस आने और सभा में उपस्थित होने का आग्रह किया। मेरे तीनों जिलों का काम पूरा हो गया था, इसलिए वहां के निवासी उस सुरक्षा में उनके खेतों पर ही रहना चाहते थे। मैंने वापस लौटने का निर्णय लिया। उसी समय कैप्टन क्लैपहम नामक एक अनुभवी योद्धा ग्नैडनहट का दृश्य देखने के लिए न्यू इंग्लैंड से वहां आया। उसे इंडियंस से लड़ने का काफी अनुभव था। मैंने उससे 'फोर्ट एलन' की अध्यक्षता व अधिकार स्वीकार करने की प्रार्थना की, जिसे उसने स्वीकार कर लिया। मैंने उसे लिखित में अधिकार पत्र दिया और सेना से उसका परिचय करवाया। उसकी प्रशंसा करके सब प्रकार से सावधान रहने

के लिए उसको काफी बातें भी बताईं। वह सैन्य स्थिति को संभालने के लिए मुझसे ज्यादा योग्य व सक्षम था। उसे थोड़ा समझाकर मैंने विदा ली और बेथलेहम आ गया। यहां काम की थकान उतारने के लिए मैंने थोड़े दिन आराम किया। चूंकि बिस्तर अच्छा था और ग्नैडनहट में झोपड़ी के फर्श पर एक-दो कंबल में लिपटे रहकर सोने की आदत थी, इसलिए पहली रात तो मैं सो ही नहीं पाया।

बेथलेहम प्रवास के दौरान मैंने मोरावियन्स लोगों की आदतों के बारे में जाना। कुछ तो मेरे साथ ही रहे और मेरे प्रति उनका व्यवहार स्नेहपूर्ण था। मैंने पाया कि वे एक ही उद्देश्य के लिए काम करते थे, एक ही मेज पर खाते थे और बड़ी संख्या में एक साथ एक ही विशाल शयनकक्ष में सोते भी थे। मैंने देखा कि शयनकक्ष की छत के नीचे एक निश्चित दूरी पर सुराख बने थे, जो शायद ताजी हवा के आने के लिए बनाए गए होंगे, ऐसा मैंने सोचा। मैं उनके चर्च में गया, जहां वायलिन, बांसुरी, अलगोजा आदि की मधुर ध्वनि के साथ कर्णप्रिय संगीत गूंज रहा था। उनका उद्देश्य एवं प्रवचनों को बच्चे, बूढ़े, स्त्री-पुरुष आदि हमारी तरह एक साथ आकर नहीं सुनते थे, जैसा कि हमारे यहां होता था। बल्कि कभी पुरुष इकट्ठे होकर सुनते तो कभी महिलाएं, तो कभी बच्चे, कभी युवक, कभी युवतियां, हर कोई अपने वर्ग समूह में उपदेश सुनता था। वे जब उपदेश सुनने आते तो बेंचों पर पंक्तियों में बैठ जाते। युवा पुरुष बच्चों को शिक्षक बनकर उपदेश देते तो छोटी लड़कियों को युवा महिलाओं द्वारा उपदेश दिया जाता। यह उपदेश अपनी क्षमतानुसार पारिवारिक एवं मैत्रीपूर्ण रूप में दिया जाता था। वे अनुशासित रहते; किंतु वे पीले, कांतिहीन और अस्वस्थ दिखते थे, जिससे मुझे संदेह हुआ कि उन्हें ज्यादातर घरों में ही रखा जाता है और पर्याप्त व्यायाम नहीं करने दिया जाता है।

मैंने मोरावियन्स के वैवाहिक रीति-रिवाजों के बारे में जांच-पड़ताल की, पता नहीं कि यह खबर सही थी कि नहीं कि उनमें कुछ-कुछ लॉटरी पद्धति प्रचलित थी। मुझे बताया गया कि ऐसा किसी विशेष मामलों में ही होता था। सामान्यतः जब कोई युवक स्वयं को विवाह योग्य अनुभव करता तो वह अपने वर्ग के बड़े लोगों को इस बारे में बताता, जो उन बड़ी आयु की महिलाओं से बात करते, जिन्हें युवतियों के बारे में भी ऐसी ही जानकारी होती थी। चूंकि ये वयस्क लोग अपने वर्ग के अल्पायु लोगों के आचार-व्यवहार आदि से परिचित होते थे, इसलिए वे ज्यादा उपयुक्त जोड़ा बनाने का निर्णय ले सकते थे। किंतु यदि उदाहरण के लिए, किसी युवक के लिए दो-तीन युवतियों को समान रूप से योग्य पाया जाता, तो लॉटरी पद्धति से चुनाव होता। इस पर मैंने यह आपत्ति उठाई कि यदि वह जोड़ा दोनों पक्षों की परस्पर सहमति से नहीं

बना हो, तो उसमें से अधिकतर के नाखुश होने की संभावना हो सकती है। इस पर मुझे जानकारी देने वाले ने जवाब दिया-'और यदि आप युवक-युवती दोनों को ही स्वयं पसंद चुनने दें, तो भी ऐसा हो सकता है।' निःसंदेह ऐसा हो सकता है और मैं इससे इनकार नहीं कर सका।

दो महीने तक सेना में नौकरी कर, इन घटनाओं से गुजरकर 10 फरवरी, 1756 को मैं वापस फिलाडेल्फिया लौट आया। मेरे सकुशल वापस आ जाने पर सारे नगरवासी बड़े आनंदित हुए और मेरा गुणगान करने लगे। मैंने पाया कि क्वेकर के अतिरिक्त अन्य 1200 लोगों ने स्वयं को टुकड़ियों में संगठित कर लिया था और नए कानून के अनुसार अपने कैप्टन, लेफ्टिनेंट आदि चुने और उन्हें पद प्रदान किए थे। डॉ. बी. मुझसे आकर मिले और बताया कि एक सर्वप्रिय कानून का प्रचार करने में उन्होंने क्या-क्या दु:ख झेले और उसे लागू किए जाने संबंधी प्रयासों के बारे में बताया। हालांकि यह सब मेरी वार्ता का परिणाम था। ऐसा बताने का मुझे मिथ्या अभियान होता, किंतु फिर भी न जाने क्यों मुझे लगा वह सही है और मैंने उसकी खुशियों को कम नहीं किया, जो मैं प्रायः ऐसे मामलों में अकसर करता रहा हूं। फिलाडेल्फिया के 1200 मनुष्यों की टुकड़ी ने मुझे कर्नल का पद दिया, जिसे इस समय मैंने स्वीकार कर लिया। कुछ समय पश्चात् इन टुकड़ियों की पूरी सेना के जवानों ने तोपखाने के साथ परेड निकाली, जो एक मिनट में 12 बार गोला दागने में सक्षम थी। मैंने पहली बार अपनी रेजीमेंट का निरीक्षण किया और पूरी परेड होने के बाद वे सलामी देकर मुझे घर तक पहुंचाने आईं। विदा होते समय उसने घर के आगे बंदूकें दागकर मेरा सम्मान किया, जिससे मेरे कई विद्युतीय उपहार हिल गए और कुछ टूट गए। किंतु कुछ समय पश्चात् इंग्लैंड में सेना संबंधी पुराना कानून रद्द होकर नया कानून बनने पर मेरे कर्नल पद का भी अंत आ गया।

कर्नल के इस छोटे कार्यकाल के दौरान मैंने वर्जीनिया की यात्रा करने की योजना बनाई। मेरी रेजीमेंट के अधिकारियों ने यह काम अपने जिम्मे ले लिया। यह शहर के बाहर निम्न फेरी तक मुझे सुरक्षा देने के लिए उपयुक्त होगा। जैसे ही मैं घोड़े पर सवार हुआ 30-40 जवान वर्दी पहने मेरे घर के बाहर आए। मुझे इस योजना का पता न था या फिर मुझे ऐसी स्थिति की अपेक्षा नहीं थी। वैसे भी मैं व्यावहारिक तौर पर इन सबके विरुद्ध ही था। मैं उनके साथ से थोड़ा व्याकुल हो गया और उनके बिना बाहर नहीं जा सकता था, मैं कुछ नहीं कह सका। किंतु अभी और बुरा होना बाकी था। जैसे ही हम लोग बढ़े, उन्होंने अपनी तलवारें निकाल लीं और पूरे रास्ते नंगी तलवारें लेकर चले। शहर एवं शहर के बाहर भी दूर-दूर तक ऐसे ही सम्मान से ले

गए। किसी ने इस घटना का विवरण अधिकारियों तक पहुंचा दिया और इससे उसे गहरा आघात लगा। प्रांत में उसे ऐसा सम्मान नहीं दिया गया था, न ही उसके किसी गवर्नर को ही ऐसा सम्मान मिला था। उसने कहा कि 'शाही खून वाले राजकुमार ही केवल ऐसे उपयुक्त सम्मान के हकदार हैं।' यह बात मेरी दृष्टि में भी सही थी और आज भी इसे मानता हूं कि ऐसे मामलों में शिष्टाचार की उपेक्षा नहीं की जानी चाहिए।

इस मूर्खतापूर्ण हरकत ने मेरे प्रति उसके विद्वेष को और बढ़ा दिया। यह विद्वेष उसकी संपदा को घर से छूट देने के मामले में व्यवस्थपिका में मेरे आचरण के कारण पहले ही ज्यादा था, जिसका मैं सदा से ही विनम्रतापूर्वक विरोध करता था और इसके प्रति उसके निरर्थक एवं अन्याय रूपी अत्यंत प्रतिरोध से अंजान नहीं था। व्यवस्थापिका सभा में कहे कटु वचनों के कारण प्रांत के मालिक मुझसे चिढ़े हुए थे। राजा की सेवाओं में एक बड़ी बाधा के रूप में बताकर उन्होंने मंत्रालय में मेरी शिकायत की। सदन में मेरे प्रभाव के द्वारा धन समृद्धि के बिलों को सही रूपों में प्रस्तुत करने से रोका। उसने डाकपाल जनरल सर एवर्ड फावकेनर के पास मुझे पद से हटाने के लिए लिखा, किंतु उसका कोई फल न निकला। एवर्ड ने केवल औपचारिक चेतावनी दी।

गवर्नर और व्यवस्थापिका सभा में फिर से झगड़ा शुरू हो गया। इसमें एक सदस्य के तौर पर मुझ पर एक बड़ा दायित्व था। सभासदों एवं मेरे बीच परस्पर नागरिक मेलजोल सौहार्दपूर्ण था तथा कोई व्यक्तिगत गतिरोध नहीं था। कभी-कभी मैं सोचता था कि मेरे प्रति उसकी थोड़ी-बहुत नाराजगी उस संदेश के कारण थी, जो मैंने भेजा था। शायद यह व्यावसायिक आदत का असर था कि एक वकील के तौर पर पला-बढ़ा होने के कारण वह हम दोनों को ही अपने-अपने मुव्वकिलों का वकील समझता था, खुद को मालिकों की ओर से और मुझे व्यवस्थापिका का। इसलिए वह कभी-कभी मुझे एक मित्र के रूप में बुलाता और कठिन विषयों पर मुझे समझाता। हालांकि कभी-कभी मेरी सलाह भी लेता।

ब्रैडडोक की सेना को रसद की आपूर्ति में हमने समान रूप से काम किया था और जब उसकी हार की चौंकाने वाली खबर पहुंची, तो गवर्नर मौरिस ने आतुरतापूर्वक मुझे बुलाया और 'अब क्या करना चाहिए', इस विषय पर सम्मति मांगी। मैंने क्या सलाह दी थी, हालांकि अब मुझे याद नहीं है, लेकिन मेरे विचार से यह कुछ ऐसी थी कि डनबार को लिखा जाना चाहिए कि यदि संभव हो तो औपनिवेशिक बस्तियों से दोबारा सैन्य सहायता मिलने तक सीमाओं पर वह अपनी सैन्य टुकड़ियां तैनात कर दें। संभवत: वह इस अभियान को बढ़ाने में सक्षम है। सीमा से मेरे वापस लौटने के बाद गवर्नर

तो मुझ पर ऐसा मोहित हुआ कि फोर्ट ड्यूक्यूस्ने को फिर से जीतने के लिए सेनापति का पद स्वीकार करने को कहने लगा था, अन्यथा डनबार व उसके सैनिकों को वहां तैनात कर देते। उसने जो अपेक्षा की थी, मैं स्वयं को उन सैन्य समक्षताओं पर खरा नहीं समझता था और मैं मानता था कि उसका यह प्रस्ताव भावनात्मक एवं मेरे प्रति संवेदनाओं से परिपूर्ण था। शायद उसने सोचा कि सैनिकों की संख्या बढ़ाने में मेरी लोकप्रियता काम आएगी और व्यवस्थापिका में मेरे प्रभाव से अनुदान राशि मिलने में मदद मिलेगी। हो सकता है कि संपत्तियों पर बिना कर लगाए ही यह उद्देश्य हो सकता था। किंतु जब उसने मुझे उसके प्रस्ताव के प्रति उत्सुक न पाया तो योजना को स्थगित कर दिया गया और सरकार छोड़ने के बाद उसकी जगह कैप्टन डैनी ने ले ली।

इस नई सरकार एवं नए गवर्नर के दिशा-निर्देशों में नागरिक विषयों में मेरी संबंधित भूमिका की ओर बढ़ने से पहले, यहां मेरे दार्शनिक मान-सम्मान के उत्थान एवं प्रगति का उल्लेख करना अनुचित न होगा।

1746 में बोस्टन प्रवास के दौरान मेरी मुलाकात डॉ. स्पेंस से हुई, जो हाल ही में स्कॉटलैंड से यहां आया था। उसने मुझे कुछ विद्युतीय प्रयोग दिखाए, हालांकि वह इसमें निपुण नहीं था, इसलिए यह प्रयोग सही तरीके से नहीं किए गए थे, लेकिन एक नया विषय होने के कारण, मैं इनके प्रति उतना ही आश्चर्यचकित था और प्रसन्नचित् भी। मेरे फिलाडेल्फिया लौटने पर, लंदन की रॉयल सोसायटी के फेलो पी. कोलिंसन ने हमारी पुस्तकालय कंपनी को प्रयोग करने के उद्देश्य से एक कांच की नली (ग्लास ट्यूब) भेंट की। पुस्तकालय में इसके पहुंचते ही बोस्टन में देखे प्रयोगों को मैंने स्वयं करके देखा, तो बिजली संबंधी प्रयोग करने में मेरी रुचि बढ़ने लगी। फिलाडेल्फिया के कांच के कारखाने में दूसरी कितनी ही ऐसी नलियां बनाकर मित्रों में बांटी। जंटो मंडली के सदस्यों को बिजली के प्रयोग करके दिखाए। मैं और दो-तीन अन्य लोगों ने यह प्रयोग जारी रखे और नए-नए शोध करते रहे। लोग इन नए अद्‌भुत प्रयोगों को देखने के लिए प्रायः आया करते थे।

प्रयोग करने वालों में मि. किन्नरस्ले प्रमुख थे, जो एक सीधे-सच्चे पड़ोसी थे और व्यवसाय करते थे। मैंने उन्हें कहा कि पैसे कमाने के लिए प्रयोगों का प्रदर्शन करें। मैंने उनके दो व्याख्यान आयोजित किए, जिसमें इस प्रकार के प्रयोग किए गए और उनके तरीकों को इस तरह से समझाया गया कि आगे करने वालों को उसमें सहायता मिल सके। उन्होंने इसके लिए एक ऐसा रोचक उपकरण बनाया, जिसमें मैंने जो छोटी-छोटी अपरिष्कृत मशीनें बनाई थीं, वे आसानी से बनाई जा सकती थीं। उनके व्याख्यान को काफी लोगों ने सुना और संतुष्ट भी हुए। कुछ समय वह बस्तियों में जाने लगे और

उन्होंने वहां हर मुख्य शहर में इन प्रयोगों का प्रदर्शन कर कुछ पैसे कमाए। वेस्ट इंडिया द्वीप में हवा में नमी के कारण ऐसे प्रयोगों को दिखाने में थोड़ी कठिनाई अवश्य हुई।

कांच की वह नली भेंट करने आदि के लिए हम कोलिंसन के बहुत आभारी थे। मैंने सोचा कि उन्हें यह बताना उचित होगा कि हमने इन प्रयोगों में इस नली का सफल प्रयोग किया है। इसलिए अपने प्रयोगों के बारे में उन्हें कई पत्र लिखे। उन्होंने वे पत्र रॉयल सोसायटी में पढ़े, जहां पहले-पहल उन पर इतना गंभीरता से ध्यान नहीं दिया गया, जितना कि छापने पर। बिजली से प्रकाश की एकरूपता के बारे में जिस पेपर को मैंने किन्नरस्ले को भेजा था, वही पेपर मैंने अपने परिचित डॉ. मिचेल और सोसायटी के एक अन्य सदस्य को भेजा। उसने मुझे लिखा कि पेपर तो पढ़ा गया था, किंतु वहां लोगों ने उसकी काफी खिल्ली उड़ाई। हालांकि पेपर डॉ. फोथरगिल को भी दिखाया, तो उन्होंने समझ लिया कि वे उसे दबाना चाहते हैं, इसलिए डॉ. फोथरगिल ने उसे छपवाने की सलाह दी। उन्होंने उसे केव को उसकी पत्रिका 'जेंटलमेंस मैगजीन' में छापने को दिया, किंतु उससे उसे अलग पर्चे के रूप में भी छापने का निर्णय लिया, जिसकी भूमिका स्वयं डॉ. फोथरगिल ने लिखी। लगता था कि केव ने अपना फायदा देख लिया था, जो उसे बड़ी संख्या में छापकर मिल सकता था कि सचमुच उसका काफी मोटा खंड बना और पांच संस्करण छपे, जिसमें उसका बिलकुल भी खर्च नहीं हुआ।

हालांकि, इससे पहले ये कागजात इंग्लैंड में काफी चर्चा में आ चुके थे। इसकी एक प्रति फ्रांस के एक प्रतिष्ठित एवं प्रतिभावान दार्शनिक काउंट डी बफ्फोन के हाथों में भी पहुंची, जो न केवल फ्रांस बल्कि समूचे यूरोप में भी सम्माननीय था। उसने एम. डेलीबार्ड को उसे फ्रांसीसी भाषा में अनुवाद करने को कहा और पेरिस में इसे छपवाया। इसके प्रकाशन से शाही परिवार के प्राकृतिक दर्शन के गुरु एवं सक्षम प्रयोगकर्ता एब्बे नोल्लेट असंतुष्ट हो गए। उन्होंने विद्युत सिद्धांत का प्रतिपादन कर उसे प्रकाशित कराया था, जिसे तब भरपूर प्रचार मिला था। पहले-पहल उन्हें यकीन ही नहीं हुआ कि ऐसा काम अमेरिका में हुआ है और ईर्ष्यावश कहा कि पेरिस में उसके शत्रुओं ने उसके ही सिद्धांत को फेरबदल कर नया बना कर पेश किया है। उसके बाद, यह जानने पर कि सचमुच में फिलाडेल्फिया में फ्रैंकलिन नामक एक व्यक्ति है, जिस पर उसे ऐसा करने का संदेह था, उसी व्यक्ति को यानी मुझे, उसने ढेरों पत्र लिखे और उन्हें छपवाकर अपने सिद्धांत का बचाव किया और साथ ही मेरे प्रयोगों की वास्तविकता को नकार दिया।

एक बार तो मैंने एब्बे को जवाब देने का मन बनाया और लिखने भी

बैठा, किंतु फिर सोचा कि मेरे जवाब में मेरे प्रयोगों का विवरण होगा, जिसे कोई भी दोहराकर सत्यापित करा सकता है और यदि सत्यापित न कराया जाना हो तो उसका बचाव नहीं किया जा सकता, जबकि अटकलों के आधार पर उसे दृढ़तापूर्वक प्रस्तुत करना संभव न होगा। इसलिए मैंने अपने कागजात का बचाव न करने का इरादा किया, क्योंकि दो अलग-अलग भाषाओं में लिखने वाले लोगों के बीच विवाद में लंबे समय तक गलत अनुवाद होने की संभावना होगी और परस्पर विचारों के निरर्थक एवं भिन्नार्थ निकाले जाएंगे, जैसे कि एब्बे के एक पत्र में अनुवाद की गलती मिली थी, इसलिए मैंने अपने कागजातों के बारे में उसे लिखने का मन बदल दिया और निर्णय किया कि विवादों में पड़ने के बजाय इस समय को नए प्रयोगों में लगाया जा सकता है। इस कारण मैंने नोल्लेट को कभी इस संबंध में उत्तर नहीं दिया। अब मेरी खामोशी पर पश्चाताप करने का कोई कारण न था। रॉयल एकेडमी ऑफ साइंसेज के मि. ली. रॉय ने मेरे विषय को लेकर नोल्लेट के आरोपों का खंडन किया। इतालवी, जर्मन और लैटिन भाषा में मेरी पुस्तक का अनुवाद हुआ और एब्बे के सिद्धांत की बजाय उसमें वर्णित सिद्धांत को यूरोप के दार्शनिकों ने वैश्विक तौर पर धीरे-धीरे अपना लिया। उसे प्राथमिकता दी, जिससे कि एब्बे पेरिस के अपने शिष्य एवं तत्कालीन अनुयायी मोंसियुर बी... के अलावा अपने पंथ व विचारधारा का अंतिम गुरु बनकर रह गया।

मेरी पुस्तक ने मुझे अचानक प्रतिष्ठा प्रदान की। यह मैसर्स द्वारा प्रस्तावित व प्रतिपादित एक प्रयोग की सफलता का परिणाम था। डेलीबार्ड एवं डी. लोर ने मार्ले में बादलों से बिजली निकालकर दिखाई तो चहुंओर से लोगों का ध्यान इस ओर आकर्षित हुआ। डी. लोर के पास प्रायोगिक दर्शन के लिए एक उपकरण था और विज्ञान की इस शाखा पर उन्होंने व्याख्यान दिए थे। उन्होंने इसे दोहराया और इसे 'फिलाडेल्फिया प्रयोग' का नाम दिया। जब उन्होंने राजा और दरबार के सामने इसका प्रदर्शन किया तो पेरिस के लोग जिज्ञासा एवं कौतुहलवश उन्हें देखने के लिए उमड़ पड़े। मैं कैपिटल प्रयोग का उल्लेख कर इस वर्णन को ज्यादा नहीं बताऊंगा और न ही फिलाडेल्फिया में पतंग के साथ किए उस प्रयोग के तुरंत बाद उस सफलता से मिली अपार खुशी से। इन दोनों को ही विद्युत (बिजली) के इतिहास में स्थान मिला।

इंग्लैंडवासी चिकित्सक डॉ. राइट ने पेरिस प्रवास के दौरान रॉयल सोसायटी के अपने एक मित्र को बाहरी विद्वानों के बीच मेरे प्रयोगों को प्राप्त उच्च मान-सम्मान मिलने का वृतांत लिखा और साथ ही आश्चर्य व्यक्त किया कि इंग्लैंड में मेरे निबंधों पर गौर ही नहीं किया गया। इस पर सोसायटी ने मेरे पत्रों पर पुनर्विचार किया। डॉ. वॉटसन ने उनका सार-संक्षेप प्रस्तुत किया, जिसे

मैंने इंग्लैंड भेज दिया, उसके साथ लेखक के कुछ प्रशंसनीय शब्द भी थे। इस सारांश को उनके प्रबंध में छापा गया और लंदन में सोसायटी के कुछ सदस्यों, विशेषतौर पर कुशल डॉ. केनटन ने एक नुकीली छड़ द्वारा बादलों से बिजली प्राप्त करने के प्रयोग को सत्यापित करने के बाद सफलतापूर्वक उसके बारे में सूचित किया। उन्होंने बहुत जल्द ही पहले दिए गए तिरस्कार की बजाय थोड़ा नरम रुख अपना लिया। मेरे अनुनय-विनय के बिना ही उन्होंने मुझे रॉयल सोसायटी का सभासद नियुक्त कर लिया और भेंट स्वरूप एक पदक भी प्रदान किया। उन्होंने राय अभिव्यक्त की कि मुझे पारंपरिक अदायगी से छूट दी जानी चाहिए, जो लगभग 25 गिन्नियां थीं। साथ ही उन्होंने अपने प्रबंध भी धर्मार्थ स्वरूप भेंट किए। मुझे 1753 का 'सर गॉडफ्रे कोप्ले' स्वर्ण पदक दिया गया, जिसे प्रदान करते समय सोसायटी के अध्यक्ष लॉर्ड मैक्लेसफिल्ड ने बहुत शानदार भाषण दिया, जिससे मैं अनुग्रहीत हुआ।

रॉयल सोसायटी से यह पदक मिलने पर, हमारा नया गवर्नर कैप्टन डैनी पूरी तरह बदल गया और मेरे सम्मान में उसने शहर में एक मनोरंजनपूर्ण कार्यक्रम आयोजित करके मुझे सम्मानित किया। उसने मेरे सम्मान में बहुत ही स्नेहशील भावनाएं प्रकट कीं, मानो वह मुझे काफी अरसे से जानता है। परंपराओं का पालन करते हुए रात्रिभोजन के उपरांत कंपनी मदिरापान करने लगी, तो वह मुझे अलग कमरे में ले गया और मुझे बताया कि-'उसके इंग्लैंडवासी मित्रों ने मुझसे मित्रता करने का सुझाव दिया है। ऐसे व्यक्ति से जो मुझे बेहतर सुझाव दे सकता है और प्रशासन को सुगम व सरल बनाने में सर्वाधिक प्रभावी योगदान कर सकता है।' इसलिए वह मेरे साथ सौहार्दपूर्ण संबंध बनाने के लिए समस्त कोशिश करने का इच्छुक था। उसने मुझसे हर उस सेवा में सदैव उपलब्ध रहने का आश्वासन लिया, जो उसके अधिकारों में हो सकती थी। उसने मुझसे कई विषयों पर बातें कीं, जैसे प्रांत के प्रति मालिकों के अच्छे स्वभाव की और साथ ही उस लाभ की भी चर्चा की, जो हमें विशेषकर मुझे हो सकता था। यह तभी संभव था, जब उसके उपायों को निरंतर नकारने वाला प्रतिपक्षी अपने इस व्यवहार को बदल डालें और लोगों से उसके संबंध मधुर हो जाएं। इसे प्रभावी बनाने के लिए मेरे अलावा कोई और इतना कारगर तथा सफल नहीं हो सकता था तथा मुझे सकारात्मक एवं पर्याप्त प्रतिफल मिलने पर ही यह निर्भर करता था।

वह खुशामद और लालच से मुझे जागीरदारों के पक्ष में लाने का प्रयत्न कर रहा था। उसने मुझसे कहा-'जागीरदार परगने की भलाई में ही प्रसन्न हैं। उनके साथ जो लंबे समय से एक विरोध चल रहा है, उसको छोड़ दिया जाए, तो उसमें तथा लोगों में परस्पर फिर से एकता हो जाए तो उससे सबका

विशेषकर तुम्हारा बहुत बड़ा फायदा है। लोगों और जागीरदारों में तुम बड़ी जल्दी से एकता स्थापित कर दोगे, हमें ऐसी पूरी आशा है। यदि तुम इसमें सहायता करोगे तो विश्वास रखो कि तुम्हें इसका प्रतिफल अवश्य मिलेगा।' हम बहुत देर से भोजन कक्ष में वापस नहीं गए थे, इससे शराब पीने वाली मंडली ने शराब से भरी डाट लगी एक आकर्षक बोतल हमारे पास भेज दी। गवर्नर ने उसमें से खूब शराब पी और नशे में वह मुझसे और भी अधिक नम्रतापूर्वक भांति-भांति के प्रलोभन युक्त वचन देने लगा।

इस उद्देश्य के लिए मैंने गवर्नर डैनी को उत्तर दिया-'ईश्वर की कृपा से मेरी स्थिति ऐसी है कि जागीरदार के आश्रय की मुझे कोई आवश्यकता नहीं है। फिर मैं व्यवस्थापिका का सभासद हूं, इस कारण से नियम के अनुसार उसका दिया हुआ कुछ भी मुझे स्वीकार नहीं हो सकता। मैं जागीरदारों का दुश्मन नहीं हूं। जब कभी वे जिन लोगों की भलाई के लिए जो उपाय करें और वे मुझे अनुचित लगे तो मैं उनका विरोध करूंगा। वे लोगों की भलाई के लिए होने चाहिए। मेरा पिछला विरोध भी इसी पर आधारित रहा है, जो जागीरदारों के हितार्थ था और लोगों के लिए कष्टकारी। मेरे प्रति सम्मान के कारण ही मैं पिछले वाले गवर्नर का बहुत आदर करता था कि उसे अपनी शक्ति एवं सामर्थ्य का सदुपयोग कर अपने प्रशासन को यथासंभव सुचारु रूप एवं सरलता से चलाने की दिशा में मुझसे जो बन पड़ा, मैंने भरसक प्रयास किया था। परंतु मुझे ऐसा लगता है कि तुमसे पहले वाले गवर्नर ने जो आशाएं जगाई थीं, तुम उसे लेकर नहीं आए हो।'

यह सुनकर गवर्नर ने कुछ भी उत्तर नहीं दिया, किंतु बाद में जब वह व्यवस्थापिका के साथ कार्य व्यवहार हेतु सामने आया तो दोनों के मतभेद दोबारा सामने आ गए और मैं हमेशा की तरह पेनमैन के तौर पर प्रतिपक्ष के पक्ष में सक्रिय था। सबसे पहले निर्देशों के संबंध में विचारों का आदान-प्रदान करना था और फिर उनके ऊपर समीक्षात्मक टिप्पणी करना, जो मत प्रकट के समय पर पाए जा सकते थे और उसके बाद ऐतिहासिक समीक्षा में जो मैं छपवाता। हालांकि हम दोनों में कोई व्यक्तिगत मनमुटाव नहीं बढ़ा, हम प्राय: साथ ही रहते थे। वह काफी विद्वान था और दुनियादारी का काफी ज्ञान भी रखता था। कुशल वार्ताकार एवं मनोविनोद में पारंगत था। उसने ही मुझे सबसे पहले सूचना दी थी कि मेरा पुराना मित्र राल्फ अभी भी जीवित है, उसकी गिनती इंग्लैंड में एक बेहतरीन राजनीतिक लेखकों में होती थी और वह प्रिंस फ्रेडरिक एवं राजा के बीच हुए गतिरोध में शामिल था। उसे वर्ष में 300 पाउंड की पेंशन मिलती थी। नि:संदेह उसका मान किसी छोटे कवि के समान ही था। यद्यपि पोप के डंसियाड में उसकी कविता को पसंद नहीं किया

था, किंतु वास्तव में उसकी कविता किसी आम आदमी के कविता जैसी थी।

व्यवस्थापिका[14] द्वारा दिसंबर 1756 में अधिवेशन किया गया, तो गवर्नर और उसके बीच का झगड़ा और बढ़ गया। सभा के अधिवेशन होने और स्थगित होने के बीच चार माह बीत गए। मुझे जरा भी अवकाश न मिला। उधर सभा का धैर्य भी खत्म हो गया। खजाना खाली हो गया। सरहद पर रक्षा की व्यवस्था न थी। दुश्मन पहले की अपेक्षा अधिक कर लगा रहे थे। वास्तव में यह समय सबसे एकत्र होकर बचाव होने का था, न कि वाद-विवाद का। देशभक्ति की भावना से ओत-प्रोत व्यवस्थपिका, सभी प्रदेशों की आपत्तियों को टालने का भरसक प्रयास कर रही थी। ऐसे में जागीर पर कर लगाने के प्रश्न को एक ओर रखकर, सभा ने सब प्रकार की शराब पर कर लगाने का निश्चय किया। गवर्नर को यह नियम बनाकर भेजा कि '60,000 पाउंड का ऋण लेकर सरकार यानी राजा को सहायता स्वरूप देना और प्रतिवर्ष शराब के महसूल (कर) से होने वाली आय देकर इस कर्ज को अदा करना।' (इसमें 10,000 पाउंड तत्कालीन जनरल लॉर्ड लौडन के आदेशों से व्यय होने वाले थे।) यह व्यवस्था 20 वर्ष तक रखी जानी थी, किंतु गवर्नर ने इसे पास करने से मना कर दिया और साथ ही कुछ निर्देश भी दे डाले।

गवर्नर और व्यवस्थापिका दोनों ने इस विभाग को अलग-अलग करके, इंग्लैंड के राजा को भेजने का निश्चय किया। इसके लिए मुझे और कैप्टन मौरिस को चुनकर इंग्लैंड भेजने का विचार हुआ, किंतु मौरिस के वृद्ध होने के कारण मुझे ही प्रतिनिधि के तौर पर जाना पड़ा। यात्रा पर जाने के लिए मेरे पुत्र विलियम ने भी त्यागपत्र दे दिया और यात्रा के लिए 1500 पाउंड की मंजूरी भी मिल गई थी। जहाज छूटने वाले दिन अमेरिका की सरकारी सेना का सेनापति लॉर्ड लोडन, गवर्नर और नियामक समिति के बीच समाधान के लिए फिलाडेल्फिया आया। इस बड़े आदमी के बीच में आने से क्या निपटारा होगा, यह देखने के लिए मैंने अपना जाना स्थगित कर दिया। दोनों पक्षों की बात सुनने के पश्चात् लोडन ने एक दिन गवर्नर डैनी और मुझे अपने पास बुलाया। मैंने नियामक समिति की दलीलें साफ तौर पर कह डालीं। गवर्नर डैनी को इतना ही कहना था कि मैं जागीरदार के साथ उसकी आज्ञानुसार चलने को प्रतिज्ञाबद्ध हो चुका हूं और इसके विपरीत चलने पर मेरी हानि होगी। फिर भी उसने कहा कि मेरी कोई हानि न हो, यदि तुम ऐसा कर सकते हो, तो मैं तुम्हारे कहे अनुसार चलने को

---

14 कई व्यवस्थापिका की सर्वसम्मिति से सुलझाए गए - कौन-सी तारीख को।

-(मार्ग.नोट)

तैयार हूं। किंतु लोडन से भी कुछ समाधान न निकला। गवर्नर वैसा ही करना चाहता था, तो मैंने एक बार में ही उसके साथ प्रवृत्त हो काम करने की सोचने लगा, किंतु अंततः उसने व्यवस्थापिका के अनुकूल काम करने को मना कर दिया और मुझे उसके अनुसार काम करने को कहने लगा। उसने घोषित कर दिया कि वह हमारी सीमाओं की रक्षा के लिए राजा की कोई भी सैन्य टुकड़ी नहीं भेजेगा और यदि हम स्वयं अपनी रक्षा नहीं करेंगे, तो शत्रु का सामना करने को तैयार रहें।

जो पारित हुआ था, सदन को मैंने उससे परिचित करा दिया था और उन्हें उन प्रस्तावों को सामूहिक रूप में उपलब्ध कराया, जो मैंने बनाया था। अपने अधिकार घोषित किए और उन अधिकारों के प्रति हमने अपना दावा पेश नहीं किया, बल्कि इस अवसर पर बलपूर्वक उनका उपयोग करना स्थगित कर दिया था, जिसके विरुद्ध हमने विरोध दर्शाया था।

कुछ समय बाद वे उस बिल को न लाने के लिए सहमत हो गए और जागीरदारी के लिए उसी के जैसा एक अन्य बिल बनाया, जिसे गवर्नर ने बेशक पास कर दिया था। अब मैं अपनी यात्रा पर निकलने के लिए मुक्त हो गया, किंतु इस बीच नौका मेरा सामान लेकर निकल गई और इससे मुझे नुकसान हुआ। मेरा एकमात्र पारितोषिक, मेरी सेवाओं के बदले राजा द्वारा दिया आशीर्वाद था। उसी के कारण मुझे आवासीय सुविधा प्राप्त हुई थी।

वह मेरे सामने न्यूयॉर्क जाने के लिए तैयार हो गया और उसकी तैयारी होते ही जैसे ही नौका के चलने का समय हुआ, तो वहां दो अन्य नौकाएं भी मौजूद थीं। उसने कहा कि इनमें से एक बहुत जल्दी ही चली जाएगी। मैंने सही समय बताने का अनुरोध किया, जिससे मैं सही समय पर उसे पकड़ सकूं और देर न होने पाए। तो उसने बताया–'मैंने यह बात फैला रखी है कि वह अगले शनिवार को जाएगी, किंतु मैं तुम्हें एक बार साफ तौर पर बता दूं कि यदि तुम यहां सोमवार सुबह पहुंच जाओ तो इसे पकड़ लोगे, लेकिन ज्यादा देर मत करना।' किंतु फेरी पर हुई कुछ आकस्मिक बाधा के कारण मैं सोमवार दोपहर से थोड़ा पहले ही पहुंच पाया और मुझे आशंका थी कि शायद वह जा चुकी होगी, क्योंकि हवा भी अनुकूल थी। किंतु मुझे यह जानकर राहत मिली कि वह अभी भी बंदरगाह पर ही खड़ी है और अगले दिन भी नहीं जा पाएगी। कोई भी सोच सकता है कि अब मैं यूरोप जाने को बिलकुल तैयार था और उत्सुक भी। किंतु मैं जनरल के व्यवहार से परिचित नहीं था, जो दुविधाग्रस्त कहा जाता था। मैं इसके बारे में कुछ घटनाओं का उल्लेख करूंगा। यह अप्रैल के शुरू की बात है, जब मैं न्यूयॉर्क आया और मैंने सोचा कि जून के अंत में वापसी होगी। तब वहां दो नौकाएं थीं, जो

काफी लंबे समय से पत्तन पर खड़ी थीं, किंतु उन्हें जनरल के पत्र के इंतजार में रोक लिया गया था, जो कि कल तक तैयार होने वाले थे। तब तक एक अन्य नौका आ पहुंची और उसे भी रोक लिया गया तथा हमारे चलने से पहले चौथी भी आ पहुंची। हमारी नौका पहले चलने वाली थी, क्योंकि वह ज्यादा समय से वहां खड़ी थी। यात्री तैयारी कर चुके थे तो कुछ बहुत ही उतावले थे। व्यापारी अपने पत्रों के लिए व्याकुल दिख रहे थे। युद्ध का समय होने के कारण उन्होंने नष्ट हो सकने वाले सामान का बीमा करवाने के आदेश दे दिए थे, किंतु उनकी चिंता व्यर्थ थी, क्योंकि राजा के पत्र अभी तैयार नहीं थे और फिर भी जो प्रतीक्षा में थे, वे हाथ में पेन लिए डेस्क पर मौजूद थे और चाहते थे कि वह शीघ्रता से यह काम कर डालें।

एक सुबह जब मैं उसे दुआ-सलाम करने पहुंचा तो उसके बाहरी दालान में मैंने फिलाडेल्फिया से आए एक संदेशवाहक (आइन्निस) को बैठे पाया, जो उस समय गवर्नर डैनी की ओर से नौका में जनरल के लिए आया था। उसने वहां मेरे मित्रों द्वारा भेजे कुछ पत्र मुझे सौंपे, तो मैंने उसके ठहरने की जगह और वापस जाने के समय के बारे में जानना चाहा, जिससे मैं उन पत्रों के जवाब भेज सकूं। उसने मुझे बताया कि उसे कल सुबह 9:00 बजे गवर्नर के लिए दिए जाने वाले जनरल के उत्तर के लिए बुलाया गया है और उसे तभी निकल जाना होगा। मैंने उसी दिन पत्रों के जवाब लिखकर उसे थमा दिए। लगभग 15 दिनों बाद मैं उससे उसी जगह पर दोबारा मिला और आश्चर्यचकित होकर कहा-'आइन्निस! तुम बहुत जल्दी लौट आए?'

'लौट आया! मैं तो अभी तक गया ही नहीं।'

'ऐसा कैसे?'

'पिछले दो सप्ताह से हर सुबह मुझे आदेश देकर यहां बुला लिया जाता है, लेकिन जनरल के पत्र अभी तक तैयार नहीं हुए हैं।'

'जब वह इतना अच्छा लेखक है, तो क्या ऐसी देरी हो सकती है? मैं तो उसे निरंतर लिखने की मेज पर देखता हूं।'

'हां।' आइन्निस बोला-'लेकिन वह चिह्नों पर बने सेंट जॉर्ज की तरह है, जो घोड़े पर बैठा तो रहता है, लेकिन उसे दौड़ाता कभी नहीं है।'

मुझे संदेशवाहक की बातें सही लगी, क्योंकि जब मैं इंग्लैंड में था, मैं समझ गया था कि पिट ने इस जनरल को हटाने के लिए एक कारण यह भी दिया था और एमहर्स्ट एवं वोल्फी नामक जनरलों को भेजा था, किंतु मंत्री ने उनकी बात नहीं सुनी और यह जान नहीं सका कि वह क्या कर रहा था।

समुद्री यात्रा पर जाने की यह रोजाना अपेक्षा और तीनों नौकाओं की अपेक्षा सैंडी हुक में जाकर वहां जहाजी बेड़े में शामिल होने की उम्मीद से

यात्रियों ने सोचा कि बेहतर है कि वे बोर्ड पर रहें, जिससे कि जहाजों को चलने के अचानक आदेश से वे कहीं पीछे न छूट जाएं। यदि मुझे ठीक से याद है, तो हम वहां लगभग छह सप्ताह तक रहे। समुद्री यात्रा के लिए रखा खाना खाते रहे और ज्यादा की अपेक्षा करते रहे। कुछ समय उपरांत बेड़ा यात्रा पर निकल पड़ा। जनरल और उसकी पूरी सेना बोर्ड पर थी, जो दुर्ग पर कब्जे के लिए लुईसबर्ग के सीमा क्षेत्र में जाने वाली थी। सभी नौकाओं को भी जनरल के जहाजी बेड़े में आने का आदेश मिला, जिससे जाते समय वे जनरल से विदा ले सकें। जाने से पहले उसका पत्र मिलने की प्रतीक्षा में हम वहां पांच दिन रहे और उसके पश्चात् हमारा जहाज बेड़े से विदा लेकर इंग्लैंड की ओर निकल पड़ा, जबकि बाकी दो नौकाएं अब भी रोक ली गई थी तथा उन्हें उसके साथ हैलीफैक्स जाना था, जहां उन्हें कुछ समय रुककर सैमफोर्ट पर हमले का अभ्यास करना था। उसके बाद उसने लुईसबर्ग पर हमला करने का अपना इरादा बदल दिया और अपनी सारी सेना सहित न्यूयॉर्क लौट आया और साथ ही वे दोनों नौकाएं एवं उस पर यात्री भी उसके साथ न्यूयॉर्क पहुंच गए। उसकी अनुपस्थिति में उस प्रांत की सीमा पर स्थित फोर्ट जॉर्ज पर फ्रांसीसियों और जंगली लोगों ने कब्जा कर लिया। कब्जा करने के उपरांत जंगलियों ने कई दुर्गों में नरसंहार किया।

कुछ समय बाद मैंने उन दो नौकाओं को कैप्टन बोनेल के अधिकार व नेतृत्व में लंदन में पाया। उसने मुझे बताया कि जब उसे एक महीने के लिए रोका गया था तो उसने जनरल को बताया कि उसका जहाज गंदा-सड़ रहा है, जिससे उसकी रफ्तार को कुछ सीमा तक कम करना जरूरी हो गया है और एक सीमा पर नौकाओं को उल्टा करके उनका तला साफ करने का समय प्रदान करें।' तो कैप्टन पूछा कि कितना समय चाहिए। उसने जवाब दिया-'तीन दिन।' जनरल ने कहा-'यदि तुम एक दिन में कर सकते हो तो मैं छोड़ सकता हूं, अन्यथा नहीं, परसों से यात्रा करनी ही पड़ेगी।' इसलिए उसे छुट्टी नहीं मिली और उसके बाद पूरे तीन महीने तक वह निगरानी में रही।

मैंने लंदन में ही बोनेल के एक यात्री को देखा, जो न्यूयॉर्क में लंबे समय तक रोके रहने और हताशा के कारण जनरल के प्रति काफी आग-बबूला हो रहा था। उसे पहले हैलीफैक्स ले जाया गया और फिर वापस लाया गया, तो उसने नुकसान के लिए दावा ठोकने की कसम खाई। पता नहीं उसने ऐसा किया या नहीं, मुझे नहीं पता। लेकिन इससे उसे जो आघात लगे, निःसंदेह उन पर विचार किया जाना चाहिए था।

समग्र रूप से मुझे इस बात पर आश्चर्य हुआ कि ऐसे अविश्वसनीय व्यक्ति को इतनी बड़ी सेना का संचालन कैसे सौंपा जा सकता है, चूंकि तबसे

मैं अधिकतर दुनिया देख चुका था और ऐसे पद देने और लेने के मंतव्य को भली-भांति जान चुका था, इसलिए मेरे संदेह लुप्त हो गए। ब्रैडडोक की मृत्यु के उपरांत सेना की कमान जनरल शर्ली के हाथों में देने के बारे में मेरा मानना होगा कि यदि वह एक ही जगह पर बना रहता तो 1757 में लॉर्ड लोडन के विपरीत कहीं बेहतर अभियान चलाता, जो कि हमारे देश की सोच से कहीं ज्यादा घटिया, छिछोरा, फिजूलखर्चीला और असभ्य था। हालांकि शर्ली सैन्य वातावरण में पला-बढ़ा नहीं था, किंतु वह विवेकी, दूरदर्शी एवं कुशाग्र था। वह दूसरों से सलाह-मशविरा करने में सचेत, न्यायोचित, योजनाएं बनाने में सक्षम तथा उन्हें कार्यरूप देने में चपल एवं सक्रिय था। जबकि अपनी बस्तियों को सैन्य सुरक्षा मुहैया कराने की बजाय लोडन, उन्हें असुरक्षित छोड़कर व्यर्थ ही हैलीफैक्स की ओर चला गया, फलस्वरूप 'फोर्ट जॉर्ज' से हाथ धोना पड़ा। उसने हमारे व्यापारिक कार्यों को अव्यवस्थित कर दिया; व्यापार में परेशानियां उत्पन्न कीं; जहाजों के परिवहन में गतिरोध पैदा कर सामान के आने-जाने को बाधित किया; शत्रुओं के हाथों में पड़ने से सामान की आपूर्ति को रोकने का दिखावा किया, किंतु वास्तव में ठेकेदारों के फायदे के लिए कीमतों को कम किया। संदेह के आधार पर कहा जाता है कि इससे होने वाले फायदे में उसका भी हिस्सा था। जब इस बारे में चार्ल्सटाउन को नोटिस भेजने की उपेक्षा की और जहाज अवरोधों को हटाया गया तो कैरोलीना जहाजी बेड़े को लगभग तीन महीने के लंबे समय तक रोकने के कारण उनके तलों को कीड़ों ने इतना नुकसान पहुंचाया कि घर लौटते समय उसका एक बड़ा हिस्सा ही ढह गया।

मैं मानता हूं कि इतनी बड़ी सेना के दायित्व से मुक्त किए जाने पर शर्ली ने निश्चित रूप से राहत की सांस ली होगी, क्योंकि वह सैन्य कार्यों से परिचित नहीं था। लॉर्ड लोडन द्वारा कमान संभालने पर न्यूयॉर्क शहर में आयोजित कार्यक्रम में, मैं भी शामिल था। शर्ली भी वहां उपस्थित किंतु उपेक्षित था। इस अवसर पर बहुत से अधिकारी, नागरिक और अपरिचित लोग भी उपस्थित थे, इसलिए पड़ोस से भी कुछ कुर्सियां मंगवाई गई थीं, जिनमें से एक कुछ नीची थी, जो शर्ली के हिस्से में आई। उस कुर्सी पर शर्ली को बैठा देख मैंने उनके बगल में बैठकर कहा-'सर! उन्होंने आपको यह कुर्सी दी है, यह तो बहुत नीची है।' इस पर वह बोला-'कोई बात नहीं फ्रैंकलिन! मुझे नीची कुर्सी पर बैठने में आसानी होती है।'

जैसा कि मैंने पहले उल्लेख किया कि मुझे न्यूयॉर्क में रोक लिया गया था, जहां मुझे सभी सामान भंडार आदि का वह हिसाब-किताब मिला, जो मैंने ब्रैडडोक से प्राप्त किए थे। उनमें से कुछ लेखे उन भिन्न-भिन्न लोगों

से प्राप्त नहीं हो सके थे, जिन्हें मैंने व्यवसाय में सहायता के लिए रखा था। शेष राशि भुगतान करवाने की इच्छा से मैंने उन्हें लॉर्ड लोडन के सामने पेश किया। उसने एक ऐसे उपयुक्त अधिकारी से उनकी नियमित जांच करवाने को कहा, जो वाउचर में लिखे हर सामान से उसका मिलान करे, उन्हें सही प्रमाणित करे और जिसके लिए बकाया है, भुगतानकर्त्ता (पेमास्टर) को उसका भुगतान करने का अधिकार जनरल ने मुझे दिया है। हालांकि यह समय-समय पर स्थगित भी होता रहा और जबकि मुझे भी प्राय: नियुक्ति कर बुलावा भेजा गया, तथापि वह मुझे कभी नहीं मिला। कुछ समय पश्चात् मेरे जाने से थोड़ा पहले उसने मुझसे कहा था कि वह अपने हिसाब-किताब को अपने पूर्ववर्ती लोगों से नहीं मिलाएगा, जिससे उस पर अच्छे ढंग से विचार हो सके। फिर वह बोला-'और तुम, जब इंग्लैंड में रहो तो अपने हिसाब-किताब को केवल राजकोष में ही दिखाना और तुम्हें तत्काल भुगतान कर दिया जाएगा।'

मैंने बताया कि बिना किसी प्रभाव से जब मैंने इतना बड़ा और अनापेक्षित खर्च को रखना था, तो वह न्यूयॉर्क में काफी लंबे समय के लिए रोक लिया गया। मुझे उसके तुरंत भुगतान की अपेक्षा थी और देखने पर मैंने पाया कि यह सही नहीं था। जो पैसा पाने के लिए मैंने प्रयास किया था, उसे पाने में मुझे बाधाओं और विलंब का सामना करना था, क्योंकि मैं अपनी सेवाओं के लिए कोई कमीशन नहीं लेता था। उसने कहा-'श्रीमान! आपने हमारे बारे में नहीं सोचा, क्योंकि आप लाभार्थी नहीं हैं। हम उन मामलों को बेहतर समझते हैं और जानते भी हैं कि जो कोई भी सैन्य आपूर्ति से संबद्ध हैं, अपना फायदा खोजता है और ऐसा कर अपनी जेब भरता है।' मैंने विश्वास दिलाया कि वह मेरा काम नहीं था और न ही मैंने एक दमड़ी भी अपनी जेब में डाली थी। किंतु मेरे हिसाब के मुताबिक मुझे आज की तारीख में भी वह भुगतान नहीं मिला है।

जहाज के चलने से पहले नौका के हमारे कप्तान ने जहाज की रफ्तार के बारे में बहुत डींगें मारीं, किंतु जब हम समुद्र में आए तो दुर्घटनावश वह बहुत ही धीमा साबित हुआ। इसके पीछे कई कारणों का अनुमान लगाते हुए जब हम एक अन्य जहाज के करीब पहुंचे, जो हमारे जहाज की तरह ही बहुत सुस्त था, किंतु हमसे तेज था, तो कप्तान ने सभी को पिछले भाग में आने और संभव हो तो पोतध्वज स्टाफ के पास खड़े होने का आदेश दिया। हम 40 लोग वहां आ गए। हमारे वहां आते ही जहाज की रफ्तार बढ़ गई और वह उस दूसरे जहाज को वहीं पीछे छोड़ आगे निकल गया, जिसने यह स्पष्ट तौर पर साबित कर दिया कि हमारे कप्तान को संदेह था कि जहाज के अगले भाग पर काफी बोझ था। लगता था कि पानी के पीपे अगले भाग में ही

रख दिए गए थे, इसलिए उसने हम सभी को पीछे आने का आदेश दिया था और जहाज ने रफ्तार पकड़कर बेड़े में नाविकों के कौशल को साबित किया।

कप्तान ने बताया कि जहाज ने एक बार 13 नॉट्स की गति भी हासिल की थी, जो 13 मील प्रति घंटा के बराबर थी। हम यात्री के तौर पर बोर्ड पर खड़े थे। नौसेना के कप्तान केनेडी ने दावा किया था कि ऐसा असंभव था, क्योंकि कोई भी जहाज इतनी तेजी से नहीं तैर सका है, हो सकता है कि लॉग-लाइन के हिस्से में कुछ गड़बड़ हो या लॉग को खींचने में कोई गलती हो। इससे दोनों कप्तानों के बीच एक बहस छिड़ गई कि इसे अनुकूल हवा होने पर देखा जाए। केनेडी ने बड़ी गहनता से लॉग लाइन की जांच की और संतुष्ट होने पर स्वयं लॉग चलाने को कहने लगा। कुछ दिनों बाद जब हवा शांत और स्वच्छ थी तो नौका के कप्तान लुटविज ने कहा कि उसका मानना है कि तब नौका 13 नॉट की रफ्तार से चली थी। कप्तान केनेडी ने प्रयोग किया और अपना खोया दांव पाया।

इस बात का उल्लेख मैंने निम्न की ओर ध्यान दिलाने के लिए किया है। यह बताया गया कि जहाज निर्माण कला में किसी अकुशलता के होने पर उसे जहाज के चलने तक ज्ञात नहीं किया जा सकता, चाहे नया जहाज अच्छा तैराक हो या न हो। उसके लिए अच्छे तैरने वाले जहाज के मॉडल का अनुकरण नए जहाज में किया जाता है, जो यहां विरोधाभास रूप में धीमा साबित हुआ। मैंने समझ लिया कि यह आंशिक तौर पर जहाज पर लादने वाले सामान के भार, उछलने और तैरने के संबंध में नाविकों के पृथक-पृथक दृष्टिकोण के कारण हो सकता है। प्रत्येक का अपना पृथक तंत्र होता है और एक ही जहाज कप्तान के आदेशों एवं निर्णयों के अनुसार लादे भार के अनुसार आम व्यक्ति की अपेक्षा भिन्न होकर अच्छा या बुरा तैर सकता है। इसके अलावा यह विरले ही देखा जाता है कि किसी एक ही व्यक्ति ने जहाज बनाया, जोड़ा और चलाया हो। किसी एक ने जहाज का ढांचा बनाया हो, दूसरे ने उसमें कल-पुर्जे लगाए हों, तो तीसरे ने माल चढ़वाया हो तथा तैराया हो। इनमें से किसी को भी सभी प्रकार के विचारों या दूसरों के अनुभवों को जानने का लाभ नहीं होता है और इसलिए इन सभी के मेलजोल से कोई निर्धारित निष्कर्ष नहीं निकल सकता है।

यहां तक कि समुद्री यात्रा करते हुए साधारण प्रकार्य में भी, मैंने अधिकारियों में प्राय: विभिन्न निर्णयों को देखा, जिन्होंने हवा का दबाव एक समान होने पर निरंतर विभिन्न कमांड से संचालित किया। कोई किसी जहाज को ज्यादा तेज या धीमे भी चला सकता है। अत: प्रतीत होता है कि इसे चलाने का कोई निर्धारित नियम नहीं है। फिर भी मैं सोचता हूं कि जहाज को सरलतापूर्वक

चलाने के लिए सर्वाधिक लोकप्रिय ढांचे को निर्धारित करने; मस्तूल को बेहतर अनुपात व जगह पर लगाने, हवा के अनुसार पालों के रूप, संख्या, उनकी स्थिति तथा सामान लादने की विन्यास आदि पर कई प्रयोग किए जा सकते हैं। फलस्वरूप इन सबके बेहतर परिणाम के आधार पर निर्देशों का एक श्रेष्ठतम समूह बनाकर उसका लाभ उठाना काफी उपयोगी होगा। इसलिए मैं इस ओर आकृष्ट हुआ कि शायद कभी कोई विवेकशील एवं विद्वान दार्शनिक इसका दायित्व लेगा, जिसकी सहायता हेतु मैं अपनी शुभकामनाएं देता हूं।

यात्रा के दौरान कई बार हमारा पीछा किया गया, किंतु हमने हर किसी को पीछे छोड़ दिया। 30 दिन की यात्रा में हमने काफी कुछ देखा। कप्तान ने स्वयं हमारे पत्तन फैलमाउथ के पास होने का अनुमान लगाया और बताया कि यदि हम रात में अच्छी रफ्तार से तैरें तो सुबह होने पर उस बंदरगाह के मुहाने पर पहुंच सकते हैं और रात में इस रफ्तार से निजी दस्यु पोत यानी दुश्मनों की आंखों से भी बचकर निकल सकते हैं, जो प्रायः चैनल के प्रवेश के समीप ही टकरा जाते हैं। इसी का पालन कर शांत व स्वच्छ हवा के बीच से तैरते हुए हम उसके सामने जा पहुंचे और सफल हुए। अवलोकन के उपरांत कप्तान ने अपना निर्णय बताया कि उसने सोचा था कि हम सिसली द्वीप समूह (Scilly Isles) से काफी दूर से होकर निकल जाएंगे, किंतु सेंट जॉर्ज चैनल के पास एक प्रचंड अंतरप्रवाह नजर आया, जिससे नाविकों को हताश होना पड़ा था और यही सर क्लाउडेस्ली शोवेल की स्क्वाड्रन को खोने का कारण था।

फंदे के ऊपर हमने एक निगरानी करने वाला (वॉचमैन) बैठा रखा था, जिसे वे बीच-बीच में चिल्लाकर कहते-'क्या सब कुछ ठीक-ठीक है?' और वह उत्तर में कहता-'आए, आए।' लेकिन उसकी आंख लग गई और वह उस समय उंघने लगा। वह कभी-कभी वैसे ही बिना देखे जाने जवाब दे देता और इसी क्रम में वह हमारे सामने की रोशनी न देख सका, जो वृहद पाल के पीछे छिपी थी और पतवार पर चढ़ा व्यक्ति उसे न देख पाया। परंतु जहाज के अचानक थोड़ा सर्पिल गति से चलने पर उस प्रकाश का पता चला तो तुरंत अलार्म बज उठा। हम उसके काफी करीब थे और वह रोशनी मुझे गाड़ी के पहिए के आकार की नजर आ रही थी। आधी रात का समय था। हमारे जहाज का कप्तान गहरी नींद में था, लेकिन कप्तान केनेडी तुरंत डेक पर कूद पड़ा और खतरा देखकर तेजी से चिल्लाया, 'जहाज को मोड़ो।' सभी यात्री खड़े हो गए। यह मस्तूल के लिए भीषण दुर्घटना होती, किंतु हम बचकर निकल गए और बच गए। वास्तव में हम उस चट्टान की ओर बढ़ रहे थे, जहां लाइट हाउस (प्रकाश स्तंभ) था। किंतु इस घटना ने मुझे लाइट

हाउस की उपयोगिता के प्रति गहरे तक प्रभावित किया और मैंने संकल्प लिया कि यदि मैं अमेरिका में रहने के लिए लौटा तो वहां ऐसे लाइट हाउस अवश्य बनवाऊंगा।

अगली सुबह आती आवाजों से पता चला कि हम हमारे बंदरगाह के निकट हैं, किंतु गहरे कोहरे के कारण कुछ नजर नहीं आ रहा था। लगभग 9:00 बजे कोहरा बढ़ने लगा और लगता था किसी नाटकघर के पर्दे की तरह पानी से धीरे-धीरे ऊपर उठ रहा हो। उनके नीचे की सतह नजर आने लगी, सामने फैलमाउथ शहर था, बंदरगाह पर जहाज खड़े थे और उसके चारों ओर की जमीन भी साफ दिखने लगी थी। यह उन लोगों के लिए काफी सुकून भरा दृश्य था, जिन्होंने काफी लंबे से पानी की चादर के अलावा और कुछ न देखा हो तथा सबसे ज्यादा सुकून उस व्याकुलता से दूर होने का था, जो समय-समय पर होने वाले युद्ध के कारण उत्पन्न हुई थी।

मैं अपने बेटे के साथ तुरंत लंदन के लिए निकल पड़ा और रास्ते में हम केवल सैलिस्बरी के मैदान में स्टोनहेज को देखने के लिए रुके। साथ ही लॉर्ड पेम्ब्रोक के घर व बगीचे भी देखे, जो विल्टन में एक आश्चर्यजनक पुरातन कृतियां कही जाती हैं। हम 27 जुलाई, 1757 को लंदन पहुंच गए।[15]

जैसे ही मैं चार्ल्स द्वारा उपलब्ध कराए गए घर में रहने लगा, मैं डॉ. फोथरगिल से मिलने गया, जिससे मेरी काफी दृढ़तापूर्वक सिफारिश की गई थी और जिसकी परामर्शदाता परिषद मेरे उन कार्यकलापों का सम्मान करती थी, जिसे अपनाने की सिफारिश मैंने की थी। वह तुरंत सरकार को शिकार करने का पक्षधर नहीं था और मानता था कि जागीरदारों को पहले व्यक्तिगत रूप से आदेश करना चाहिए। हो सकता है कि कुछ निजी मित्रों की सहायता से यह मामले परस्पर वार्ता से ही सुलझ जाएं। तब मैंने अपने पुराने मित्र एवं पत्र व्यवहार करने वाले पीटर कोलिंसन की प्रतीक्षा की, जिसने मुझे बताया था कि वर्जीनिया के एक बड़े व्यापारी जॉन हेनबरी ने मेरे वहां पहुंचते ही उसे सूचित करने का अनुरोध किया था, जो शायद मुझे लॉर्ड ग्रेनविले तक ले जा सकता था, जो तब परिषद का अध्यक्ष था और मुझसे जल्दी-से-जल्दी मिलना चाहता था। मैं अगली सुबह उसके साथ जाने को सहमत हो गया। इसके अनुसार ही हेनबरी मुझसे मिलने आया और अपनी

15 **यहां आत्मचरित समाप्त हो जाती है, जो विलियम टेंपल फ्रैंकलिन और उसके वंशजों ने प्रकाशित की थी। अब जो वर्णन है, वह डॉ. फ्रैंकलिन के जीवन के अंतिम वर्षों में लिखा गया था और पहली बार (अंग्रेजी में) 1868 के मि. बिग्लो के संस्करण में छपा था। - संपा.**

गाड़ी में उस सज्जन के पास ले गया, जिसने गर्मजोशी से मेरा स्वागत किया। कुछ समय बाद उसने अमेरिका में वर्तमान राज्य संबंधी विषयों के बारे में जानना चाहा और उस पर बातचीत की। उसने मुझसे कहा–'तुम अमेरिकी लोगों की अपने संविधान की प्रकृति के विषय में गलत धारणाएं हैं। तुमने दावा किया था कि गवर्नर को राजा द्वारा दिए गए निर्देश कानून नहीं हैं और तुम अपनी ही स्वेच्छा से उन्हें करने या न करने की आजादी के बारे में सोचते हो। किंतु ये दिशा-निर्देश ऐसे किसी मंत्री को दिए जाने वाले जेबी पॉकेट निर्देशों की तरह नहीं हैं, जो कुछ तुच्छ बिंदुओं में उसके आचरण के विनियम के लिए विदेश जाने वाला हो। वे लोग वार्तालाप पर वाद-विवाद करते हैं, परिषद में सुधारों पर बात करते हैं, फिर उस प्रारूप पर जिसके पश्चात् उन पर राजा द्वारा हस्ताक्षर होते हैं। तब वे जहां तक कि उनका संबंध तुमसे है, जो न्यायभूमि है, जिसके लिए राजा (उपनिवेशों का व्यवस्थापक) है।' मैंने बताया कि उसका प्रमुख मेरे लिए नया सिद्धांत है। मैंने सर्वदा अपने चार्ट्र्स से जान लिया था कि हमारे कानून हमारे व्यवस्थापिकाओं द्वारा बनाए जाने वाले थे और शाही अनुमति के लिए राजा के पास भेजे जाने थे, किंतु एक बार राजा को देने के पश्चात् उसमें कोई सुधार नहीं हो सकता था और न ही उसे वापस लिया जा सकता था। चूंकि व्यवस्थापिकाएं बिना उसकी सहमति के कोई स्थाई कानून नहीं बना सकती थीं और न ही वह उनकी सहमति के बिना अपने लिए कोई कानून बना सकता था। उसने मुझे विश्वास दिलाया कि मैं पूरी तरह गलत था। हालांकि मैं ऐसा नहीं समझता था और उनसे की गई बातचीत ने मुझे थोड़ा सचेत कर दिया कि हमारे संबंध में न्यायालय की क्या भावनाएं हो सकती हैं। घर लौटते ही मैंने उन्हें लिख लिया। मुझे याद आया कि लगभग 20 वर्ष पहले, बिल की एक धारा को मंत्रालय द्वारा संसद यानी सदन में इस आशय से प्रस्तुत किया गया था, जिसमें औपनिवेशिक बस्तियों में राजा की आज्ञाओं को कानून बनाने का प्रस्ताव रखा गया था, किंतु यह धारा कॉमन्स द्वारा बाहर कर दी गई, जिसके लिए हमने उन्हें हमारे मित्र और स्वतंत्रता के मित्र (फ्रेंड्स ऑफ लिबर्टी) के तौर पर माना। 1765 में हमारे प्रति उनके आचरण तक ऐसा लगता था कि उन्होंने केवल राजा के प्रति संप्रभुता की बात को मानने से मना किया था, किंतु जिससे कि वे उसे अपने लिए आरक्षित कर सकें।

कुछ दिनों बाद डॉ. फोथरगिल ने जागीरदारों से बात की। वे स्प्रिंग गार्डन में टी. पेन के घर में मेरे साथ मीटिंग करने को सहमत हो गए। पहले बातचीत में उचित आवासों के विन्यास की परस्पर घोषणाएं शामिल थीं, किंतु मैंने समझ लिया कि हर पक्ष के अपने विचार हैं, जिसके अनुसार उन्होंने उचित

का अर्थ निर्धारित कर रखा था। तब हम शिकायत संबंधी हमारे कई बिंदुओं पर वार्ता करने में लग गए, जिनका विवरण मैंने दिया था। जागीरदारों ने यथासंभव अपने आचरणों को न्यायसंगत बताया और मैंने व्यवस्थापिका को। हमारे बीच मतांतर बढ़ता गया और हमारे दृष्टिकोण में व्यापक अंतर होने के कारण करार की सभी आशाएं धूमिल पड़ गईं। हालांकि, यह निष्कर्ष निकाला कि मैं अपनी शिकायतों के शीर्षक उन्हें लिखित में दूं और वे उन पर विचार करने का वादा दें। उसके बाद मैंने यह बहुत शीघ्र ही कर दिया, किंतु उन्होंने वह पेपर अपने वकील के हाथों में दे दिया। वह फर्डिनेंड जॉन पेरिस था, जो मैरीलैंड के पड़ोसी जागीरदारों के साथ उनके विवादों में उनके सभी कानूनी मामलों की देखरेख करता था। लॉर्ड बाल्टीमोर 70 वर्षों तक जीवित रहा और व्यवस्थापिका के साथ उनके विवादों संबंधी दस्तावेज एवं संदेश लिखता रहा। वह एक घमंडी और गुस्सैल व्यक्ति था और चूंकि व्यवस्थापिका की ओर से प्रायः मैं ही उनके कागजात के उत्तर कड़ाई से दिया करता था। वे तर्क-वितर्क की दृष्टि से कमजोर और अभिव्यक्ति में अहंकारयुक्त दिखते थे। उसने मुझसे अपने आप ही एक घातक शत्रुता उत्पन्न कर ली थी और जब भी वह मुझसे मिलता, वह सामने आ जाती। मैंने जागीरदारों का यह प्रस्ताव ठुकरा दिया था कि हम दोनों को ही परस्पर बैठकर शिकायतों पर विचार-विमर्श करना चाहिए और उनके अलावा किसी और को उसके बारे में नहीं बताना चाहिए। इसके पश्चात् उन्होंने उसकी सलाह पर उन कागजातों को अटार्नी और सॉलिसिटर जनरल के हाथों में उनकी राय व सुझाव जानने के लिए दे दिया, जहां वह 8 दिनों की मांग पर पूरे साल-भर यूं ही पड़े रहे। इस दौरान मैंने जागीरदारों की ओर से उत्तर की काफी मांगें तैयार कर लीं, किंतु उनके पास उन दोनों के अलावा अन्य कोई नहीं था, इसलिए उन्हें अब तक अटार्नी और सॉलिसिटर जनरल की राय पता नहीं चल पाई थी। उन्होंने जब इसे पाया तो वह क्या था, यह मैंने कभी न जाना, क्योंकि उन्होंने मुझसे इस बारे में कोई संपर्क नहीं किया था। बल्कि मेरे कागजातों में बताई गई विधि की चाह (वांट ऑफ फोरमैलिटी) के विषय में शिकायत करते हुए, पेरिस में निर्मित एवं हस्ताक्षर किया हुआ एक लंबा संदेश, व्यवस्थापिका को भेजा था। जिसमें मेरा एक सख्त एवं उदासीन पहलू दर्शाकर और उनके आचरण के बारे में लचर न्यायोचित आधार देते हुए इसमें जोड़ा गया कि उस उद्देश्य को सुलझाने के लिए व्यवस्थापिका कोई ऐसा निष्कपट व्यक्ति भेजे, जो उनसे उस विषय पर ईमानदारी से बात कर सके तो वे मामले को सुलझाने के इच्छुक हैं, इसमें मुझे ऐसा व्यक्ति नहीं बताया गया था।

विधि की चाह या रुखेपन पर, संभवतः मैंने उन्हें वह कागज नहीं लिखे

थे, जिसे उन्होंने पेंसिलवेनिया प्रांत के वास्तविक एवं स्वतंत्र जागीरदार (ट्रू एंड एब्सोल्यूट प्रॉपराइटरीज ऑफ द प्रोविंस ऑफ पेंसिलवेनिया) शीर्षक दे दिया था। उन्हें कागज में अनावश्यक जानकर मैंने हटा दिया था। इसके पीछे लिखित में संदेह की गुंजाइश को कम करने की मंशा थी, जो मैंने बातचीत के दौरान मौखिक तौर पर कही थी।

इस देरी के बीच, व्यवस्थापिका पर लोगों की संपदा सहित जागीरदारी संपदा पर सामान्य रूप से कर संबंधी अधिनियम पास करने के लिए गवर्नर का दबाव बढ़ा, जो कि विवाद में एक बड़ा मुद्दा था, जो उन्होंने संदेश का जवाब देने में हटा दिया था।

जब यह अधिनियम, चाहे जैसे भी सामने आया, जागीरदारों ने पेरिस से सलाह कर इसे शाही सहमति न मिलने से रोकने के लिए विरोध करने का निश्चय किया। इसी आधार पर, उन्होंने परिषद में राजा के पास एक याचिका दायर की और सुनवाई के दौरान अधिनियम के विरुद्ध उनके द्वारा दो वकील नियुक्त किए गए। मैंने भी इसके पक्ष में दो वकील नियुक्त किए। उन्होंने दलील दी कि यह अधिनियम लोगों की संपदा को छोड़ने और जागीरदारों की संपदा पर कर लादने की दृष्टि से बना है और यदि यह बलपूर्वक जारी रहकर कष्ट देता और लोगों के साथ-साथ जागीरदार भी इससे नफरत करते और कर के अनुपात में उनकी दया पर होते तो वे जाहिर तौर पर बर्बाद होते। हमने जवाब दिया कि अधिनियम का ऐसा कोई इरादा नहीं था और ऐसा कोई दुष्प्रभाव नहीं होगा। निष्कपट और न्यायोचित रीति से कर निर्धारित करने की शपथ के अंतर्गत कर निर्धारण ईमानदार और समझदार थे तथा यदि दोनों जागीरदारों का कर बढ़ाकर अपने कर को कम कर सकने में कोई लाभ देख सकते तो यह भी झूठी शपथ उठाकर खिलवाड़ करने को प्रेरित करता। मुझे याद है कि दोनों पक्षों का यही उद्देश्य था, सिवाय इसके कि हमने हानिकारक परिणामों पर गहराई से ध्यान दिया था, जो उसे निरस्त या निराकरण करते कि 1,00,000 पाउंड की मुद्रा छापकर राजा के उपयोगी, उसकी सेवाओं के विस्तार हेतु दी गई थी और अब यह लोगों के बीच जा चुकी है। यह निस्तारण उनके हाथों में जाकर कई को बर्बाद करेगा और भावी अनुदानों को हतोत्साहित करेगा तथा जागीरदारों को ऐसे आम संकट के आग्रह में जागीरदारी की स्वार्थीपन को बढ़ावा देगा। यह सब केवल इस निराधार भय के कारण होगा कि उनकी संपदा पर कड़ाई से ज्यादा कर लगाए जा रहे हैं। वकील जिरह कर रहे थे और इस बीच काउंसिल के लॉर्ड मैंसफील्ड मुझे इशारे से बुलाकर क्लर्क के कमरे में ले गए और मुझसे पूछा कि क्या सचमुच मेरा यह मानना था कि अधिनियम के लागू होने पर जागीरदारों की

संपत्ति को कोई नुकसान नहीं पहुंचेगा। मैंने कहा-'बिलकुल नहीं पहुंचेगा।' इस पर वह बोले-'तो उस बात का विश्वास दिलाने के लिए वचनबद्धता करने में तुम्हें कोई आपत्ति हो सकती है।' मैंने शांत स्वभाव से कहा-'बिलकुल नहीं।' तब उन्होंने पेरिस को अंदर बुलाया और कुछ बातचीत कर, दोनों पक्षों को उनका निर्णय प्रस्ताव मंजूर हो गया। परिषद के क्लर्क ने इससे संबंधित एक दस्तावेज तैयार किया, जिस पर प्रांत के प्रतिनिधि चार्ल्स ने उनके सामान्य मामलों के लिए हस्ताक्षर किए। जब लॉर्ड मैंसफील्ड परिषद कक्ष में वापस लौटे, जहां अंततः कानून को पास करने की मंजूरी मिल गई। हालांकि, कुछ सुधार करने को भी कहा गया था और हम भी इस कोशिश में थे कि वे भी अगले कानून द्वारा बनाए जाने चाहिए। किंतु व्यवस्थापिका ने उन्हें जरूरी नहीं समझा। परिषद का आदेश आने से पहले अधिनियम के द्वारा एक साल का कर लगाया गया। उन्होंने कर निर्धारकों की कार्यवाही पर नजर रखने के लिए एक समिति गठित की और इस समिति पर जागीरदारों के कुछ विशेष मित्रों को रखा। पूरी जांच करने के बाद, उन्होंने सर्वसम्मति से इस आशय की एक रिपोर्ट पर हस्ताक्षर किए कि उन्होंने कर को पूर्ण निष्पक्षता से लगा पाया।

प्रांत के प्रति अनिवार्य सेवा के तौर पर व्यवस्थापिका ने वचनबद्धता के पहले भाग में मेरे शामिल होने का निरीक्षण किया। चूंकि इसने कागजी मुद्रा का श्रेय लिया था, जो पूरे देश में प्रचलित हुई थी। मेरे लौटने पर उन्होंने मुझे धन्यवाद लिखकर आभार प्रकट किया। किंतु जागीरदार अधिनियम को पारित करवाने के लिए गवर्नर डैनी पर क्रोधित थे और उन निर्देशों का उल्लंघन करने के लिए, उन्होंने उसे पद दावा करने की धमकी देकर झुकाया, जो निरीक्षण के करार के अंतर्गत दिए गए थे। हालांकि जनरल के अनुरोध और राजा की सेवाओं हेतु एवं न्यायालय में कुछ प्रभावी रुचि के चलते इन धमकियों को तुच्छ समझा गया और उन पर कभी कार्यवाही नहीं हुई।

फ्रैंकलिन के जीवन की महत्त्वपूर्ण घटनाएं

आत्मकथा को 1757 में समाप्त करने पर, इसके कई महत्त्वपूर्ण पहलू अनछुए रह गए, इसलिए उन पर ध्यान देना चाहिए, क्योंकि ये फ्रैंकलिन के जीवन में आरंभ से ही महत्त्व रखते हैं, जिनका उल्लेख नीचे है–

1706 – बोस्टन में जन्म तथा ओल्ड साउथ चर्च में बैपटिज्म की दीक्षा।

1714 – आठ वर्ष की आयु में ग्रामर स्कूल में प्रवेश।

1716 – मोमबत्ती-साबुन के कारखाने में पिता के सहायक बने।

1718 – अपने मुद्रक भाई जेम्स के पास काम सीखने के लिए प्रशिक्षु बने।

1721 – समत्रिपदी (तीन या अधिक छंदों की कविता) लिखी और छपवाकर सड़कों पर फेरी लगाकर वितरित की। 'न्यू इंग्लैंड कुरण्ट' अज्ञात नाम से लिखा और अस्थाई तौर पर संपादन कार्य किया। मुक्त विचारक और शाकाहारी बने।

1723 – करारनामा तोड़ा और फिलाडेल्फिया गए; कीमर के छापेखाने में नौकरी की; शाकाहार छोड़ दिया।

1724 – स्वयं को स्वतंत्र रूप से स्थापित करने हेतु गवर्नर कीथ द्वारा प्रोत्साहित करने पर टाइप खरीदने लंदन गए; अपनी रुचि का काम किया और 'डिजरटेशन ऑन लिबर्टी एंड नेस्सेसिटी, प्लेजर एंड पेन' प्रकाशित की।

1726 – फिलाडेल्फिया लौटे; सूखे सामान की दुकान पर क्लर्क का काम किया, कीमर के छापेखाने में प्रबंधक बने।

1727 – जंटो या 'लेदर एप्रन' क्लब की स्थापना।

1728 – ह्यूज मेरेडिथ के साथ छपाई कार्यालय खोला।

1729 – 'पेंसिलवेनिया गजट' के संपादक व मालिक बने; अनाम रूप से 'कागजी मुद्रा की प्रकृति एवं आवश्यकता' प्रकाशित की; स्टेशनरी की दुकान खोली।

1730 – रेबेका रीड से विवाह।

1731 – फिलाडेल्फिया पुस्तकालय की स्थापना।

1732 – 'दीनबंधु रिचर्ड का पंचांग' का पहला अंक 'रिचर्ड सैंडर्स' के छद्म नाम से छापा। 25 वर्षों तक प्रकाशित होते रहे इस पंचांग में व्यंग्य, विश्व की सूझबूझ भरी कहावतें छपती थीं। अमेरिकन अक्षरों को साथ लाने व बनाने में बड़ी भूमिका अदा की, जो तब काफी भिन्न एवं बिखरे टाइप्स से बने होते थे।

1733 – फ्रेंच, इतालवी, स्पेनिश एवं लैटिन भाषा का अध्ययन आरंभ किया।

1736 – आम व्यवस्थापिका के क्लर्क चुने गए; 'यूनियन फायर कंपनी ऑफ फिलाडेल्फिया' का गठन किया।

1737 – व्यवस्थापिका में चुने गए; उप डाकपाल जनरल नियुक्त हुए; शहर की पुलिस की योजना बनाई।

1742 – खुला या 'फ्रैंकलिन' चूल्हों का आविष्कार किया।

1743 – शिक्षा संस्थान की योजना का प्रस्ताव, जो 1749 में बनाया गया और आगे पेंसिलवेनिया विश्वविद्यालय में बन गया।

1744 – अमेरिकन फिलॉसाफिकल सोसायटी की स्थापना।

1746 – अनुशासित रक्षा की आवश्यकता पर 'प्लेन टूथ' नामक पुस्तिका प्रकाशित की और एक मिलट्री कंपनी बनाई; विद्युतीय प्रयोग आरंभ किए।

1748 – अपना छापाखाना बेचा, 'कमीशन ऑफ द पीस' में नियुक्ति, आम परिषद (कॉमन काउंसिल) और व्यवस्थापिका में चुने गए।

1749 – इंडियंस के साथ व्यापार हेतु कमीश्नर नियुक्त हुए।

1751 – अस्पताल बनाने में सहायता दी।

1752 – पतंग के साथ प्रयोग कर आकाशीय बिजली में विद्युतीय आवेश होने की खोज की।

1753 – इसकी खोज के लिए कोप्ले पदक से सम्मानित और रॉयल सोसायटी के सदस्य चुने गए; येल व हार्वर्ड विश्वविद्यालयों से एम.ए. की उपाधि प्राप्त की। संयुक्त पोस्टमास्टर जनरल बने।

1754 – अल्बानी में औपनिवेशिक कांग्रेस (कोलोनियल कांग्रेस) के लिए पेंसिलवेनिया की ओर से कमीशनर्स में शामिल; उपनिवेशों के संघ बनाने की योजना का प्रस्ताव।

1755 – ब्रैडडोक की सेना को आपूर्ति बढ़ाने के लिए अपनी निजी संपत्ति गिरवी रखी; क्रॉउन प्वाइंट अभियान की सहायतार्थ व्यवस्थापिका से अनुदान प्राप्त किया; स्वयंसेवी शिक्षा की स्थापना हेतु बिल लाए; कर्नल नियुक्त हुए; युद्धक्षेत्र में गए।

1757 – फिलाडेल्फिया की सड़कों की सफाई के लिए व्यवस्थापिका में बिल पेश किया; अपनी सुप्रसिद्ध रचना 'वे टू वेल्थ' प्रकाशित की; जागीरदारों के विरुद्ध व्यवस्थापिका के कारण दर्शाने के लिए इंग्लैंड गए; पेंसिलवेनिया के एजेंट रहे; किंगडम के वैज्ञानिकों व विद्वानों से मित्रता।

1760 – जागीरदारों की संपदा से लोक राजस्व में योगदान के निर्णय पर समझौता करके प्रिवी काउंसिल से रक्षित।

1762 – ऑक्सफोर्ड एवं एडिनबर्ग से एल.एल.डी. की उपाधि; अमेरिका वापसी।

1763 – डाकघरों के निरीक्षण के उद्देश्य के लिए उत्तरी उपनिवेशों का पांच महीने का दौरा।

1764 – व्यवस्थापिका में दोबारा चुनाव के लिए पेन पक्ष से पराजय; पेंसिलवेनिया के लिए एजेंट के रूप में इंग्लैंड गए।

1765- स्टाम्प अधिनियम के लिए स्वीकृति बनाने का प्रयास।

1766- स्टाम्प अधिनियम की स्वीकृति के संबंध में हाउस ऑफ कॉमन्स के सामने जांचा; मैसाचुसेटस, न्यूजर्सी एवं जार्जिया के लिए एजेंट नियुक्त, गोटिन्जन विश्वविद्यालय का दौरा।

1767- फ्रांस की यात्रा और कोर्ट में पेशी।

1769- हावर्ड कॉलेज के लिए टेलीस्कोप की व्यवस्था।

1772- फ्रेंच एकेडमी के एस्सोसि एट्रेंजर चुने गए।

1774- पोस्टमास्टर जनरल के कार्यालय से हटाए गए; थॉमस पाइन पर अमेरिका उत्प्रवास का दबाव बनाना।

1775- अमेरिका वापसी। दूसरी कॉन्टिनेटंल कांग्रेस में प्रतिनिधि चुने गए; सीक्रेट कॉरस्पोन्डेंस की कमेटी में रखे गए; कनाडा से सहयोग सुरक्षित रखने के लिए कमीशनर्स में शामिल।

1776- स्वतन्त्रता की घोषणा का प्रारूप बनाने वाली समिति में शामिल; पेंसिलवेनिया की संवैधानिक समिति के अध्यक्ष चुने गए; बस्तियों के एजेंट के तौर पर फ्रांस भेजे गए।

1778- रक्षा गठबंधन की संधियों और मैत्री एवं वाणिज्य संधियों का निष्कर्ष, न्यायालय में प्राप्त।

1779- फ्रांस के लिए पूर्णाधिकारी मंत्री नियुक्त।

1780-'गठबंधन' के पॉल जान्स कमांडर नियुक्त।

1782- शांति संबंधी प्रारम्भिक अनुच्छेदों पर हस्ताक्षर किए।

1783- पूर्ण शांति समझौते पर हस्ताक्षर।

1785- अमेरिका लौटे; पेंसिलवेनिया के अध्यक्ष बनें; 1786 में दोबारा चुने गए।

1787- दोबारा अध्यक्ष चुने गए; संघात्मक संविधान की रूपरेखा बनाने के लिए सम्मेलन में प्रतिनिधि के तौर पर भेजे गए।

1788- सार्वजनिक जीवन से सेवामुक्ति।

1790- 17 अप्रैल को निधन; फिलाडेल्फिया में फिफ्थ एंड आर्च स्ट्रीटस के कब्रिस्तान में दफनाए गए।

बेंजामिन फ्रैंकलिन की आत्मकथा

विश्वविख्यात लोगों में बेंजामिन फ्रैंकलिन एक ऐसे व्यक्तित्व हैं, जिन्होंने अपनी गहरी छाप छोड़ी है। वह संयुक्त राज्य अमेरिका की स्थापना करने वालों में से एक हैं और कई अर्थों में उन्हें 'प्रथम अमेरिकी' कहा जाता है। फ्रैंकलिन एक अग्रणीय लेखक, मुद्रक, राजनीतिक, सिद्धांतविद्, राजनेता, पोस्टमास्टर, वैज्ञानिक, आविष्कारक, सामाजिक कार्यकर्ता, राजमर्मज्ञ एवं राजदूत थे। एक वैज्ञानिक के तौर पर, वह अमेरिकी नागरिकों को जागरूक करने वालों में प्रमुख व्यक्तित्व थे। उन्हें भौतिकी के क्षेत्र में की गई खोजों तथा विद्युत संबंधी सिद्धांतों के कारण भौतिकी के इतिहास में उल्लेखनीय योगदान के लिए जाना जाता है। अपने आविष्कारों में वह विद्युतीय छड़, बाइफोकल्स तथा फ्रैंकलिन स्टोव के कारण एक आविष्कारक के तौर पर प्रसिद्ध रहे हैं। उन्होंने अग्निशमन विभाग व फिलाडेल्फिया में एक विशाल विश्वविद्यालय सहित कई नागरिक संगठनों की स्थापना में योगदान दिया। उनकी विवेकशील कथनों एवं बातों में असाधारण, कूटनीति एवं राष्ट्रीय व अंतर्राष्ट्रीय पट पर अपनी प्रतिष्ठा के कारण प्रसिद्ध रहे। बेंजामिन फ्रैंकलिन की आत्मकथा विश्व की महान आत्मकथाओं में गिनी जाती है।

www.ingramcontent.com/pod-product-compliance
Ingram Content Group UK Ltd.
Pitfield, Milton Keynes, MK11 3LW, UK
UKHW021700190726
13853UKWH00001B/377

9 789351 656036